21世纪高等院校规划教材　　北大版 普通高等教育
公 共 课 系 列　　"十三五"规划教材

大学语文

第二版

主　编　黄高才　刘会芹
副主编　李向红　张丽娟　陆国琴
　　　　李　艳　刘晓庆　吕海英

北京大学出版社
PEKING UNIVERSITY PRESS

内 容 提 要

本书以全面强化学生的语文能力为编写的主导思想，即强化学生的口语交际能力，使学生具备良好的交际和沟通能力；强化学生的阅读理解能力，使学生具备良好的自主学习能力；强化学生的书面表达能力，使学生具备准确地表达思想，以及能够将自己的工作经验、研究成果等写成书面文字的能力。本书在突出工具性的同时，兼顾了大学语文课的人文性，选文思想内容丰富，可读性强。

本书由口语交际、阅读理解、书面表达和应用写作四个单元组成，每个单元突出一个学习主题，并在单元学习结束后，附有"专题训练"。所有选文所在单元的训练目标加了相应的"学习提示"，既便于教师进行教学设计，又便于学生自学。

本书既可作为普通高等学校、成人高校和各类职业学院的大学语文课教材，也可作为具有中等以上文化程度的读者强化语文能力的自学读本。

图书在版编目（CIP）数据

大学语文/黄高才，刘会芹主编. —北京：北京大学出版社，2020.7
21世纪高等院校规划教材. 公共课系列
ISBN 978-7-301-30626-0

Ⅰ.①大… Ⅱ.①黄… ②刘… Ⅲ.①大学语文课—高等学校—教材 Ⅳ.①H193.9

中国版本图书馆CIP数据核字（2019）第165559号

书　　　　名	大学语文（第二版）
	DAXUE YUWEN （DI-ER BAN）
著作责任者	黄高才　刘会芹　主编
策划编辑	李　玥
责任编辑	李　玥
标准书号	ISBN 978-7-301-30626-0
出版发行	北京大学出版社
地　　　址	北京市海淀区成府路205号　100871
网　　　址	http://www.pup.cn　　新浪微博：@北京大学出版社
电子信箱	zyjy@pup.cn
电　　　话	邮购部 010-62752015　发行部 010-62750672　编辑部 010-62704142
印刷者	北京市科星印刷有限责任公司
经销者	新华书店
	787毫米×1092毫米　16开本　14.75印张　365千字
	2012年8月第1版
	2020年7月第2版　2020年7月第1次印刷　（总第8次印刷）
定　　　价	39.00元

未经许可，不得以任何方式复制或抄袭本书之部分或全部内容。
版权所有，侵权必究
举报电话：010-62752024　电子信箱：fd@pup.pku.edu.cn
图书如有印装质量问题，请与出版部联系，电话：010-62756370

编写说明

本书自2012年出版以来，连续多次印刷，深得广大一线教师的好评。为了使本书能够更好地满足高等院校大学语文课教学的需要，我们在广泛听取一线大学语文老师意见的基础上对本书进行修订。此次修订，突出工具性，兼顾人文性，力求让学生们通过本课程的学习使语文能力得到明显的增强，文化素养得到显著的提高。

作为基础工具科目，大学语文课必须以培养学生的汉语运用能力为根本，具体来说就是：必须扎扎实实地培养学生的口语交际能力，使学生具备良好的交际、交流与沟通能力；强化学生的阅读理解能力，使学生形成良好的自主学习能力；强化学生的书面表达能力，使学生具备准确表达自己思想的能力，以及能够将自己的研究成果写成书面报告或学术论文的能力。这些目标有一个达不到，都可谓大学语文课的教学任务没有完成。

要使大学语文课的教学目标能够得以顺利地实现，首先必须解决好教材问题，即教材内容的安排必须着眼于能力培养，能够全面、系统地体现汉语能力体系。本教材正是基于这样的思想编写的，其特点主要表现在以下几个方面：

第一，突出工具性。语文课是基础工具课，这一性质决定了语文课教学的根本任务是培养学生运用语言的能力。因此，大学语文课必须与中学语文课衔接，使学生中学阶段已经积累的大量的感性语言知识得以理性化和系统化，从而使学生的语言运用能力得到迅速的提升，这一点在任何时候都不能动摇。

本书以能力为主线，突出了工具性。在内容编排方面，不仅全面揭示了汉语能力形成的一般规律，介绍了一系列行之有效的汉语能力训练方法，而且在每篇课文后面的【学习提示】中有意识地增加了学习方法指导方面的内容。

第二，兼顾人文性。人类的语言之所以丰富多彩，主要依赖于大量的人文知识的支撑，失去了人文支撑，任何语言都将变得苍白无力。这就是说，增加学生的人文知识积累，提高其人文素养，是增强其语言运用能力的重要途径。

从另外一个角度讲，一个人良好的人文素质具体表现为真诚、正直、公道、正义、善良等人文精神，而这一切都来自灵魂的纯洁与高尚，来自其感情上巨大的包容性。在净化灵魂、提升思想境界和丰富人的内心世界方面，文学具有得天独厚、不可替代的作用。

正是出于以上两个方面的考虑，本书在突出工具性的基础上，兼顾了人文性。具体表现在选文思想意蕴深厚、内涵丰富，能够使学生读后思想上有所触动，或精神上得到鼓舞，或情操方面得到陶冶。

第三，重视创新能力培养。人最关键的能力是创造能力和创新能力，而形象思维能力是创造能力的核心。文学作品是形象思维的产物，研读文学作品，可以大大丰富人的想象力，增强人的形象思维能力，改善人的思维品质，提升人的创造能力。鲁班由带刺的草叶展开联想发明了锯，航空学家由蜻蜓展开联想发明了飞机，电子学家由蝙蝠展开联想发明了雷达……无数科学事实证明：形象思维是科学家获得创造灵感的主要方式。从这个意义上讲，大学语文课是一门思维能力培养课，是一门创造潜能开发课，是一门创新能力培课。因此，我们在本书的编写过程中特别重视创新能力的培养，具体表现在两个方面：一是选编了一些能够触发学生想象与联想的作品，二是在"提示"中有意识地引导学生展开想象与联想。

本书由黄高才和刘会芹主编，由李向红、张丽娟、陆国琴、李艳、刘晓庆和吕海英担任副主编。除主编、副主编外，参加本书编写和视频课录制的还有：张金枝、黄雪花、张建梅、李锦薇、林秋蓉、段刚霞、高燕燕、李丽梅、袁芳、范莎莎、张杨、张彩云、薛梦熊、王莉、李颜萍、崔艳荣、江莉玲和王丽平。全书的统稿由黄高才和李向红完成，每单元后的"专题训练"由黄高才和刘会芹撰稿。

为了使广大师生能有效地使用本书，我们专门录制了部分篇目的教学示范（视频）和一些课文的朗读示范（音频），采用二维码的形式加载于书中，读者们可以扫描二维码进行学习。

由于编者学识所限，书中难免存在一定的不足，诚望广大读者和同人在使用本书的过程中能够及时地将意见和建议反馈给编者，以便编者对本书做进一步的修订。本书主编电子邮箱：gchuang1962@163.com。

黄高才
2020 年 3 月 12 日于咸阳

目 录

语文能力及其培养 1

第一单元　口语交际 5

一　经典演讲词选段 7
二　名家散文经典片段 10
三　故都的秋 12
四　听听那冷雨 15
五　精美短章二篇 20
六　我的空中楼阁 22
七　烛之武退秦师 24
八　苏秦始将连横说秦 26
九　滕王阁序 30
十　诸葛亮舌战群儒 34
十一　极端的谦虚　极端的顽强——悼念玛丽·居里 38
十二　我们唯一害怕的就是害怕本身 39
专题训练：怎样提高口语交际能力 41

第二单元　阅读理解 49

十三　名人论读书 51
十四　秋水（节选） 54
十五　渔父 57
十六　五蠹（节选） 59
十七　去私 63
十八　孙膑 65
十九　洛神赋（并序） 67
二十　论贵粟疏（节选） 72
二十一　敬业与乐业 75
二十二　赠予今年的大学毕业生 79
二十三　秋天的况味 83
二十四　想北平 85
二十五　雨巷 87
二十六　再别康桥 89
二十七　《诗经》二首 91
二十八　春江花月夜 94

二十九	唐诗二首	97
三十	宋词二首	100
三十一	元曲二首	102
三十二	科学史上的东方与西方（节选）	104
三十三	想象力：大学存在的理由	107
三十四	读书与书籍	110

专题训练：怎样有效地阅读 …… 114

第三单元　书面表达 …… 121

三十五	寓言四则	123
三十六	神话三则	126
三十七	古典名著精彩片段	128
三十八	精美短章	132
三十九	敌戒	136
四十	秋声赋	138
四十一	豁然堂记	141
四十二	书信二札	143
四十三	《人间词话》二则	145
四十四	我的一位国文老师	147
四十五	读雪心得	150
四十六	麦琪的礼物	152
四十七	海燕	157

专题训练：怎样提高写作能力 …… 159

第四单元　应用写作 …… 167

四十八	谏逐客书	169
四十九	"敕令"二则	172
五十	五柳先生传	174
五十一	陈情表	175
五十二	狱中上梁王书	178
五十三	与韩荆州书	182
五十四	"百字铭"三则	185
五十五	与妻书	187
五十六	劝北大学生尊重教师布告	191
五十七	致蒋经国先生信	193
五十八	给儿子的一封信	195

专题训练：怎样写好应用文 …… 198

附录　汉字书法及其欣赏 …… 203

主要参考书目 …… 228

语文能力及其培养

看微课
黄高才主讲

黄高才

从上小学开始，到高中毕业，同学们一直在学语文，但很少有人能够弄清楚语文课三个字中"语文"二字的含义。由于没有弄清楚"语文"二字的真正含义，很多同学学习语文的方向出现了偏差，方向一偏，即使花很大的工夫学习，语文能力也很难培养起来。因此，在学习大学语文课之前，我们首先要弄清楚语文和语文能力的含义，明确语文学习的方向，掌握正确的语文学习方法。

一、"语文"的含义

关于"语文"一词，《现代汉语词典》（第7版）的解释如下：

①语言和文字：～规范｜～程度（指阅读、写作等能力）。②语言和文学：中学～课本。

同学们从小学到中学所学的语文课，包括我们现在要学的大学语文课，其中"语文"二字的含义是"语言和文学"，而不是"语言和文字"，更不是某些文章中所说的"语言和人文"。这一点清楚了，大学语文课学什么和怎么学的问题自然就明确了。

二、语文能力的内涵

学习语文的目的是为了培养语文能力，这一点同学们都十分清楚。但什么是语文能力，或者说语文能力都包括哪些内容，很多同学却不是很清楚，因此，这里有必要就语文能力的内涵做一简单的介绍。

从大的层面上看，语文能力包括两个部分：一是语言能力，即语言的理解和运用能力；二是文学素养，主要是指文学思维能力，换句话说就是形象思维能力。

语言能力从表面上看是以读得懂、听得懂为标志的言语理解能力和通过遣词造句准确表达思想的语言运用能力，而实际上是由人的思想修养、思维能力和语言感受力等共同构成的一种综合能力。思想修养、思维能力和语言感受力等，任何一项的强弱都决定着语言能力的高下。下面，我们通过具体的例子来看一下。

【例1】那就是白杨树，西北极普通的一种树，然而实在是不平凡的一种树！

茅盾《白杨礼赞》

【例2】小屋点缀了山，什么来点缀小屋呢？那是树！

李乐薇《我的空中楼阁》

【例1】中的几个分句是按照相互之间的意义关系组织起来的。在组织过程中，作者不仅要理清它们之间的意义关系，而且要根据意义关系确定每一个分句的位置，整个过程是一个思维过程。【例2】中的几个分句虽然是按照逻辑关系组织起来的，但在组织过程中始终伴随着作者的形象思维活动。

　　【例3】天无私覆也，地无私载也，日月无私烛也，四时无私行也，行其德而万物得遂长焉。
　　　　　　　　　　　　　　　　　　　　　　　　　　　　　　　《吕氏春秋·去私》
　　【例4】竹耿直磊落，自珍自重，不作态，不媚俗，质朴清雅，无华而美。它沐春风，浴夏雨，戴秋月，披冬雪，四时皆有风采，但不招蜂，不惹蝶，自贞自洁，令人爱之而不生亵玩之心。
　　　　　　　　　　　　　　　　　　　　　　　　　　　　　　　　黄高才《爱竹片言》
　　【例3】这句话之所以一直被津津乐道，主要在于它对人们的道德感召与思想启示。
　　【例4】这段话之所以读来颇有味道，不仅是因为词句的生动，而且更重要的是它具有丰富的思想内涵。

　　【例5】落霞与孤鹜齐飞，秋水共长天一色。　　　　　　　　　　王勃《滕王阁序》
　　【例6】山下的灯把黑暗照亮了，山上的灯把黑暗照淡了，淡如烟，淡如雾，山也虚无，树也缥缈。小屋迷于雾失楼台的情景中，它不再是清晰的小屋，而是烟雾之中、星点之下、月影之侧的空中楼阁！
　　　　　　　　　　　　　　　　　　　　　　　　　　　　　　李乐薇《我的空中楼阁》
　　【例5】这个对偶句自产生以来一直备受人们的赞赏，主要在于其遣词造句的精妙。
　　【例6】这段话之所以读来朗朗上口，不仅在于其遣词的准确和生动，而且在于它语言规范、条理清楚。

　　通过上面所举的几个例子可以看到，语言能力实际上是由思想修养、思维能力和遣词造句能力等多种能力元素构成的一种综合能力。其中，遣词造句能力又是由语词积累和语言感受力构成的一种复合能力。

　　语文能力的第二个组成部分是文学素养。所谓文学素养，主要指的是文学思维能力，一切文学知识都只是其从属部分。因为文学思维能力的核心是想象与联想能力和类比能力，所以文学素养的核心是形象思维能力。下面，我们来看两个例子：

　　【例7】在南方每年到了秋天，总要想起陶然亭的芦花，钓鱼台的柳影，西山的虫唱，玉泉的夜月，潭柘寺的钟声。　　　　　　　　　　　　　　　　郁达夫《故都的秋》
　　【例8】那种叫"水晶"的，长得长长的，绿绿的，晶莹透明，真像是用水晶和玉石雕刻出来似的。
　　　　　　　　　　　　　　　　　　　　　　　　　　　　　　　　峻青《秋色赋》

　　不论是【例7】这句话的组织，还是【例8】中形容词的使用，都离不开想象和联想。也就是说，文学作品的创作过程实际上是一个形象思维的过程。反过来，文学作品的欣赏既需要运用形象思维，同时又促进形象思维的发展。

三、语文学习的目的

　　学习语文是为了培养听、说、读、写能力，这一点没有错，但却只对了一半。因为培养语言能力只是语文教学的基本目标，其终极目的是强化学生的文学素养，培养学生的创造能力。为什么这样讲呢？因为人的创造力是由其形象思维能力所决定的，形象思维能力培养不起来，人的创造力就差。而在中学和大学开设的所有课程中，语文课是培养和强化形象思维能力最有效的课程之一。这正是苏步青教授力主高等院校要全面开设大学语文课的原因。这里，我们从两个角度来看一下。

　　第一，人们的一切创造活动都离不开形象思维（文学思维）。鲁班由带刺的草叶展开联想发明了锯，航空学家由蜻蜓展开联想发明了飞机，电子学家由蝙蝠展开联想发明了雷达……无数科学事实证明：形象思维是科学家获得创造灵感的主要方式。

第二，文学欣赏是培养和强化形象思维能力最有效的手段之一。在欣赏文学作品的过程中，不论是进入诗词和散文所描绘的情境，还是对小说塑造的人物形象进行分析，都需要阅读者充分地展开想象和联想。在这样的思维过程中，阅读者的形象思维能力自然而然地会得到发展。

四、语文能力培养的途径和方法

明确了语文能力的组成部分及其形成的决定因素，学习语文的正确方法和路径就不难找到了。

既然语言能力是由思想修养、思维能力和遣词造句能力等几个要素构成的，那么培养和提高语言能力就要从丰富和提升思想、强化想象与联想能力、丰富语词积累和强化语言感受力几个方面同时入手。这是语文能力培养的基本路径。

路径明确了，还要注意学习的方法。从培养语言感受力的角度看，朗读十分重要，但从丰富和提升思想的角度看，单纯的朗读是无法完成语文能力培养的任务的。从丰富和提升思想的角度看，读书必须有所思考，并且需要深入的思考，因此，就培养语文能力而言，真正有效的读书方法是精读，速读和泛读都是效果甚微的；要吸收文章的思想养分，将其化作自己的思想，就必须将文章读透，就需要反复阅读，因此，不要单纯追求阅读量。从强化想象与联想能力的角度看，语文学习不能拘于课堂——要善于观察各种自然事物，丰富大脑表象，大脑中的事物表象丰富了，想象与联想能力自然就增强了；要善于观察生活，丰富生活内容，生活积累丰富了，进入文章情境的能力就会增强，形象思维能力的发展就会更快。

在小学和中学的时候，同学们的语文学习偏重于字词的积累和语文基础知识的学习，思想积累和形象思维能力的培养相对较弱。在学习大学语文课的时候，有意识地加强一下思想积累和形象思维能力的训练，同学们的语文能力就能够迅速地培养起来。

第一单元　口语交际

好口才可以成就人生的辉煌。说话是人与人交往与合作必不可少的交流活动。在关键时刻，一句话就可能影响你事业的发展，改变你人生的命运。古今中外大量的事实证明，口语交际能力对于人的生存与发展具有举足轻重的作用。

我国春秋时期，当秦军大兵压境，郑国的命运悬于一线之际，烛之武凭借着三寸不烂之舌说服秦国退兵，使郑国免遭亡国之祸。战国时期的苏秦与张仪凭借着卓越的口才游走于诸侯之间，左右了七国的分合，在一定程度上影响了历史发展的方向和进程。邹阳身陷囹圄，上书梁孝王为自己辩解，使梁孝王深感其诚，不仅放他出狱，而且视他为上宾。诸葛亮凭借着雄辩之才，舌战江东群儒，促成孙刘联合，从而奠定了三国鼎立的基础，改写了一段历史。这些足以证明刘勰在《文心雕龙·论说》中所说"一人之辩，重于九鼎之宝；三寸之舌，强于百万之师"的话确非夸饰之辞。

从西方历史来看，丘吉尔凭借着高超的演说才能激励了整个英国及其盟国的民众，改变了整个欧洲的命运。拿破仑凭借着一次次的激情演说鼓舞士气，使他的士兵们以大无畏的精神投入战斗，从而夺取了一次次胜利。历任美国总统都是通过竞选产生的，而竞选首先凭借的就是口才。戴尔·卡耐基通过对一大批成功人士的研究得出结论："在中学和大学里，他们博览群书，相信只有知识才是得到名利的不二法门。但是为事业奔波了几年，他们彻底地醒悟过来了。他们发觉，多数事业上成功的人，除了知识之外，还拥有会说话、说服他人、把自己和自己的想法'推销'出去的才华。"

从另一个角度讲，"言为心声"——一个人的言谈，能够反映出他的修养、气质、风度、个性等。因此，你的谈吐在很多时候成为他人对你进行评价的依据，这将直接影响你在他人心目中的地位，最终影响着你与他人合作的成败。

总之，口语交际能力不仅影响着人的生活和生存质量，而且常常决定着人事业的成败——立身、立言、立业、职场、商场、交际场……无一不需要良好的口语交际能力。因此，每个人都必须加强口语技能训练，努力提高自己的口语交际能力。

一 经典演讲词选段

看微课
黄高才讲

（一）

　　人类心理有知、情、意三部分。这三部分圆满发达的状态，我们先哲名之为三达德——智、仁、勇。为什么叫作"达德"呢？因为这三件事是人类普通道德的标准，总要三件具备，才能成一个人。三件的完成状态怎么样呢？孔子说："知者不惑，仁者不忧，勇者不惧。"所以教育应分为知育、情育、意育[1]三方面，——现在讲的智育、德育、体育不对，德育范围太笼统，体育范围太狭隘——知育要教到人不惑，情育要教到人不忧，意育要教到人不惧。教育家教学生，应该以这三件为究竟[2]，我们自动的自己教育自己，也应该以这三件为究竟。

摘自梁启超《圆满发达知、情、意——在苏州讲学》

（二）

　　我深信劳动的神圣，不管是劳心或劳力；社会不必给予人民生活，却必须供给每个人求生的机会。

　　我深信无论是在政治上、商业上或个人事情上，勤俭是实现理想的根本。

　　我深信真理及正义是维持长久的社会秩序的根本。

　　我深信诺言的神圣，每个人都应该守信。这是一个人生存的原则，而非财富、权力、地位，使他具有最高的价值。

　　我相信人类都有义务贡献出他的能力，也只有献身的精神才能扫除自私心及发掘人类心灵的伟大。

　　我相信世上有一个明智又有爱心的上帝，不管我们如何称呼其名；而人类只有与上帝的意志和谐共存，才能达到最高的成就，最大的幸福。

　　我深信爱是世界上最伟大的东西，只有它才能消除恨，也只有它才能征服权势。

摘自洛克菲勒《治身之道——关于建立新世界的讲话》

（三）

　　昨天，我们同几亿电视观众一起，看到了名副其实的世界奇迹之一——中国的长城。当我在城墙上漫步时，我想到为了建筑这座城墙而付出的牺牲；我想到它所显示的在悠久的历史上始终保持独立的中国人民的决心；我想到这样一个事实，就是，长城告诉我们，中国有伟大的历史，建造这个世界奇迹的人民也有伟大的未来。

　　长城已不再是一道把中国和世界其他地区隔开的城墙。但是，它使人们想起，世界上

---

[1] 意育：指意志等心理素质的培养。
[2] 究竟：最终目的。

仍然存在着许多把各个国家和人民隔开的城墙。

长城还使人们想起，在几乎一代的岁月里，中华人民共和国和美国之间存在着一道城墙。

四天以来，我们已经开始了拆除我们之间这座城墙的长期过程。我们开始会谈时就承认我们之间有巨大的分歧，但是我们决心不让这些分歧阻碍我们和平相处。

你们深信你们的制度，我们同样深信我们的制度。我们在这里聚会，并不是由于我们有共同的信仰，而是由于我们有共同的利益和共同的希望，我们每一方都有这样的利益，就是维护我们的独立和我们人民的安全；我们每一方都有这样的希望，就是建立一种新的世界秩序，具有不同制度和不同价值标准的国家和人民可以在其中和平相处，互有分歧但互相尊重，让历史而不是让战场对他们的不同思想做出判断。

摘自理查德·尼克松《和平与和睦——答谢宴会上的演讲》

（四）

战士们：你们一个个都衣不遮体，食不饱餐！政府得力于你们之处很多，而又不能回报你们什么。你们在这片顽石嶙峋的旷野中所表现的耐力与勇气确实令人钦佩；然而它们并未使诸位成名，你们的坚韧并未为诸位带来光荣。我潜心策划，率领诸位进入这块世界上最贫瘠的平原。可是，进入富庶的省份与大城市却要仰赖诸位的努力，你们将会在那里找到名誉、荣耀和财富。意大利的战士们，难道你们愿意缺乏勇气和毅力吗？

摘自拿破仑·波拿巴《你们愿意缺乏勇气和毅力吗——关于两次战争的讲话》

（五）

历史的道路，不全是坦平的，有时走到艰难险阻的境界。这是全靠雄健的精神才能够冲过去的。

一条浩浩荡荡的长江大河，有时流到很宽阔的境界，平原无际，一泻万里。有时流到很逼狭的境界，两岸丛山叠岭，绝壁断崖，江河流于其间，曲折回环，极其险峻。民族生命的进展，其经历亦复如是。

人类在历史上的生活正如旅行一样。旅途上的征人所经过的地方，有时是坦荡平原，有时是崎岖险路。老于旅途的人，走到平坦的地方，固是高高兴兴地向前走，走到崎岖的境界，愈觉奇趣横生，觉得在此奇绝壮绝的境界，愈能感到一种冒险的美趣。

摘自李大钊《人生最有趣味的事——谈雄健精神》

（六）

现在中国人看见了外国的机器发达、科学昌明，中国人现在的能力，当然不及外国人，但是在几千年前，中国人的能力是怎么样呢？从前中国人的能力，还要比外国人大得多，外国现在最重要的东西，都是中国人发明的。比如指南针，在今日航海业最发达的世界，几乎一时一刻不能不用它，推究这种指南针的来源，还是中国人在几千年以前发明的。如果从前的中国人没能力，就不能发明指南针，中国人老早就有了指南针，外国人至今还要用他，可见中国人固有的能力，还是高过外国人。其次，在人类文明史中最为显要的要属印刷术，现在外国改良的印刷机，每小时可以印刷几万张报纸，推究它的来源，也是中国人发明的。再其次，在人类中日用的瓷器，更是中国人发明的，是中国的特产，至今外国人竭力仿效，犹远不及中国之精美。近来世界战争中用的火药，追究无烟火药的来源，是由有烟黑药改良而成的，那种有烟黑药也是中国人发明的。中国发明了指南针、印刷术和火药这些重要的发明，外国今日知道利用发展它，所以他们能够有今天的强盛。

摘自孙中山《民族的天职——关于民族精神的演说》

【学习提示】

演讲词一般具有情理交融，富有感召力、感染力和说服力的特点，容易引起听者情感上和思想上的共鸣。而引起听者情感上和思想上的共鸣正是我们在口语交际中所期望的。因此，演讲词是用于口语交际能力训练十分重要的语言材料。利用演讲词进行口语交际能力的训练至少可以获得以下几个方面的启示。一是注意言谈的认同性：谈话者所讲必须是听者感兴趣或关心的问题；二是言谈要有鼓动性：所谈所讲，不仅要思想内容丰富，见解精辟、独到，发人深思，而且语言表达要形象、生动，富有感染力，能够激发听者情绪、赢得听者好感；三是话语要富有感染力：推心置腹，以情动人；四是所谈所讲要富于哲理性：要能够启人心智，引发人的思考，丰富人的思想。真正做到了这些，就能在交际中获得成功。如本课所选的几个演讲词片段。

选段（一）中讲到的"知者不惑，仁者不忧，勇者不惧"和"知育要教到人不惑，情育要教到人不忧，意育要教到人不惧"。

选段（二）中讲到的"我深信无论是在政治上、商业上或个人事情上，勤俭是实现理想的根本……"这些富于哲理性的语言，不仅能够启人心智，引发人的思考，而且可以丰富人的思想。

选段（三）中讲的是人们比较感兴趣的问题，说话者不仅讲究谈话技巧，而且言语很有分寸，从而使自己的谈话得到了听者的认同。

选段（四）中讲到的"进入富庶的省份与大城市却要仰赖诸位的努力，你们将会在那里找到名誉、荣耀和财富。意大利的战士们，难道你们愿意缺乏勇气和毅力吗？"不仅具有鼓动性，而且具有感召力。

选段（五）采用打比方的说理方法将道理讲得浅显易懂，使听者获得感悟，最终达到使听者认同的目的。

选段（六）以无可辩驳的事实确证自己的观点，以获得听者的认同。

从以上几段文字我们可以看到，口语交际的最终目的是为了使听者接受或认同自己的观点，唤起对方思想上或情感上的共鸣。这就要求说话者不仅要有思想，而且要能够准确、清楚地表达自己的思想。因此，培养口语交际能力首先必须加强思想修养，提高自己对事物的认识能力；其次要加强语感训练，使自己的语言表达更加准确、生动；最后是加强表达技巧的训练，能够将自己的思想表达得清清楚楚，便于听者所接受。

二　名家散文经典片段

看微课　　看微课
李艳讲1　李艳讲2

（一）

曲曲折折的荷塘上面，弥望的是田田的叶子。叶子出水很高，像亭亭的舞女的裙。层层的叶子中间，零星地点缀着些白花，有袅娜[1]地开着的，有羞涩地打着朵儿的；正如一粒粒的明珠，又如碧天里的星星，又如刚出浴的美人。微风过处，送来缕缕清香，仿佛远处高楼上渺茫的歌声似的。这时候叶子与花也有一丝的颤动，像闪电一般，霎时传过荷塘的那边去了。叶子本是肩并肩密密地挨着，这便宛然有了一道凝碧的波痕。叶子底下是脉脉的流水，遮住了，不能见一些颜色；而叶子却更见风致了。

月光如流水一般，静静地泻在这一片叶子和花上。薄薄的青雾浮起在荷塘里。叶子和花仿佛在牛乳中洗过一样；又像笼着轻纱的梦。虽然是满月，天上却有一层淡淡的云，所以不能朗照；但我以为这恰是到了好处——酣眠固不可少，小睡也别有风味的。月光是隔了树照过来的，高处丛生的灌木，落下参差的斑驳的黑影，峭楞楞如鬼一般；弯弯的杨柳的稀疏的倩影，却又像是画在荷叶上。塘中的月色并不均匀；但光与影有着和谐的旋律，如梵婀玲[2]上奏着的名曲。

荷塘的四面，远远近近，高高低低都是树，而杨柳最多。这些树将一片荷塘重重围住；只在小路一旁，漏着几段空隙，像是特为月光留下的。树色一例是阴阴的，乍看像一团烟雾；但杨柳的丰姿，便在烟雾里也辨得出。树梢上隐隐约约的是一带远山，只有些大意罢了。树缝里也漏着一两点路灯光，没精打采的，是渴睡人的眼。这时候最热闹的，要数树上的蝉声与水里的蛙声；但热闹是他们的，我什么也没有。

摘自朱自清《荷塘月色》

（二）

只要你到街上去走一转，你就可以碰着几个洋人。当然我们并不是排外主义者，洋人之中，有不少有学问有道德的人，他们同情于中国民族的解放运动，反对帝国主义对中国的压迫和侵略，他们是我们的朋友。只是那些到中国来赚钱，来享福，来散播精神的鸦片——传教的洋人，却是有十分的可恶的。他们自认为文明人，认我们为野蛮人，他们是优种，我们却是劣种；他们昂头阔步，带着一种藐视中国人、不屑与中国人为伍的神气，总引起我心里的愤愤不平。我常想："中国人真是一个劣等民族吗？真该受他们的藐视吗？我不服的，决不服的。"

摘自方志敏《可爱的中国》

---

[1]　袅娜（niǎonuó）：柔美的样子。
[2]　梵婀（ē）玲：英语"violin"的音译，即小提琴。

（三）

北国的相思，几年以来不时在我心中掀动。立在上海这银灯万盏的层楼下，摩托声中，我每会想起那前门的杂沓，北海的清幽，和在虎虎的秋风中听纸窗外那枣树上簌簌落叶的滋味。有人说，北国的严冬，荒凉干肃的可味，较之江南的浓春还甚，这句话或许过癖，然而至少是有一部分的理由。尤其是在这软尘十丈的上海住久了的人，谁不渴望去一见那沉睡中的故都？

柔媚的南国，好像灯红酒绿间不时可以纵身到你怀中来的迷人的少妇；北地的冰霜，却是一位使你一见倾心而又无辞可通的拘谨的姑娘。你沉醉时当然迷恋那妖娆的少妇，然而在幻影消灭后酒醒的明朝，你却又会圣洁地去瘠寐你那倾心的姑娘了。

这样，我这缠绵了多年的相思，总未得到宽慰，一直到今年的初夏，我才借故去邀游了一次。虽是在那酷热的炎天中，几十日的勾留，不足以言亲到北方的真味；然而昙花一瞥，已足够我回想时的陶醉了。

摘自叶灵凤《北游漫笔》

【学习提示】

口语交际能力主要取决于思维能力、语言感受力和遣词造句的能力，其中最关键的是语言感受能力，即语感。语感是构成语文能力的核心因素，语感强的人，不仅理解语言的能力强，而且组织语言的能力强。语感的形成主要依靠大量的感性语言积累，语言感性积累达到一定程度，大脑中就会形成一定的语言潜规则。大脑中的语言潜规则相当于一种语言衡量标准——在人们阅读与写作的过程中，这种"标准"会自觉地发挥作用，在瞬间对大脑中新摄入或输出的语言进行判定，以识别其正误。语感的培养途径很多，其中最重要的是朗读。通过朗读培养语感应注意哪些问题呢？

1. 要注意朗读材料的选择

因为语感是在大量的语言感性积累的基础上形成的一种语言"经验"，这种"经验"作为一种潜规则储存在大脑中，相当于一种语言衡量标准。这就是说，用于语感培养的朗读材料必须是十分规范的——只有大量感知规范、正确的语言材料，才能形成正确的语感。对于一篇文章来讲，不一定每一段文字都精彩，在学习时选择其中精彩的段落反复诵读无疑可以收到最佳的学习效果。

2. 要注意体会和感悟

语感是一种语言修养，是对语言信息敏锐感知的直觉思维能力。它是通过长期感受和使用规范化的语言而养成的一种带有浓厚经验色彩的比较直接、迅速地感悟语言的能力。对语言的感悟包括词义的理解、词与词的搭配、句与句的衔接、修辞手法的运用等诸多方面，语感培养的关键在于掌握词与词的搭配规律、句与句的衔接规则及语段的组织规律，这些都需要在朗读时注意体会和感悟。

3. 要注意积累

语感的形成过程是一个由量变到质变的过程，即由语言的感性积累到语言能力形成的理性升华过程。因此，在朗读过程中要有意识地加强语言的感性积累。这里所讲的积累包括语料的积累、语言知识的积累和语言经验的积累等。

三　故都的秋

看微课
张丽娟讲

郁达夫

　　郁达夫（1896—1945），原名郁文，浙江富阳人，现代著名小说家、散文家。因在南洋从事抗日工作，1945年9月17日被日本宪兵秘密杀害于苏门答腊。1952年，中央人民政府追认他为革命烈士。他的主要作品有：小说《沉沦》《采石矶》《出奔》《春风沉醉的晚上》《她是一个弱女子》，散文集《达夫游记》等。

　　秋天，无论在什么地方的秋天，总是好的；可是啊，北国的秋，却特别地来得清，来得静，来得悲凉。我的不远千里，要从杭州赶上青岛，更要从青岛赶上北平来的理由，也不过想饱尝一尝这"秋"，这故都的秋味。

　　江南，秋当然也是有的；但草木凋得慢，空气来得润，天的颜色显得淡，并且又时常多雨而少风；一个人夹在苏州上海杭州，或厦门香港广州的市民中间，混混沌沌地过去，只能感到一点点清凉，秋的味，秋的色，秋的意境与姿态，总看不饱，尝不透，赏玩不到十足。秋并不是名花，也并不是美酒，那一种半开、半醉的状态，在领略秋的过程上，是不合适的。

　　不逢北国之秋，已将近十年了。在南方每年到了秋天，总要想起陶然亭〔1〕的芦花，钓鱼台〔2〕的柳影，西山〔3〕的虫唱，玉泉的夜月，潭柘寺〔4〕的钟声。在北平即使不出门去吧，就是在皇城人海之中，租人家一椽〔5〕破屋来住着，早晨起来，泡一碗浓茶，向院子一坐，你也能看得到很高很高的碧绿的天色，听得到青天下驯鸽的飞声。从槐树叶底，朝东细数着一丝一丝漏下来的日光，或在破壁腰中，静对着像喇叭似的牵牛花（朝荣）的蓝朵，自然而然地也能感觉到十分的秋意。说到了牵牛花，我以为以蓝色或白色者为佳，紫黑色次之，淡红者最下。最好，还要在牵牛花底，教长着几根疏疏落落的尖细且长的秋草，使作陪衬。

　　北国的槐树，也是一种能使人联想起秋来的点缀。像花而又不是花的那一种落蕊，早晨起来，会铺得满地。脚踏上去，声音也没有，气味也没有，只能感出一点点极微细极柔软的触觉。扫街的在树影下一阵扫后，灰土上留下来的一条条扫帚的丝纹，看起来既觉得细腻，又觉得清闲，潜意识下并且还觉得有点儿落寞〔6〕，古人所说的梧桐一叶而天下知

---

〔1〕陶然亭：在北京先农坛西，现在陶然亭公园内。陶然亭的名字取于白居易诗句"更待菊黄家酿熟，与君一醉一陶然"。

〔2〕钓鱼台：在北京阜成门外三里河，玉渊潭公园东面，环境清幽，"台下有泉涌出，汇成池，其水至冬不竭"（《明一统志》）。

〔3〕西山：西山和下文的玉泉，都在北京西郊。

〔4〕潭柘（zhè）寺：在西山的潭柘山腰，相传"寺址本在青龙潭上，有古柘千章，寺以此得名"。

〔5〕椽（chuán）：即放在房檩上架着屋面板或瓦的条木，这里指房屋的间数。

〔6〕落寞：冷落、寂寞。

秋[1]的遥想，大约也就在这些深沉的地方。

秋蝉的衰弱的残声，更是北国的特产；因为北平处处全长着树，屋子又低，所以无论在什么地方，都听得见它们的啼唱。在南方是非要上郊外或山上去才听得到的。这嘶叫的秋蝉，在北平可和蟋蟀耗子一样，简直像是家家户户都养在家里的家虫。

还有秋雨哩，北方的秋雨，也似乎比南方的下得奇，下得有味，下得更像样。

在灰沉沉的天底下，忽而来一阵凉风，便息列索落地下起雨来了。一层雨过，云渐渐地卷向了西去，天又晴了，太阳又露出脸来了；著[2]很厚的青布单衣或夹袄的都市闲人，咬着烟管，在雨后的斜桥影里，上桥头树底下去一立，遇见熟人，便会用了缓慢悠闲的声调，微叹着互答着说：

"唉，天可真凉了——"（这了字念得很高，拖得很长。）

"可不是吗？一层秋雨一层凉啦！"

北方人念阵字，总老像是层字，平平仄仄起来[3]，这念错的歧韵，倒来得正好。

北方的果树，到秋来，也是一种奇景。第一是枣子树：屋角，墙头，茅房边上，灶房门口，它都会一株株地长大起来。像橄榄又像鸽蛋似的这枣子颗儿，在小椭圆形的细叶中间，显出淡绿微黄的颜色的时候，正是秋的全盛时期；等枣树叶落，枣子红完，西北风就要起来了。北方便是尘沙灰土的世界，只有这枣子、柿子、葡萄，成熟到八九分的七八月之交，是北国的清秋的佳日，是一年之中最好也没有的 Golden Days。

有些批评家说，中国的文人学士，尤其是诗人，都带着很浓厚的颓废色彩，所以中国的诗文里，颂赞秋的文字特别的多。但外国的诗人，又何尝不然？我虽则外国诗文念得不多，也不想开出账来，做一篇秋的诗歌散文钞[4]，但你若去一翻英德法意等诗人的集子，或各国的诗文的 Anthology[5] 来，总能够看到许多关于秋的歌颂与悲啼。各著名的大诗人的长篇田园诗或四季诗里，也总以关于秋的部分，写得最出色而最有味。足见有感觉的动物，有情趣的人类，对于秋，总是一样的能特别引起深沉、幽远、严厉、萧索的感触来的。不单是诗人，就是被关闭在牢狱里的囚犯，到了秋天，我想也一定会感到一种不能自已的深情；秋之于人，何尝有国别，更何尝有人种阶级的区别呢？不过在中国，文字里有一个"秋士"[6]的成语，读本里又有着很普遍的欧阳子的秋声[7]与苏东坡的《赤壁赋》等，就觉得中国的文人，与秋的关系特别深了。可是这秋的深味，尤其是中国的秋的深味，非要在北方，才感受得到底。

南国之秋，当然是也有它的特异的地方的，譬如廿四桥的明月，钱塘江的秋潮[8]，

---

[1] 梧桐一叶而天下知秋：《淮南子·说山》中有"以小明大，见一叶落而知岁之将暮"。《太平御览》卷二十四引作"一叶落而知天下秋"。

[2] 著：通"着"，穿（衣）。

[3] 平平仄仄起来：意即推敲起字的韵律来。

[4] 钞：通"抄"。

[5] Anthology：英语词，意为"选集"。

[6] 秋士：古时指到了暮年仍不得志的知识分子。《淮南子·缪称》："春女思，秋士悲。"

[7] 欧阳子的秋声：指宋代文学家欧阳修的《秋声赋》。

[8] 钱塘江的秋潮：钱塘江位于浙江，出杭州湾，入东海，江口为一喇叭状。每年中秋节前后来潮时，受江口地形收缩和水深骤减影响，江面波涛汹涌，潮水以排山倒海之势奔腾向前，形成"钱塘怒潮"的壮观景色。

普陀山[1]的凉雾，荔枝湾[2]的残荷等等，可是色彩不浓，回味不永。比起北国的秋来，正像是黄酒之与白干，稀饭之与馍馍，鲈鱼之与大蟹，黄犬之与骆驼。

秋天，这北国的秋天，若留得住的话，我愿把寿命的三分之二折去，换得一个三分之一的零头。

1934年8月，在北平

【学习提示】

郁达夫的《故都的秋》是现代散文中写"秋"的名篇。作者笔下的南国之秋淡雅、鲜润、朦胧，别有一番韵味。然而作者却觉其秋味不够、秋色不足。借此铺垫和衬托，作者给我们描绘了一幅美妙的北国秋景图——"陶然亭的芦花，钓鱼台的柳影，西山的虫唱，玉泉的夜月，潭柘寺的钟声"。这一巨幅的秋景图绘尽了北平的角角落落，使人们仿佛看到，故都的每一个角落都秋色盎然。意境清新、高远，作者对故都的热恋之情洋溢于字里行间。

"早晨起来，泡一碗浓茶，向院子一坐"，看天高云淡，听鸽哨声声，赏日光下槐树叶的倩影，嗅牵牛花淡淡的异香。置身于故都的秋景之中，那分惬意与舒适，不是语言能描绘得出来的。

在作者的笔下，故都秋景中的一花一木、一虫一鸟都是那么令人赏心悦目。不只是牵牛花的异香沁人心脾，就连故都槐树的落叶也让人感到舒心和惬意；不只是鸽哨声令人神驰，就连秋蝉的残声也是那么悦耳。至此，作者对故都的浓情挚爱借秋景抒发得淋漓尽致。就这样，作者还嫌不够，用"下得有味"的秋雨对故都的秋景再来一次"刷新"，在读者的想象中再造出一个更加清新、净美的秋景图。

文章的前半部分描绘故都的秋景，造境奇丽、清新、自然，下半部分写故都的"秋实"，更进一步加深了故都之秋美的特质与韵味——北国之秋，不仅有花、有月，而且果实累累。"只有这枣子、柿子、葡萄，成熟到八九分的七八月之交，是北国的清秋的佳日，是一年之中最好也没有的 Golden Days。"这一句可谓全篇的一个"文眼"，道出了故都之秋美的根本在于"秋实"。

郁达夫先生的这篇散文，笔调洒脱自然，语言清新优美，意境清新、高远，具有令人心驰神往的艺术感染力量。文章借助于对故都秋景的细致描绘，抒发了对故都北京深深的爱恋之情。

---

[1] 普陀山：位于浙江舟山群岛中的一座小岛上，相传是观音菩萨显灵说法的道场。
[2] 荔枝湾：位于广州城西。

四　听听那冷雨[1]

余光中

看微课

俞秀红讲

　　余光中（1928—2017），当代著名诗人、作家和翻译家。祖籍福建永春。因母亲原籍江苏武进，故他自称"江南人"。1949年随父母去了香港，1950年迁居台湾，之后就一直在台湾、香港和北美各地辗转漂泊。1952年毕业于台湾大学外文系，他的第一部诗集《舟子的悲歌》也于同年出版。1974年，他到香港中文大学任教。1992年，终于得以回到他思念已久的祖国大陆。

　　余光中著述丰富，梁实秋称赞他"右手写诗，左手写散文，成就之高，一时无两"。在台湾现代诗发展中，余光中不仅以诗，还以他的理论批评有力推动了台湾现代诗的发展。他的散文视野开阔，语言典雅而变幻莫测，风格豪放雄健。其主要作品有：诗集《蓝色的羽毛》《钟乳石》《白玉苦瓜》等，散文集《左手的缪斯》《逍遥游》《听听那冷雨》《记忆像铁轨一样长》等。

惊蛰一过，春寒加剧。先是料料峭峭，继而雨季开始，时而淋淋漓漓，时而淅淅沥沥，天潮潮地湿湿，即使在梦里，也似乎把伞撑着。而就凭一把伞，躲过一阵潇潇的冷雨，也躲不过整个雨季。连思想也都是潮润润的。每天回家，曲折穿过金门街到厦门街迷宫式的长巷短巷，雨里风里，走入霏霏令人更想入非非。想这样子的台北凄凄切切完全是黑白片的味道，想整个中国整部中国的历史无非是一张黑白片子，片头到片尾，一直是这样下着雨的。这种感觉，不知道是不是从安东尼奥尼[2]那里来的。不过那一块土地是久违了，二十五年，四分之一的世纪，即使有雨，也隔着千山万山，千伞万伞。二十五年，一切都断了，只有气候，只有气象报告还牵连在一起。大寒流从那块土地上弥天卷来，这种酷冷吾与古大陆分担。不能扑进她怀里，被她的裙边扫一扫吧，也算是安慰孺慕之情。

　　这样想时，严寒里竟有一点温暖的感觉了。这样想时，他希望这些狭长的巷子永远延伸下去，他的思路也可以延伸下去，不是金门街到厦门街，而是金门到厦门。他是厦门人，至少是广义的厦门人，二十年来，不住在厦门，住在厦门街，算是嘲弄吧，也算是安慰。不过说到广义，他同样是广义的江南人，常州人，南京人，川娃儿，五陵少年[3]。杏花春雨江南，那是他的少年时代了。再过半个月就是清明。安东尼奥尼的镜头摇过去，

---

〔1〕　选自《余光中散文选集》。本文写于1974年。
〔2〕　安东尼奥尼：指米开朗琪罗·安东尼奥尼（1912—2007），意大利人，世界著名导演、电影大师。其成功的艺术探索成为意大利新写实主义电影的主要代表。安东尼奥尼的影片常常以西方工业化社会中人们的孤独、苦恼和绝望为题材，表现人们内心世界的隔膜与不可沟通，艺术上善于通过色彩、音响、背景等方面的渲染，细致入微地揭示人物心理，刻画人物形象。
〔3〕　五陵：长安少年聚居之地。杜甫《秋兴八首》（其三）："同学少年多不贱，五陵衣马自轻肥。"

摇过去又摇过来。残山剩水[1]犹如是。皇天后土犹如是。纭纭黔首纷纷黎民从北到南犹如是。那里面是中国吗？那里面当然还是中国永远是中国。只是杏花春雨已不再，牧童遥指已不再，剑门细雨渭城轻尘也都已不再。然则他日思夜梦的那片土地，究竟在哪里呢？

在报纸的头条标题里吗？还是香港的谣言里？还是傅聪的黑键白键、马思聪的跳弓拨弦，[2]还是安东尼奥尼的镜底勒马洲的望中？还是呢，故宫博物院的壁头和玻璃橱内、京戏的锣鼓声中、太白和东坡的韵里？

杏花。春雨。江南。六个方块字，或许那片土就在那里面。而无论赤县也好神州也好中国也好，[3]变来变去，只要仓颉的灵感不灭、美丽的中文不老，那形象，那磁石一般的向心力当必然长在。因为一个方块字是一个天地。太初有字，于是汉族的心灵、祖先的回忆和希望便有了寄托。譬如凭空写一个"雨"字，点点滴滴，滂滂沱沱，淅沥淅沥淅沥，一切云情雨意，就宛然其中了。视觉上的这种美感，岂是什么 rain 也好或 pluie 也好所能满足？翻开一部《辞源》或《辞海》，金木水火土，各成世界，而一入"雨"部，古神州的天颜千变万化，便悉在望中，美丽的霜雪云霞，骇人的雷电霹雹，展露的无非是神的好脾气与坏脾气，气象台百读不厌、门外汉百思不解的百科全书。

听听，那冷雨。看看，那冷雨。嗅嗅闻闻，那冷雨，舐舐吧，那冷雨。雨在他的伞上、这城市百万人的伞上、雨衣上、屋上、天线上，雨下在基隆港、在防波堤、在海峡的船上，清明这季雨。雨是女性，应该最富于感性。雨气空濛而迷幻，细细嗅嗅，清清爽爽新新，有一点点薄荷的香味，浓的时候，竟发出草和树沐发后特有的淡淡土腥气，也许那竟是蚯蚓和蜗牛的腥气吧，毕竟是惊蛰了啊。也许地上的地下的生命、也许古中国层层叠叠的记忆皆蠢蠢而蠕，也许是植物的潜意识和梦吧，那腥气。

第三次去美国，在高高的丹佛山居了两年。美国的西部，多山多沙漠，千里干旱，天，蓝似安格罗·萨克逊人的眼睛，地，红如印第安人的肌肤，云，却是罕见的白鸟。落基山簇簇耀目的雪峰上，很少飘云牵雾。一来高，二来干，三来森林线上，杉柏也止步，中国诗词里"荡胸生层云"[4]，或是"商略黄昏雨"[5]的意趣，是落基山上难睹的景象。落基山岭之胜，在石，在雪。那些奇岩怪石，相叠互倚，砌一场惊心动魄的雕塑展览，给太阳和千里的风看。那雪，白得虚虚幻幻，冷得清清醒醒，那股皑皑不绝一仰难尽的气势，压得人呼吸困难，心寒眸酸。不过要领略"白云回望合，青霭入看无"[6]的境界，仍须来中国。台湾湿度很高，最饶云气氤氲[7]雨意迷离的情调。两度夜宿溪头，树香沁鼻，宵寒袭肘，枕着润碧湿翠、苍苍交叠的山影和万籁都歇的岑寂，仙人一样睡去。山中一夜饱

---

[1] 残山剩水：语出范成大《万景楼》，"残山剩水不知数，一一当楼供胜绝"。

[2] 傅聪（1934— ）：世界著名钢琴家，擅长演奏肖邦、莫扎特、贝多芬、德彪西等人的作品，被美国《时代周刊》誉为"当今时代最伟大的钢琴家之一"。马思聪（1912—1987）：著名小提琴家、作曲家、音乐教育家。他的音乐创作涉及交响乐、协奏曲、钢琴曲、歌剧、歌曲等众多领域。

[3] 赤县、神州：指中国。

[4] "荡胸生层云"：语出杜甫《望岳》，"荡胸生层云，决眦入归鸟"。

[5] "商略黄昏雨"：语出姜夔《点绛唇》，"燕雁无心，太湖西畔随云去。数峰清苦，商略黄昏雨"。

[6] "白云回望合，青霭入看无"：语出王维《终南山》。

[7] 氤氲（yīnyūn）：〈书面语〉形容烟或云气弥漫浓厚。

雨，次晨醒来，在旭日未升的原始幽静中，冲着隔夜的寒气，踏着满地的断柯折枝和仍在流泻的细股雨水，一径探入森林的秘密，曲曲弯弯，步上山去。溪头的山，树密雾浓，荟郁的水气从谷底冉冉升起，时稠时稀，蒸腾多姿，幻化无定，只能从雾破云开的空处，窥见乍现即隐的一峰半壑，要纵览全貌，几乎是不可能的。至少入山两次，只能在白茫茫里和溪头诸峰玩捉迷藏的游戏，回到台北，世人问起，除了笑而不答心自闲[1]，故作神秘之外，实际的印象，也无非山在虚无之间罢了。云缭烟绕，山隐水迢的中国风景，由来予人宋画的韵味。那天下也许是赵家的天下，那山水却是米家的山水[2]。而究竟，是米氏父子下笔像中国的山水，还是中国的山水上纸像宋画，恐怕是谁也说不清楚了吧？

雨不但可嗅，可观，更可以听。听听那冷雨。听雨，只要不是石破天惊的台风暴雨，在听觉上总是一种美感。大陆上的秋天，无论是疏雨滴梧桐[3]，或是骤雨打荷叶[4]，听去总有一点凄凉，凄清，凄楚，于今在岛上回味，则在凄楚之外，更笼上一层凄迷了。饶你多少豪情侠气，怕也经不起三番五次的风吹雨打。一打少年听雨，红烛昏沉。两打中年听雨，客舟中，江阔云低。三打白头听雨在僧庐下[5]，这便是亡宋之痛，一颗敏感心灵的一生：楼上，江上，庙里，用冷冷的雨珠子串成。十年前，他曾在一场摧心折骨的鬼雨中迷失了自己。雨，该是一滴湿漓漓的灵魂，窗外在喊谁。

雨打在树上和瓦上，韵律都清脆可听。尤其是铿铿敲在屋瓦上，那古老的音乐，属于中国。王禹偁[6]在黄冈，破如椽的大竹为屋瓦。据说住在竹楼上面，急雨声如瀑布，密雪声比碎玉，而无论鼓琴，咏诗，下棋，投壶，共鸣的效果都特别好。这样岂不像住在竹筒里面，任何细脆的声响，怕都会加倍夸大，反而令人耳朵过敏吧。

雨天的屋瓦，浮漾湿湿的流光，灰而温柔，迎光则微明，背光则幽暗，对于视觉，是一种低沉的安慰。至于雨敲在鳞鳞千瓣的瓦上，由远而近，轻轻重重轻轻，夹着一股股的细流沿瓦槽与屋檐潺潺泻下，各种敲击音与滑音密织成网，谁的千指百指在按摩耳轮。"下雨了，"温柔的灰美人来了，她冰冰的纤手在屋顶拂弄着无数的黑键啊灰键，把响午一下子奏成了黄昏。

在古老的大陆上，千屋万户是如此。二十多年前，初来这岛上，日式的瓦屋亦是如此。先是天黯了下来，城市像罩在一块巨幅的毛玻璃里，阴影在户内延长复加深。然后凉凉的水意弥漫在空间，风自每一个角落里旋起，感觉得到，每一个屋顶上呼吸沉重都覆着灰云。雨来了，最轻的敲打乐敲打这个城市，苍茫的屋顶，远远近近，一张张敲过去，古老的琴，那细细密密的节奏，单调里自有一种柔婉与亲切，滴滴点点滴滴，似幻似真，若

---

[1] 笑而不答心自闲：语出李白《山中问答》，"问余何事栖碧山，笑而不答心自闲。桃花流水窅然去，别有天地非人间"。

[2] 米家的山水：指宋代书画家米芾开创的山水画派。其特点是画山水不求工细，多以泼墨的画法，用水墨点染，来表现烟云掩映的山川景色。其子米友仁也继承这一风格并有所发展，故有"米家山水"之称，或称"米氏云山"。

[3] 疏雨滴梧桐：语出孟浩然《省试骐骥长鸣》，"微云淡河汉，疏雨滴梧桐"。

[4] 骤雨打荷叶：语出元好问《小圣乐》，"骤雨过，似琼珠乱撒，打遍新荷"。

[5] "一打"三句：语出蒋捷《虞美人·听雨》，"少年听雨歌楼上，红烛昏罗帐。壮年听雨客舟中，江阔云低，断雁叫西风。 而今听雨僧庐下，鬓已星星也。悲欢离合总无情，一任阶前点滴到天明"。

[6] 王禹偁（954—1001）：北宋诗人和散文家，曾任右拾遗等职。为官敢言直谏，屡遭贬谪。被贬黄州时，曾写《黄州新建小竹楼记》，文中以竹瓦建屋之事抒其谪居情怀。

孩时在摇篮里，一曲耳熟的童谣摇摇欲睡，母亲吟哦鼻音与喉音。或是在江南的泽国水乡，一大筐绿油油的桑叶被啃于千百头蚕，细细琐琐屑屑，口器[1]与口器咀咀嚼嚼。雨来了，雨来的时候瓦这么说，一片瓦说千亿片瓦说。说轻轻地奏吧沉沉的弹，徐徐地叩吧挞挞地打，间间歇歇敲一个雨季，即兴演奏从惊蛰到清明，在零落的坟上冷冷奏挽歌，一片瓦吟千亿片瓦吟。

在日式的古屋里听雨，听四月，霏霏不绝的黄梅雨，朝夕不断，旬月绵延，湿黏黏的苔藓从石阶下一直侵到他的舌底，心底。到七月，听台风台雨在古屋顶上一夜盲奏，千寻海底的热浪沸沸被狂风挟来，掀翻整个太平洋只为向他的矮屋檐重重的压下，整个海在他的蜗壳上哗哗泻过。不然便是雷雨夜，白烟一般的纱帐里听羯鼓[2]一通又一通，滔天的暴雨滂滂沛沛扑来，强劲的电琵琶忐忐忑忑忐忐忑忑，弹动屋瓦的惊悸[3]腾腾欲掀起。不然便是斜斜的西北雨斜斜，刷在玻璃上，鞭在墙上打在阔大的芭蕉叶上，一阵寒濑[4]泻过，秋意便弥漫日式的庭院了。

在日式的古屋里听雨，春雨绵绵听到秋雨潇潇，从少年听到中年，听听那冷雨。雨是一种单调而又耐听的音乐，是室内乐是室外乐，户内听听，户外听听，冷冷，那音乐。雨是一种回忆的音乐，听听那冷雨，回忆江南的雨下得满地是江湖，下在桥上和船上，也下在四川，在秧田和蛙塘，下肥了嘉陵江，下湿布谷咕咕的啼声。雨是潮潮润润的音乐，下在渴望的唇上，舔舔那冷雨。

因为雨是最最原始的敲打乐，从记忆的彼端敲起。瓦是最最低沉的乐器，灰蒙蒙的温柔覆盖着听雨的人，瓦是音乐的雨伞撑起。但不久公寓的时代来临，台北，你怎么一下子长高了，瓦的音乐竟成了绝响。千片万片的瓦翩翩，美丽的灰蝴蝶纷纷飞走，飞入历史的记忆。现在雨下下来了在水泥的屋顶和墙上，没有音韵的雨季。树也砍光了，那月桂，那枫树，柳树和擎天的巨椰，雨来的时候不再有丛叶嘈嘈切切，闪动湿湿的绿光迎接。鸟声减了啾啾，蛙声沉了阁阁，秋天的虫吟也减了唧唧。七十年代的台北不需要这些，一个乐队接一个乐队便遣散尽了。要听鸡叫，只有去诗经的韵里寻找。[5]现在只剩下一张黑白片，黑白的默片。

正如马车的时代去后，三轮车的时代也去了。曾经在夜里，三轮车的油布蓬挂起，送她回家的途中，蓬里的世界小得多可爱，而且躲在警察的辖区以外。雨衣的口袋越大越好，盛得下他的一只手里握一只纤纤的手。台湾的雨季这么长，该有人发明一种宽宽的双人雨衣，一人分穿一只袖子，此外的部分就不必分得太苛。而无论工业如何发达，一时似乎还废不了雨伞。只要不倾盆，风不横吹，撑一把雨伞在雨中仍不失古典的韵味。任雨点敲在黑布伞或是透明的塑胶伞上，将骨柄一旋，雨珠向四方喷溅，伞缘便旋成了一圈飞檐。跟女友共一把雨伞，该是一种美丽的合作吧。最好是初恋，有点兴奋，更有点不好意思，若即若离之间，雨不妨下大一点。真正初恋，恐怕是兴奋得不需要伞的，手牵手在雨中狂奔而去，把年轻的长发和肌肤交给漫天的淋淋漓漓，然后向对方的唇上颊

---

[1] 口器：节肢动物口周围的器官，有摄取食物及感觉等作用。
[2] 羯（jié）鼓：我国古代的一种鼓，两面蒙皮，腰部细。据说来源于羯族。
[3] 惊悸：因惊慌而心跳得厉害。
[4] 濑（lài）：〈书面语〉湍急的水。
[5] "要听"句：语出《诗经·郑风·鸡鸣》，"风雨凄凄，鸡鸣喈喈"。

上尝凉凉甜甜的雨水。不过那要非常年轻且激情，同时，也只能发生在法国的新潮片里吧。

　　大多数的雨伞总不会为约会张开。上班下班，上学放学，菜市来回的途中，现实的伞，灰色的星期三。握着把伞，他听那冷雨打在伞上。索性更冷一些就好了，他想。索性把湿湿的灰雨冻成干干爽爽的白雨，六角形的结晶体在无风的空中回回旋旋地降下来，等须眉和肩头白尽时，伸手一拂就落了。二十五年，没有受故乡白雨的祝福〔1〕，或许发上下一点白霜是一种变相的自我补偿吧。一位英雄，经得起多少次雨季？他们的额头是水成岩削成还是火成岩？他的心底究竟有多厚的苔藓？厦门街的雨巷走了二十年与记忆等长，一座无瓦的公寓在巷底等他，一盏灯在楼上的雨窗子里，等他回去，向晚餐后的沉思冥想去整理青苔深深的记忆。前尘隔海。古屋不再。听听那冷雨。

【学习提示】

　　余光中的散文《听听那冷雨》语言节奏感强，声韵优美，可谓尽显汉语之魅力。这篇文章诵之于口，给人以酣畅淋漓之感；闻之于耳，有珠落玉盘和金石破竹之响。例如，文章开篇第一自然段中的一段文字："不过那一块土地是久违了，二十五年，四分之一的世纪，即使有雨，也隔着千山万水，千伞万伞。"节奏由慢到快，语势由弱到强，极易唤起读者的激情。再如，文章第五自然段中，"听听，那冷雨。看看，那冷雨。嗅嗅闻闻，那冷雨，舔舔吧，那冷雨。"节奏简洁、明快，语气由弱到强，形成感情喷发之势。从学习语言的角度讲，《听听那冷雨》是一篇极为难得的范文。

　　这篇散文可以说是"形散""神凝"的典范。从"形"上讲，文章穿越时空，古今中外，信手拈来，内容丰富，意蕴深厚。全文以"听雨"为线索，将祖国大陆雨打荷叶的清雅、丹佛山云晴雾雨的索然和台北听雨的凄楚与迷茫串在一起，将历史与现实编织起来，创造出一个景深情浓的绝美意境。构成文章的材料多而杂，但用"听雨"这条线一串，又显得零而不乱。尤其是乡思乡恋之情的高浓度渗入，使读者真切感受到了文章的情浓意美，感受到了作者一颗赤子之心在古大陆龙脉上的律动，而忽略了文章所用的材料。

　　这篇散文写景丽而不艳，亲情浓而不腻，造境清雅，寓情深厚。如"杏花。春雨。江南。六个方块字，或许那片土就在那里面。而无论赤县也好神州也好中国也好，变来变去，只要仓颉的灵感不灭、美丽的中文不老，那形象，那磁石一般的向心力当必然长在"。"杏花、春雨、江南"六个字，却在读者的想象中描绘出三幅美妙的图画，寄寓了作者对祖国大陆深深的热爱与怀恋之情。文章中像这样的句段比比皆是。

　　可以说《听听那冷雨》是一篇作者用身心感悟出来的作品。听雨、看雨、唤雨，从雨中感悟人生，感受古大陆的气息，给读者的情感深处以较大的触动，使读者获得强烈的情感体验与审美享受。

　　本文通过作者在不同的地方听雨、看雨和感悟雨的情境的描写，表达了作者对祖国的无限热爱与眷恋之情。文章旁征博引，挥洒自如，显示了作者深厚的学识和儒雅之气。

---

　　〔1〕　受故乡白雨的祝福：语出苏轼《望湖楼醉书》，"黑云翻墨未遮山，白雨跳珠乱入船。卷地风来忽吹散，望湖楼下水如天"。

五　精美短章二篇

看微课

李艳讲

（一）病榻呓语

冰　心

冰心（1900—1999），原名谢婉莹，福建长乐人。中国现代作家，翻译家，社会活动家。在1919年8月的《晨报》上，冰心发表了第一篇散文《二十一日听审的感想》和第一篇小说《两个家庭》。1923年出国留学前后，开始陆续发表总名为《寄小读者》的通讯散文。《寄小读者》是中国现代儿童文学的奠基之作。

忽然一觉醒来，窗外还是沉黑的，只有一盏高悬的路灯，在远处爆发着无数刺眼的光线！我的飞扬的心灵，又落进了痛楚的躯壳。

我忽然想起老子的几句话：

吾有大患，及吾有身；及吾无身，吾有何患。

这时我感觉到了躯壳给人类的痛苦。而且人类也有精神上的痛苦：大之如国忧家难，生离死别……小之如伤春悲秋……

宇宙内的万物，都是无情的：日月经天，江河行地，春往秋来，花开花落，都是遵循着大自然的规律。只在世界上有了人——万物之灵的人，才会拿自己的感情，赋予在无情的万物身上！什么"感时花溅泪，恨别鸟惊心"这种句子，古今中外，不知有千千万万。总之，只因有了有思想、有情感的人，便有了悲欢离合，便有了"战争与和平"，便有了"爱和死是永恒的主题"。

我羡慕那些没有人类的星球！

我清醒了。

我从高烧中醒了过来，睁开眼看到了床边守护着我的亲人的宽慰欢喜的笑脸。侧过头来看见了床边桌上摆着许多瓶花：玫瑰、菊花、仙客来、马蹄莲……旁边还堆着许多慰问的信……我又落进了爱和花的世界——这世界上还是有人类才好！

【学习提示】

这篇短文采用先抑后扬的手法，表达了作者对生活的热爱和对亲情的珍重之情。从语言的角度来看，本文具有三个明显的特点：一是语言自然平实，质朴浅显，易于上口；二是词语的活用加强了语言的生动性和表现力，如"高悬""伤""悲""赋予"等词语的使用；三是恰当的引用既丰富了语言的思想内涵，又使语言富于变化。

（二）海上的日出

巴　金

巴金（1904—2005），原名李尧棠，字芾甘。祖籍浙江嘉兴，生于四川成都。现代著名作家。1928年在法国巴黎完成第一部中篇小说《灭亡》，该小说于1929年在《小说月报》发表后引起强烈反响，从此走上文学创作道路。一生著作颇多，主要有长篇小说"爱情三部曲"(《雾》《雨》《电》)、"激流三部曲"(《家》《春》《秋》)、《寒夜》，散文集《随想录》。1982—1985年相继获得"意大利但丁国际荣誉奖""法国荣誉勋章"和香港中文大学荣誉文学博士、美国文学艺术研究院名誉院士称号。曾任中国作家协会主席、全国文联副主席等职。

为了看日出，我常常早起。那时天还没有大亮，周围非常清静，船上只有机器的响声。

天空还是一片浅蓝，颜色很浅。转眼间天边出现了一道红霞，慢慢地在扩大它的范围，加强它的亮光。我知道太阳要从天边升起来了，便不转眼地望着那里。

果然过了一会儿，在那个地方出现了太阳的小半边脸，红是真红，却没有亮光。太阳好像负着重荷似地一步一步、慢慢地努力上升，到了最后，终于冲破了云霞，完全跳出了海面，颜色红得非常可爱。一刹那间，这个深红的圆东西，忽然发出了夺目的亮光，射得人眼睛发痛，它旁边的云片也突然有了光彩。

有时太阳走进了云堆中，它的光线却从云层里射下来，直射到水面上。这时候要分辨出哪里是水，哪里是天，倒也不容易，因为我就只看见一片灿烂的亮光。

有时天边有黑云，而且云片很厚，太阳出来，人眼还看不见。然而太阳在黑云里放射的光芒，透过黑云的重围，替黑云镶了一道发光的金边。后来太阳才慢慢地冲出重围，出现在天空，甚至把黑云也染成了紫色或者红色。这时候发亮的不仅是太阳、云和海水，连我自己也成了光亮的了。

这不是很伟大的奇观么？

一九二七年年初

【学习提示】

这篇短文通过对海上日出景象的描绘，表现了作者热爱大自然的情怀。就语言来看，本文有四个显著的特点：一是动词和形容词的灵活运用加强了语言的表现力；二是拟人化手法的运用加强了语言的生动性；三是句与句前后相继、联系紧密，条理十分清楚；四是句式变化丰富，语言富于美感。

除了语言方面的几大亮点外，本文以时间为线索安排行文顺序，条理清楚，层次清晰。与此同时，景象描绘能够突出细节特点，形象鲜明，意境优美。

六　我的空中楼阁

李乐薇

李乐薇，1930年生，祖籍江苏南京。散文作家。其散文文笔清丽脱俗，语言优美动人，风格柔和、温婉。著有《同窗集》《书呆子的智慧》等。代表作有《我的空中楼阁》等。

山如眉黛[1]，小屋恰似眉梢的痣一点。

十分清新，十分自然，我的小屋玲珑地立于山脊一个柔和的角度上。

世界上有很多已经很美的东西，还需要一些点缀，山也是。小屋的出现，点破了山的寂寞，增加了风景的内容。山上有了小屋，好比一望无际的水面飘过一片风帆，辽阔无边的天空掠过一只飞雁，是单纯的底色上一点灵动的色彩，是山川美景中的一点生气，一点情调。

小屋点缀了山，什么来点缀小屋呢？那是树！

山上有一片纯绿色的无花树；花是美丽的，树的美丽也不逊于花。花好比人的面庞，树好比人的姿态。树的美在于姿势的清健或挺拔，苗条或婀娜，在于活力，在于精神！

有了这许多树，小屋就有了许多特点。树总是轻轻摇动着。树的动，显出小屋的静；树的高大，显出小屋的小巧；而小屋的别致出色，乃是由于满山皆树，为小屋布置了一个美妙的绿的背景。

小屋后面有一棵高过屋顶的大树，细而密的枝叶伸展在小屋的上面，美而浓的树荫把小屋笼罩起来。这棵树使小屋给予人另一种印象，使小屋显得含蓄而有风度。

换个角度，近看改为远观，小屋却又变换位置，出现在另一些树的上面，这个角度是远远地站在山下看。首先看到的是小屋前面的树，那些树把小屋遮掩了，只在树与树之间露出一些建筑的线条，一角活泼翘起的屋檐，一排整齐的图案式的屋瓦。一片蓝，那是墙；一片白，那是窗。我的小屋在树与树之间若隐若现，凌空而起，姿态翩然。本质上，它是一幢房屋；形式上，却像鸟一样，蝶一样，憩于枝头，轻灵而自由！

小屋之小，是受了土地的限制。论"领土"，只有有限的一点。在有限的土地上，房屋比土地小，花园比房屋小，花园中的路又比花园小，这条小路是我袖珍型的花园的大道。和"领土"相对的是"领空"，论"领空"却又是无限的，足以举目千里，足以俯仰天地，左顾有山外青山，右盼有绿野阡陌。适于心灵散步，眼睛旅行，也就是古人说的游目骋怀。这个无限大的"领空"，是我开放性的院子。

有形的围墙围住一些花，有紫藤、月季、喇叭花、圣诞红之类。天地相连的那一道弧线，是另一重无形的围墙，也围住一些花，那些花有朵状，有片状，有红，有白，有绚烂，也有飘落。也许那是上帝玩赏的牡丹或芍药，我们叫它云或霞。

---

[1] 眉黛：眼眉。因为古代女子用黛画眉，因称眉为眉黛。黛：青黑色的颜料。

空气在山上特别清新，清新的空气使我觉得呼吸的是香！

光线以明亮为好，小屋的光线是明亮的，因为屋虽小，窗很多。例外的只有破晓或入暮，那时山上只有一片微光，一片柔静，一片宁谧。小屋在山的怀抱中，犹如在花蕊中一般，慢慢地花蕊绽开了一些，好像群山后退了一些。山是不动的，那是光线加强了，是早晨来到了山中。当花瓣微微收拢，那就是夜晚来临了。小屋的光线既富于科学的时间性，也富于浪漫的文学性。

山上的环境是独立的，安静的。身在小屋享受着人间的清福，享受着充足的睡眠，以及一天一个美梦。

出入的交通要道，是一条类似苏花公路的山路，一边傍山，一边面临稻浪起伏的绿海和那高高的山坡。山路和山坡不便于行车，然而便于我行走。我出外，小屋是我快乐的起点；我归来，小屋是我幸福的终点。往返于快乐与幸福之间，哪儿还有不好走的路呢？我只觉得出外时身轻如飞，山路自动地后退；归来时带几分雀跃[1]的心情，一跳一跳就跳过了那些山坡。我替山坡起了个名字，叫幸福的阶梯，山路被我唤做空中走廊！

我把一切应用的东西当作艺术，我在生活中的第一件艺术品——就是小屋。白天它是清晰的，夜晚它是朦胧的。每个夜幕深垂的晚上，山下亮起灿烂的万家灯火，山上闪出疏落的灯光。山下的灯把黑暗照亮了，山上的灯把黑暗照淡了，淡如烟，淡如雾，山也虚无，树也缥缈。小屋迷于雾失楼台的情景中，它不再是清晰的小屋，而是烟雾之中、星点之下、月影之侧的空中楼阁！

这座空中楼阁占了地利，可以省去许多室内设计和其他的装饰。

虽不养鸟，每天早晨有鸟语盈耳。

无须挂画，门外有幅巨画——名叫自然。

【学习提示】

《我的空中楼阁》是一篇写景抒情的散文。作者通过对各种自然景象的描写，既表现了热爱大自然的情怀，又表达了追求自由、闲适和安定生活的愿望。

从语言组织的角度来看，这篇散文具有以下三个突出的特点：

一是语言逻辑严密。作者在组织语言的时候，特别注意了句与句之间的逻辑关系，力求使其出之自然，前后相继，紧密衔接。例如，"小屋点缀了山，什么来点缀小屋呢？那是树！"

二是对句的大量使用，既加强了语言的音乐性，同时增强了语言的表现力。例如，"花好比人的面庞，树好比人的姿态""山也虚无，树也缥缈"等。

三是修辞手法的恰当使用，既增强了语言的表现力，又增加了语言的生动性。在这篇文章中，作者大量使用了比喻等修辞方式来增强语言的表现力。例如，"本质上，它是一幢房屋；形式上，却像鸟一样，蝶一样，憩于枝头，轻灵而自由！"

除了以上三个方面的特点外，这篇文章的语言清新质朴，浅显易懂。本文是学习语言的上佳范本。

---

[1] 雀跃：麻雀是以跳跃的方式移动。这里用来形容人非常兴奋，像麻雀一样跳跃。

七　烛之武退秦师[1]

看微课
张丽娟讲

《左传》

《左传》，全称《春秋左氏传》，是中国第一部叙事详细的编年史著作，儒家十三经之一。《左传》相传是春秋末年鲁国史官左丘明根据鲁国国史《春秋》编成，记叙范围起自鲁隐公元年（前722），迄于鲁哀公二十七年（前468）。《左传》既是中国古代的史学名著，也是文学名著。

晋侯、秦伯[2]围郑，以其无礼于晋，且贰于楚也。[3]晋军函陵，秦军氾南。[4]佚之狐言于郑伯曰："国危矣。若使烛之武见秦君，师必退。"公从之。辞曰："臣之壮也，犹不如人；今老矣，无能为也已。"公曰："吾不能早用子，今急而求子，是寡人之过也。然郑亡，子亦有不利焉。"许之。

夜缒[5]而出。见秦伯曰："秦、晋围郑，郑既知亡矣。若亡郑而有益于君，敢以烦执事[6]。越国以鄙远[7]，君知其难也，焉用亡郑以陪邻[8]？邻之厚，君之薄也。[9]若舍郑以为东道主[10]，行李之往来，共其乏困[11]，君亦无所害。且君尝为晋君赐矣，许君焦、瑕，朝济而夕设版焉，[12]君之所知也。夫晋，何厌[13]之有？既东封郑[14]，又欲肆其

---

[1] 本文选自《左传·僖公三十年》，题目为后人所加。烛之武：春秋时期郑国的大夫。
[2] 晋侯、秦伯：指晋文公和秦穆公。
[3] "以其"二句：指晋文公即位前流亡国外经过郑国时，没有受到应有的礼遇。并且郑国从属于晋的同时又从属于楚。贰：从属二主。
[4] 晋军函陵：晋军驻扎在函陵。军：名词用作动词，驻军。函陵：郑国地名，在河南新郑北。氾（fán）南：氾水的南面。氾：这里指东氾，故道在今河南中牟南，与函陵极近。
[5] 缒（zhuì）：用绳子绑住身子，从城墙上放下去。
[6] 敢以烦执事：冒昧地拿（亡郑这件事）麻烦您手下的人。这是客气的说法。敢：冒昧的。
[7] "越国"句：（然而）越过别国而把远地（郑国）当作边邑。秦国与郑国之间隔着晋国，所以烛之武有此一说。越：越过。鄙：边邑。
[8] "焉用"句：为什么要灭掉郑国而给邻国增加土地呢？陪：增加。邻：邻国，指晋国。
[9] "邻之"二句：邻国的势力雄厚了，您秦国的势力也就相对削弱了。
[10] "若舍"句：如果您放弃围攻郑国而把它作为东方道路上（招待过客）的主人。行李：古今异义，指外交使臣。
[11] 共（gōng）其乏困：供给他们缺乏的东西。共：通"供"，供给，供应。其：代指使者。
[12] "且君"三句：而且您曾经给予晋君恩惠（指秦穆公曾派兵护送晋惠公回国），（晋惠公）许诺给您焦、瑕两城。但晋惠公早上渡过黄河回国，晚上就修筑防御工事。济：渡河。设版：修筑防御工事。
[13] 厌：通"餍"，满足。
[14] 东封郑：在东边让郑国成为晋国的边境。封：疆界，这里用作动词。

西封[1]。若不阙[2]秦,将焉取之?阙秦以利晋,唯君图之。"秦伯说[3],与郑人盟,使杞子、逢孙、杨孙戍[4]之,乃还[5]。

子犯请击之。公曰:"不可,微夫人之力不及此[6]。因人之力而敝之,不仁;[7]失其所与,不知;[8]以乱易整,不武。[9]吾其还也。"亦去之。

【学习提示】

《烛之武退秦师》是中国古代"三寸之舌,强于百万之师"的一个典型案例。在秦晋联军大兵压境,连郑国军队都无力对抗的情况下,烛之武凭借三寸之舌使秦晋退兵,挽救了郑国的危局。这一课给我们的最大思想启示是:好口才可以成就人生。

学习这一课,首先要学习主人公谈话的方式和方法。在见到秦伯之后,烛之武采用了以退为进的谈话策略,他对秦伯说:"如果灭了郑国对秦国有利,那就请您的军队灭了郑国。"接着,话锋一转,从两个方面启发秦伯思考:一是灭郑对秦有益还是有害;二是现在秦国帮此前已经对秦国背信弃义的晋国灭郑,能获得回报,还是会埋下祸根。这两点正好切中要害,所以达到了预期的谈话目的。

其次,要学习本文写人叙事的方法。这篇短文写人,以语言为主,特别注意细节。例如,在烛之武与郑文公的君臣对话中,一个"辞"字写出了烛之武心中的怨气,刻画出了他作为凡夫俗子的一面,使人物形象活了起来。在叙事方面,本文条理清晰,层次清楚;故事情节看似无奇,实则曲折、生动。

---

[1] 肆其西封:扩展它西边的疆界。指晋国灭郑以后,必将图谋秦国。肆:延伸,扩张。
[2] 阙(jué):侵损,削减。
[3] 说:"说"同"悦",喜欢,高兴。
[4] 戍:守卫。
[5] 还:撤军回国。
[6] "微夫人"句:假如没有那个人的力量,我是不会到这个地步的。微:非,没有。夫人:代词"那人",指秦穆公。
[7] "因人"二句:依靠别人的力量,又返回来损害他,这是不仁道的。因:依靠。敝:损害。
[8] "失其"二句:失掉自己的同盟者,这是不明智的。
[9] "以乱"二句:用混乱相攻取代联合一致,是不符合武德的。

八　苏秦始将连横说秦[1]

《战国策》

　　《战国策》是一部国别体的史学著作，又称《国策》。记载了西周、东周及秦、齐、楚、赵、魏、韩、燕、宋、卫、中山各国之事，记事年代起于战国初年，止于秦灭六国，约有240年的历史。《战国策》分为12策，33卷，共497篇，主要记述了战国时期的游说之士的政治主张和言行策略。本书亦展示了东周战国时代的历史特点和社会风貌，是研究战国历史的重要典籍。

　　《战国策》的作者并非一人，成书也并非一时，书中文章作者大多不知是谁。西汉刘向编定为33篇，书名也是刘向所拟定。宋时已有缺失，由曾巩做了订补。

　　苏秦始将连横说秦惠王曰[2]："大王之国，西有巴、蜀、汉中之利[3]，北有胡貉、代马之用[4]，南有巫山、黔中之限[5]，东有肴、函之固[6]。田肥美，民殷富，战车万乘，奋击[7]百万，沃野千里，蓄积饶多，地势形便[8]，此所谓天府[9]，天下之雄国也。以大王之贤，士民之众，车骑之用，兵法之教[10]，可以并诸侯，吞天下，称帝而治。愿大王少留意，臣请奏其效[11]。"

　　秦王曰："寡人闻之，毛羽不丰满者，不可以高飞，文章不成者，不可以诛罚[12]；道

---

〔1〕本文选自《战国策·秦策》。
〔2〕苏秦：字季子，战国时著名的纵横家。将：以，用。连横：流行于战国期间诸侯国相互斗争的一种策略，指函谷关以西的秦国与楚、齐等国的个别联合。与此相对的"合纵"，则指函谷关以东的楚、燕、赵、魏、韩、齐六国的联合抗秦。战国时秦在西，六国在东，故秦与东边个别国家联合攻击其他国家称"连横"，六国联合起来共同对抗秦国则称"合纵"或"约从"。说（shuì）：劝说。秦惠王：姓嬴，名驷，秦孝公之子，公元前336年至前312年在位。
〔3〕巴：包括今四川东部及湖北西部的地区。蜀：今四川中、西部地区。汉中：今陕西汉中一带。巴、蜀、汉中三地均以物产丰富著称。利：利益，指物产丰富。
〔4〕胡貉（hé）：产于北方地区的貉皮。貉形似狸，皮可制裘。代：地名，在今山西省东北部和河北蔚（yù）县一带，盛产良马。
〔5〕巫山：山名，在今重庆巫山东。黔中：地名。郡治在今湖南常德，原属楚地，此时已属秦。限：屏障，险阻。
〔6〕肴（xiáo）：通"崤"，山名，在今河南洛宁北。函：函谷关，在今河南灵宝。以上两地形势极其险要，易守难攻。
〔7〕奋击：奋击之士，奋勇作战之士。
〔8〕形便：得形势，擅便利。此处指地理形势利于作战。
〔9〕天府：物产丰富，就像天然的府库。府：古代财物所聚之地。
〔10〕教：教习，训练。
〔11〕奏：陈述。效：效验，成效。
〔12〕文章：指法令制度。成：完备。

德不厚者，不可以使民；政教不顺者，不可以烦[1]大臣。今先生俨然不远千里而庭教之[2]，愿以异日[3]。"

苏秦曰："臣固疑大王之不能用也。昔者神农伐补遂[4]，黄帝伐涿鹿而禽蚩尤[5]，尧[6]伐驩兜，舜伐三苗[7]，禹[8]伐共工，汤伐有夏[9]，文王伐崇[10]，武王伐纣[11]，齐桓任战而伯天下[12]。由此观之，恶[13]有不战者乎？古者使车毂击驰[14]，言语相结[15]，天下为一；约从[16]连横，兵革[17]不藏；文士并饰[18]，诸侯乱惑；万端俱起，不可胜理；科条既备，民多伪态，[19]书策稠浊[20]，百姓不足；上下相愁，民无所聊[21]；明言章理，兵甲愈起；[22]辩言伟服，战攻不息；[23]繁称文辞，天下不治；舌弊耳聋[24]，不见成功；行义约信[25]，天下不亲。于是，乃废文任武，厚养死士，缀甲厉兵[26]，效[27]胜于战场。夫徒处而致利，安坐而广地，虽古五帝、三王、五伯[28]，明主贤君，常欲坐而致之。

---

[1] 烦：调遣。此处指对外用兵。
[2] 俨然：庄重认真的样子。庭教：当面指教。庭：通"廷"。
[3] 异日：他日，指合适的日子。
[4] 神农：即炎帝，传说中的古代帝王，实际上是古代部落的首领，早于黄帝。补遂：又作"辅遂"，传说中古代部落名。
[5] 黄帝：传说中的古代帝王，号轩辕氏，建国于有熊（今河南新郑），与神农俱为传说中华夏族的始祖。涿（zhuō）鹿：地名，在今河北涿鹿西南。蚩尤：传说为黄帝时九黎部落的首领，与黄帝作战，为黄帝所擒。
[6] 尧：传说古帝名，后让位于舜，曾放逐其乱臣驩兜于崇山。
[7] 舜：传说古帝名，后让位于禹，曾伐三苗。三苗：即古代苗族，在今湖南溪洞一带，亦称苗、有苗。
[8] 禹：传说古帝名，治水有功，受舜禅让，曾放逐暴臣共工。
[9] 汤：商开国国君，本为夏诸侯，因夏王桀无道，攻桀建商朝。有夏：指夏王桀。
[10] 文王：即周文王，姓姬名昌。崇：诸侯国名，在今陕西西安鄠邑区。据传崇侯虎助纣为虐，文王伐之。
[11] 武王：周文王之子，姓姬名发，起兵灭纣，建周朝。纣：商朝的末代君主，为古代著名暴君之一，被武王所灭。
[12] 齐桓：齐桓公，姓姜，名小白，春秋五霸之一，公元前685年至公元前643年在位。任战：用武装战斗。伯（bà）：通"霸"。
[13] 恶（wū）：哪，岂。
[14] 车毂（gǔ）击驰：车辆往来奔驰，车毂互相撞击。形容车辆之多，奔驰之急，外交活动频繁。毂：车轮中心辐条辏集处的圆木。
[15] 言语相结：指用外交辞令缔结盟约。
[16] 从：通"纵"。
[17] 兵：武器。革：甲、胄。
[18] 文士并饰（shì）：指各国使者和策士用巧伪之言来游说诸侯。饰：通"饰"，巧伪。
[19] "科条"二句：指各种规章条款具备后，人民小心防范，多作虚假情态。
[20] 书策：指政令公文。稠浊：繁多而混乱。
[21] 聊：依靠。
[22] "明言"二句：指道理愈讲明，战争愈接连不断。
[23] "辩言"二句：善辩的策士使者，穿着庄严的礼服活动，战争并不停止。
[24] 舌弊耳聋：指谋士们的舌头说破了，君主的耳朵都听聋了。
[25] 行义：讲究仁义。约信：信守盟约。
[26] 缀甲厉兵：缝制盔甲，磨砺兵器。厉：通"砺"。
[27] 效：通"较"，较量。
[28] 五帝：传说中的五位帝王，一般指黄帝、颛顼（zhuānxū）、帝喾（kù）、尧、舜。一说指伏羲、神农、黄帝、尧、舜。三王：夏启、商汤、周武王。五伯：即春秋五霸，指齐桓公、晋文公、秦穆公、宋襄公、楚庄王。一说指齐桓公、晋文公、楚庄王、吴王阖闾、越王勾践。

其势不能，故以战续之。宽则两军相攻，迫则杖戟[1]相撞，然后可建大功。是故兵胜于外，义强于内；威立于上，民服于下。今欲并天下，凌万乘[2]，诎敌国[3]，制海内，子元元[4]，臣诸侯，非兵不可！今之嗣主[5]，忽于至道[6]，皆惛[7]于教，乱于治，迷于言，惑于语，沉于辩，溺于辞。以此论之，王固不能行也。"

说秦王书十上而说不行。黑貂之裘弊，黄金[8]百斤尽，资用乏绝，去秦而归。羸縢履蹻[9]，负书担橐[10]，形容枯槁，面目犁黑[11]，状有归色。归至家，妻不下纴[12]，嫂不为炊，父母不与言。苏秦喟叹曰："妻不以我为夫，嫂不以我为叔，父母不以我为子，是皆秦之罪也。"乃夜发书，陈箧[13]数十，得太公[14]《阴符》之谋，伏而诵之，简练以为揣摩[15]。读书欲睡，引锥自刺其股[16]，血流至足。曰："安有说人主不能出其金玉锦绣，取卿相之尊者乎？"期年，揣摩成，曰："此真可以说当世之君矣！"

于是乃摩燕乌集阙[17]，见说赵王于华屋之下[18]，抵掌[19]而谈。赵王大说，封为武安君，受相印。革车百乘，锦绣千纯[20]，白璧百双，黄金万溢，以随其后。约从散横[21]，以抑强秦。故苏秦相于赵而关不通[22]。

当此之时，天下之大，万民之众，王侯之威，谋臣之权，皆欲决苏秦之策。不费斗粮，未烦一兵，未战一士，未绝一弦，未折一矢，诸侯相亲，贤于兄弟。夫贤人在而天下

---

[1] 戟：古兵器名。
[2] 凌万乘：凌驾万乘兵车的大国。
[3] 诎（qū）敌国：使敌国屈服。诎：屈服。
[4] 子：意动用法，以……为子。元元：百姓。
[5] 嗣主：继位之主，即当代君主。暗指秦惠王，因其刚继位不久。
[6] 忽：忽略。至道：最重要的道。这里指战争。
[7] 惛：糊涂，不明事理。
[8] 黄金：战国时代黄金指铜。
[9] 羸（léi）：通"缧"，缠绕。縢（téng）：绑脚布。蹻（juē）：通"屩"，草鞋。
[10] 橐（tuó）：一种口袋，此处指行李。
[11] 犁黑：黑黄色，形容憔悴困顿状。
[12] 纴（rèn）：织布帛的丝缕，代指织机。
[13] 箧（qiè）：小箱子，此指书籍。
[14] 太公：姜姓，名尚，周文王臣，佐武王伐纣有功，封于齐。传其曾著作《阴符》一书，又称《阴符经》《太公兵法》，为兵书也。
[15] 简：选择。练：精练。揣摩：揣量研求以领会其意。一说为苏秦节取《太公兵法》而著成之书名。
[16] 股：大腿。
[17] 摩：仿。揣摩。燕乌集阙：按《汉书》注，有"乍合乍离，如乌之集"说。这里即以乌集宫阙之状，比喻博喻宏辞、纵横开阖的说辩艺术。旧注，释"摩"为靠近、经过，以"燕乌集阙"为地名或宫阙名，当系注者推测之词，史籍无据可凭。燕乌：乌鸦的一种。
[18] 赵王：指赵惠文王（约前309—前266）。一说为赵武灵王（前340—前295）。华屋：华美的房屋，指朝会、议事的地方。
[19] 抵掌：击掌，表示兴奋状。
[20] 纯（tún）：古代计量单位，布帛一段为一纯。
[21] 约从：即合纵。散（sǎn）横：拆散秦与东方各国的联盟。
[22] 关不通：意谓六国抗秦，不与秦来往。关：指函谷关，为秦与六国的交通要道。

服，一人用而天下从[1]。故曰：式[2]于政，不式于勇；式于廊庙[3]之内，不式于四境之外。当秦之隆，黄金万溢为用，转毂连骑[4]，炫熿[5]于道，山东[6]之国，从风而服，使赵大重。且夫苏秦特穷巷掘门、桑户棬枢之士耳[7]，伏轼撙衔[8]，横历[9]天下，廷说诸侯之王，杜[10]左右之口，天下莫之能伉[11]。

将说楚王，路过洛阳。父母闻之，清宫除道[12]，张[13]乐设饮，郊迎三十里。妻侧目而视，倾耳而听，嫂蛇行匍伏[14]，四拜自跪而谢[15]。苏秦曰："嫂，何前倨[16]而后卑也？"嫂曰："以季子之位尊而多金。"苏秦曰："嗟乎！贫穷则父母不子，富贵则亲戚畏惧。人生世上，势位富厚，盖[17]可忽乎哉！"

【学习提示】

《苏秦始将连横说秦》是一篇记言和叙事相结合的散文。文章写的是苏秦初次游说失败后遭受亲人冷遇，痛中振作，发奋苦读，最终取得成功的故事。从表面上看，苏秦的成功是发奋苦读的结果，实际上是其善于言辞起到了关键作用，因为如果没有良好的口头表达能力，不能把自己的思想很好地传达给各国国君，他就很难被各国国君委以重任。

从写作方面来看，本文有以下几点值得借鉴。

（1）对比手法的运用。文章既写了苏秦初次出仕失败后家人的厌弃，又写了事业成功后家人的畏惧与厚待，两相对比，发人深思。

（2）人物描写生动传神。这篇文章在人物肖像和动作神态的描写方面十分成功。例如，描写苏秦游说秦王失败、落魄而归时的形容与神态，写苏秦刻苦攻读、引锥刺股的细节，写其嫂"蛇行匍伏"的情态，等等，都十分传神。

（3）善于运用铺陈排比和夸张渲染的艺术手法。例如，苏秦游说秦惠王之词，用四字句进行铺排，节奏明快，铿锵有力，语言富于气势和表现力。

---

[1] 从：通"纵"，合纵。

[2] 式：用。

[3] 廊庙：庙是古代君主祭祖之处，庙旁为廊。古代国家大事皆在廊庙中商讨。这里代指朝廷。

[4] 转毂连骑：指车马成队。

[5] 炫熿：闪耀。熿：同"煌"。

[6] 山东：崤山以东。

[7] 特：只，不过。掘门：窟门，挖壁洞为门。桑户：以桑木为门板。棬（quān）枢：用弯木作门轴。以上皆指其住房之简陋。

[8] 伏轼撙衔：扶住车前横木，拉着马缰绳。意为坐车乘马。伏：扶。轼：车前横木。撙：控制。衔：马嚼子。

[9] 横历：遍历。

[10] 杜：塞，堵住。

[11] 伉：匹敌，相当。

[12] 清：打扫。宫：古时房屋的统称。除：治，修治。

[13] 张：设。

[14] 匍伏：同"匍匐"，爬行。

[15] 谢：致歉，请罪。

[16] 倨（jù）：傲慢。

[17] 盖（hé）：通"盍"，何。

九　滕王阁序[1]

王勃

王勃（约650—约676），字子安，绛州龙门（今山西河津）人，初唐文学家。他出生于书香世家，6岁即善作文，人称"神童"。9岁读颜师古注《汉书》，就能指出注文中的错误。14岁中举，后召为沛王李贤的侍读，因作游戏文触怒唐高宗，被逐出王府，入蜀漫游。在虢州参军任中，又擅杀逃奴，获罪革职。675年赴交趾（今越南北部）省父，次年秋渡海溺水，惊悸而卒，年仅26岁。

王勃文辞出众，与杨炯、卢照邻、骆宾王并称"初唐四杰"。其作品多是写景抒情之作，辞藻华丽，意境开阔，风格清新、雄放。他作为盛唐诗文的"黎明女神"放射出了"玫瑰色的曙光"（郑振铎《插图本中国文学史》）。辑有《王子安集》。

看微课

李艳讲

豫章故郡，洪都新府[2]。星分翼轸，地接衡庐。[3]襟三江而带五湖，控蛮荆而引瓯越。[4]物华天宝，龙光射牛斗之墟[5]；人杰地灵，徐孺[6]下陈蕃之榻。雄州雾列，俊彩星驰；台隍枕夷夏之交[7]，宾主尽东南之美。都督阎公之雅望，棨戟[8]遥临；宇文新州之懿范，襜帷暂驻。[9]十旬休暇[10]，胜友如云；千里逢迎，高朋满座。腾蛟起凤，孟学

---

[1]《滕王阁序》全称《秋日登洪府滕王阁饯别序》，或称《滕王阁诗序》。滕王阁在洪州（今江西南昌），为唐高祖之子李元婴在贞观十三年（639）被封为滕王后任洪州都督时所建，故称洪州滕王阁。王勃于675年赴交趾省父，途经洪州参与阎都督宴会，"勃欣然对客操觚，顷刻而就，文不加点，满座大惊"（《唐才子传》语），实为王勃"当垂不朽"的"天才"之作（《唐摭言》语）。

[2] 故郡、新府：汉时曾设豫章郡，郡治在南昌。隋曾改为洪州，不久又恢复旧名，所以称"故郡"。唐又改为洪州，设大都督府，所以称"新府"。

[3] 星分翼轸（zhěn）：古时用天上二十八宿星座的方位和地上几个大区域对应，叫"分野"。翼、轸，是二星宿名，其分野是楚地。南昌古属楚境，所以说"星分翼轸"。衡庐：衡山、庐山。

[4] 三江：说法不一，一般认为指荆江、松江、浙江。五湖：一般认为指太湖、鄱阳湖、青草湖、丹阳湖和洞庭湖。蛮荆：指今湖南、湖北及四川、贵州部分地区。瓯越：指今浙江温州一带以及福建、广东、广西等地。

[5] 龙光：龙泉宝剑的光。据《晋书·张华传》所述，张华见斗、牛之间有紫气，向雷焕询问原因。雷焕说是丰城（属洪州）宝剑之精上通于天的缘故。张华就派雷焕为丰城令，寻找宝剑。雷焕到县后，从牢狱的屋基下掘到一个石匣，内有宝剑两把，一名龙泉，一名太阿，光芒耀目。牛、斗：二星宿名。

[6] 徐孺：即徐孺子，东汉豫章南昌人。家贫，但不肯做官，以耕种为生。陈蕃做豫章太守时，向来不接待宾客，只肯接待徐孺子一个人。他为徐孺子特设一榻，徐去后就悬挂起来，不准别人用。

[7] 台：城楼。隍：护城河。有水称池，无水叫隍。

[8] 棨（qǐ）戟：有衣套的木戟，用作官吏出行时的仪仗。

[9] 宇文：新州刺史。襜（chān）帷：车帷，这里用以指车马。

[10] 十旬休暇：意为十天休假一天。唐时官吏遇旬休沐，称为旬休。

士[1]之词宗；紫电青霜[2]，王将军之武库。家君作宰[3]，路出名区；童子何知，躬逢胜饯。

时维九月，序属三秋。潦水尽而寒潭清，烟光凝而暮山紫。俨骖䯄[4]于上路，访风景于崇阿。临帝子之长洲，得仙人之旧馆。[5]层峦耸翠，上出重霄；飞阁流丹，下临无地。鹤汀凫渚，穷岛屿之萦回；桂殿兰宫，即冈峦之体势。

披绣闼，俯雕甍[6]，山原旷其盈视，川泽纡其骇瞩。闾阎[7]扑地，钟鸣鼎食之家；舸舰弥津，青雀黄龙之舳[8]。云销雨霁，彩彻区明。落霞与孤鹜[9]齐飞，秋水共长天一色。渔舟唱晚，响穷彭蠡[10]之滨；雁阵惊寒，声断衡阳[11]之浦。

遥襟甫畅，逸兴遄[12]飞。爽籁发而清风生，纤歌凝而白云遏。睢园绿竹，气凌彭泽之樽；[13]邺水朱华，光照临川之笔。[14]四美具，二难并。穷睇眄[15]于中天，极娱游于暇日。天高地迥，觉宇宙之无穷；兴尽悲来，识盈虚之有数[16]。望长安于日下，目吴会于云间。[17]地势极而南溟深，天柱高而北辰远。[18]关山难越，谁悲失路之人？萍水相逢，尽是他乡之客。怀帝阍而不见，奉宣室以何年？[19]

嗟乎！时运不齐，命途多舛。冯唐易老，李广难封。[20]屈贾谊[21]于长沙，非无圣主，

---

[1] 孟学士：名不详。学士：掌管文学撰述的官。

[2] 紫电、青霜：皆为宝剑名。

[3] 家君：家父。作宰：王勃父亲当时任交趾令。

[4] 骖䯄（cānfēi）：古代一车四马，当中夹辕的二马称"服马"，服马两侧的马，左称"骖"，右称"䯄"。

[5] 帝子、仙人：均指滕王。

[6] 甍（méng）：屋脊。

[7] 闾阎：里巷的门，这里指住宅。

[8] 舳（zhú）：船后掌舵的地方，这里指船。

[9] 鹜：鸭，这里指野鸭。

[10] 彭蠡：鄱阳湖的古称。

[11] 衡阳：今湖南衡阳市。传说衡阳有回雁峰，雁到此不过，到了春天再北归。

[12] 遄（chuán）：急速。

[13] 睢（suī）园：西汉梁孝王在睢水旁修建的竹园。他常和宾客在竹园中饮宴赋诗，故址在睢阳（今河南商丘东）。彭泽：指陶渊明，他曾任彭泽令，故称。这里借梁孝王、陶渊明来赞美座中宾主善饮。

[14] 邺：地名，故城在今河南临漳县西，是曹魏兴起之地。当时曹丕、曹植兄弟和王粲、刘桢等邺下文人时常在铜雀园（又称西园）参加公宴，饮酒唱和。朱华：荷花。临川：郡名，故治在今江西抚州临川区西。谢灵运曾任临川内史，这里的临川即指谢灵运。这是借曹植、谢灵运来赞美座中宾客能文。

[15] 睇眄（miǎn）：斜着眼看。这里作目光上下左右浏览讲。

[16] 数：运数，即命运。

[17] 长安：唐朝的国都。吴会（kuài）：指今江苏苏州。云间：地名，古属吴郡。句中的"日下""云间"既谓南北遥望远指，又有双关寓意。

[18] 南溟：南海，暗指交趾。天柱：星名。北辰：北极星。天柱、北辰都暗指朝廷。

[19] 帝阍（hūn）：原是传说中天帝的守门人，这里指朝廷。宣室：汉代未央宫中的殿名，汉文帝曾在这里召见贾谊，谈话到半夜。

[20] 冯唐：西汉人，汉文帝时年老官低，武帝访求人才，有人荐举冯唐，他已九十余岁。李广：汉代名将，屡立大功，但终生未得封侯。

[21] 贾谊：西汉著名政论家，曾任博士、太中大夫，后贬为长沙太傅。

窜梁鸿于海曲[1]，岂乏明时？所赖君子见机，达人知命。老当益壮，宁移白首之心？穷且益坚，不坠青云之志。酌贪泉而觉爽，处涸辙以犹欢。[2]北海虽赊，扶摇[3]可接；东隅已逝，桑榆非晚。[4]孟尝[5]高洁，空余报国之情；阮籍[6]猖狂，岂效穷途之哭？

勃，三尺微命，一介书生。无路请缨[7]，等终军之弱冠[8]；有怀投笔[9]，慕宗悫[10]之长风。舍簪笏[11]于百龄，奉晨昏[12]于万里。非谢家之宝树[13]，接孟氏之芳邻[14]。他日趋庭[15]，叨陪鲤对[16]；今兹捧袂，喜托龙门。杨意[17]不逢，抚凌云[18]而自惜；钟期[19]既遇，奏流水以何惭？

呜呼！胜地不常，盛筵难再。兰亭已矣，梓泽[20]丘墟。临别赠言，幸承恩于伟饯；登高作赋，是所望于群公。敢竭鄙诚，恭疏短引。一言均赋，四韵俱成。请洒潘江，各倾陆海云尔。[21]

【学习提示】

本文是一篇写景抒情的骈体文。文中描绘了滕王阁四周景观和大宴盛况，意境极为开

---

[1] 窜：隐匿，这里是使动用法。梁鸿：东汉人，曾作诗讽刺朝政，被迫逃到齐鲁一带躲避。海曲：海隅，指齐鲁一带临海的地方。

[2] 贪泉：《晋书·吴隐之传》称，广州北边的石门有水叫贪泉，喝了那水人就会变得贪得无厌。涸辙：干涸的车辙。《庄子·外物篇》有小鱼处在涸辙中求活的寓言。这里用涸辙比喻人陷入危急之中。

[3] 扶摇：旋风。

[4] 东隅：东方日出的地方，这里指早晨。桑榆：指日落时，仍有余光留在桑榆上，所以指黄昏。

[5] 孟尝：汉朝人，操行高洁，曾任太守，后因病辞官。汉桓帝时，有人上书推荐孟尝，但终没有被用，老死家中。

[6] 阮籍：魏晋间人，性旷达不羁。不满司马氏专权，为避免政治迫害，就借饮酒来掩护自己。经常驾车出游，当前面遇到障碍，不能前进时，就痛哭而回。

[7] 请缨：请求赐给长缨，意为请求赐予杀敌的命令。缨：系在马颈上用以驾车的皮条。

[8] 终军：西汉人，20岁时，出使南越，上书请缨，要求缚南越王而回。弱冠：20岁。

[9] 投笔：指班超投笔从戎一事。

[10] 宗悫（què）：南朝宋人，年少时，叔父问他的志向，他说："愿乘长风破万里浪。"后来功大封侯。

[11] 簪笏（zānhù）：均是做官者的用物，此用以指仕途前程。

[12] 晨昏：旧时礼制，子女早、晚要向父母问安。

[13] 谢家之宝树：指谢玄。《世说新语·言语》载：谢安问他的子侄，为什么人们总希望子弟好？侄子谢玄回答："譬如芝兰玉树，欲使其生于阶庭耳。"旧时因此用"芝兰玉树"喻贵家子弟，也用以指有文才的人。

[14] 孟氏之芳邻：孟子母亲曾三次搬家，为了要找个好邻居，以便让儿子得到良好的成长环境。

[15] 趋庭："趋"是古时下对上的一种礼节。

[16] 鲤对：是指孔鲤在父亲面前回答提问，接受教导。鲤：指孔鲤，孔子的儿子。

[17] 杨意：即杨得意，司马相如的邻人。因为他的推荐，司马相如才做官。

[18] 凌云：本意是超尘出世，这里是指司马相如的《大人赋》，因为汉武帝读到《大人赋》后，感到"飘飘有凌云之气"。

[19] 钟期：即钟子期，春秋时楚国人。据《列子·汤问》：伯牙善鼓琴，只有钟子期能知音。伯牙鼓琴，志在高山，钟子期说："善哉，巍巍乎若泰山！"后来志在流水，子期说："善哉，洋洋若江河！"钟子期死后，伯牙碎琴绝弦不复鼓琴。

[20] 梓泽：金谷园的别名，为西晋石崇所建。

[21] 潘：潘岳。陆：陆机。钟嵘《诗品》："陆才如海，潘才如江。"江、海：比喻才学渊博。

阔；抒发人生感慨，悲喜苦乐溢于纸上。

全文分四个部分：第一部分概写洪州地势与人才优势；第二部分极力描绘秋日滕王阁及四周景观；第三部分略写宴会盛况，抒发人生感慨；第四部分自抒身世和怀才不遇的苦闷，感叹盛筵难再，以谦辞作结。

统观全文：由地及人，由人及景，由景及情，步步递进，紧扣题意。

此序文有很高的语言艺术成就。通篇辞采华丽，含蓄典雅，语约意丰，颇显作者才气。

一、骈俪藻饰，使全文辞采华美，富于诗意。

骈俪就是对偶。全篇采用对偶句，不但字意相对，而且追求声调的平仄相对。即一句之中，平仄交替；一联之间，平与仄相对。如"穷睇眄于中天，极娱游于暇日"为平仄仄（于）平平，仄平平（于）仄仄。一联中的两句，如同诗句一样如此讲求音律，使全文抑扬顿挫，富于乐感，富于诗意。藻饰是指运用色彩浓艳、华丽典雅的词语来装饰文句。如"物华天宝""俊采星驰""紫电青霜""层峦耸翠""飞阁流丹""青雀黄龙"等浓丽耀眼、重彩叠金的词语，使全文辞采华美，赏心悦目。

二、频用典故，使文辞简练含蓄，联想丰富。

用典可以使文章内容充实，还能借古抒怀，联想丰富。例如，在第三部分中，连用冯唐、李广、贾谊、梁鸿四人典故，借历代怀才不遇之人，抒发壮志难酬的苦闷。接着化用东汉马援"老当益壮"句振奋精神，勉励"失路之人"不要因年华易逝和处境困顿而自暴自弃。片言居要，实为全篇警策。又正用《汉书·冯异传》"失之东隅，收之桑榆"的名句，表达将来仍可大展宏图。其间反用"贪泉"、"涸辙"、阮籍的典故，强调身处困顿而情操不移，逆境之中壮志弥坚。作者频用各种手法，自如驱遣历史典故，以简练、含蓄之语，抒写抑扬起伏的内心情感，使人读后联想翩跹，难以释怀。

此外，本文还具有绘景之妙与形式之美。

全文写景颇具匠心，字字华彩，句句生辉，构成一幅幅美妙的山水人物画。以千古传唱的名句"落霞与孤鹜齐飞，秋水共长天一色"为例：彩霞自上而下，孤鹜从下到上，相映生趣；碧水青天，水天相接，浑然天成，绘成一幅流丽飞动、浑然一色的秋景图。意境极为开阔，为历代评论者所赞赏。

全文形式以四六句为主，根据表意需要巧妙夹用一字、二字、三字及七字句式，使行文整中见散，在自然流转中跌宕起伏。

此序文寓真情实感于文辞之美中，与绘景之妙、形式之美融会贯通、和谐统一，使全文气势恢宏、跌宕起伏，堪称古代骈文中之精品。

十　诸葛亮舌战群儒[1]

罗贯中

　　罗贯中（约1330—约1400），名本，字贯中，元末明初著名小说家、戏曲家，中国章回小说的鼻祖。罗贯中的一生著作颇丰，主要作品有：剧本《赵太祖龙虎风云会》《忠正孝子连环谏》《三平章死哭蜚虎子》，小说《隋唐两朝志传》《残唐五代史演义》《三遂平妖传》和代表作《三国志通俗演义》（简称《三国演义》）等。

　　却说鲁肃、孔明辞了玄德、刘琦，登舟望柴桑郡来。二人在舟中共议。鲁肃谓孔明曰："先生见孙将军，切不可实言曹操兵多将广。"孔明曰："不须子敬叮咛，亮自有对答之语。"及船到岸，肃请孔明于馆驿中暂歇，先自往见孙权。权正聚文武于堂上议事，闻鲁肃回，急召入问曰："子敬往江夏，体探虚实若何？"肃曰："已知其略，尚容徐禀。"权将曹操檄文示肃曰："操昨遣使赍文至此，孤先发遣来使，现今会众商议未定。"肃接檄文观看。其略曰：

　　孤近承帝命，奉词伐罪。旄麾南指，刘琮束手；荆襄之民，望风归顺。今统雄兵百万，上将千员，欲与将军会猎于江夏，共伐刘备，同分土地，永结盟好。幸勿观望，速赐回音。

　　鲁肃看毕曰："主公尊意若何？"权曰："未有定论。"张昭曰："曹操拥百万之众，借天子之名，以征四方，拒之不顺。且主公大势可以拒操者，长江也。今操既得荆州，长江之险，已与我共之矣，势不可敌。以愚之计，不如纳降，为万安之策。"众谋士皆曰："子布之言，正合天意。"孙权沉吟不语。张昭又曰："主公不必多疑。如降操，则东吴民安，江南六郡可保矣。"孙权低头不语。须臾，权起更衣，鲁肃随于权后。权知肃意，乃执肃手而言曰："卿欲如何？"肃曰："恰才众人所言，深误将军。众人皆可降曹操，惟将军不可降曹操。"权曰："何以言之？"肃曰："如肃等降操，当以肃还乡党，累官故不失州郡也。将军降操，欲安所归乎？位不过封侯，车不过一乘，骑不过一匹，从不过数人，岂得南面称孤哉！众人之意，各自为己，不可听也。将军宜早定大计。"权叹曰："诸人议论，大失孤望。子敬开说大计，正与吾见相同。此天以子敬赐我也！但操新得袁绍之众，近又得荆州之兵，恐势大难以抵敌。"肃曰："肃至江夏，引诸葛瑾之弟诸葛亮在此，主公可问之，便知虚实。"权曰："卧龙先生在此乎？"肃曰："现在馆驿中安歇。"权曰："今日天晚，且未相见。来日聚文武于帐下，先教见我江东英俊，然后升堂议事。"

　　肃领命而去。次日至馆驿中见孔明，又嘱曰："今见我主，切不可言曹操兵多。"孔明

---

[1]　选自著名长篇历史小说《三国演义》第四十三回。《三国演义》描写了东汉末年和整个三国时代封建统治集团之间的矛盾和斗争，提供了关于我国封建社会政治斗争和军事斗争可资借鉴的材料。

笑曰："亮自见机而变，决不有误。"肃乃引孔明至幕下。早见张昭、顾雍等一班文武二十余人，峨冠博带，整衣端坐。孔明逐一相见，各问姓名。施礼已毕，坐于客位。张昭等见孔明丰神飘洒，器宇轩昂，料道此人必来游说。张昭先以言挑之曰："昭乃江东微末之士，久闻先生高卧隆中，自比管、乐。此语果有之乎？"孔明曰："此亮平生小可之比也。"昭曰："近闻刘豫州三顾先生于草庐之中，幸得先生，以为'如鱼得水'，思欲席卷荆襄。今一旦以属曹操，未审是何主见？"孔明自思张昭乃孙权手下第一个谋士，若不先难倒他，如何说得孙权，遂答曰："吾观取汉上之地，易如反掌。我主刘豫州躬行仁义，不忍夺同宗之基业，故力辞之。刘琮孺子，听信佞言，暗自投降，致使曹操得以猖獗。今我主屯兵江夏，别有良图，非等闲可知也。"昭曰："若此，是先生言行相违也。先生自比管、乐——管仲相桓公，霸诸侯，一匡天下；乐毅扶持微弱之燕，下[1]齐七十余城。此二人者，真济世之才也。先生在草庐之中，但笑傲风月，抱膝危坐。今既从事刘豫州，当为生灵兴利除害，剿灭乱贼。且刘豫州未得先生之前，尚且纵横寰宇，割据城池；今得先生，人皆仰望。虽三尺童蒙，亦谓彪虎生翼，将见汉室复兴，曹氏即灭矣。朝廷旧臣，山林隐士，无不拭目而待：以为拂高天之云翳，仰日月之光辉，拯民于水火之中，措天下于衽席之上[2]，在此时也。何先生自归豫州，曹兵一出，弃甲抛戈，望风而窜。上不能报刘表以安庶民，下不能辅孤子而据疆土；乃弃新野，走樊城，败当阳，奔夏口，无容身之地。是豫州既得先生之后，反不如其初也。管仲、乐毅，果如是乎？愚直之言，幸勿见怪！"孔明听罢，哑然[3]而笑曰："鹏飞万里，其志岂群鸟能识哉？譬如人染沉疴[4]，当先用糜粥以饮之，和药以服之；待其腑脏调和，形体渐安，然后用肉食以补之，猛药以治之，则病根尽去，人得全生也。若不待气脉和缓，便投以猛药厚味，欲求安保，诚为难矣。吾主刘豫州，向日军败于汝南，寄迹刘表，兵不满千，将止关、张、赵云而已，此正如病势尪羸[5]已极之时也。新野山僻小县，人民稀少，粮食鲜薄，豫州不过暂借以容身，岂真将坐守于此耶？夫以甲兵不完，城郭不固，军不经练，粮不继日，然而博望烧屯，白河用水，使夏侯惇、曹仁辈心惊胆裂。窃谓管仲、乐毅之用兵，未必过此。至于刘琮降操，豫州实出不知。且又不忍乘乱夺同宗之基业，此真大仁大义也。当阳之败，豫州见有数十万赴义之民，扶老携幼相随，不忍弃之，日行十里，不思进取江陵，甘与同败，此亦大仁大义也。寡不敌众，胜负乃其常事。昔高皇数败于项羽，而垓下一战成功，此非韩信之良谋乎？夫信久事高皇，未尝累胜。盖国家大计，社稷安危，是有主谋。非比夸辩之徒，虚誉欺人：坐议立谈，无人可及；临机应变，百无一能。诚为天下笑耳！"这一篇言语，说得张昭并无一言回答。

座上忽一人抗声问曰："今曹公兵屯百万，将列千员，龙骧虎视，平吞江夏，公以为何如？"孔明视之，乃虞翻也。孔明曰："曹操收袁绍蚁聚之兵，劫刘表乌合之众，虽数百万不足惧也。"虞翻冷笑曰："军败于当阳，计穷于夏口，区区求救于人，而犹言'不惧'，此真大言欺人也！"孔明曰："刘豫州以数千仁义之师，安能敌百万残暴之众？退守夏口，所以待时也。

---

[1] 下：使之降服的意思。
[2] 衽（rèn）席之上：譬喻安全舒适的地方。衽席：衽、席同义，都是坐卧的铺垫物。
[3] 哑（yǎ）然：笑出声的样子。哑：笑声。
[4] 沉疴（kē）：重病。
[5] 尪羸（wānglèi）：病弱得连走路的力气都没有了。

今江东兵精粮足，且有长江之险，犹欲使其主屈膝降贼，不顾天下耻笑。由此论之，刘豫州真不惧操贼者矣！"虞翻不能对。

座间又一人问曰："孔明欲效仪、秦[1]之舌，游说东吴耶？"孔明视之，乃步骘也。孔明曰："步子山以苏秦、张仪为辩士，不知苏秦、张仪亦豪杰也。苏秦佩六国相印，张仪两次相秦，皆有匡扶人国之谋，非比畏强凌弱、惧刀避剑之人也。君等闻曹操虚发诈伪之词，便畏惧请降，敢笑苏秦、张仪乎？"步骘默然无语。

忽一人问曰："孔明以曹操何如人也？"孔明视其人，乃薛综也。孔明答曰："曹操乃汉贼也，又何必问？"综曰："公言差矣。汉传世至今，天数将终。今曹公已有天下三分之二，人皆归心。刘豫州不识天时，强欲与争，正如以卵击石，安得不败乎？"孔明厉声曰："薛敬文安得出此无父无君之言乎！夫人生天地间，以忠孝为立身之本。公既为汉臣，则见有不臣之人，当誓共戮之：臣之道也。今曹操祖宗叨食汉禄，不思报效，反怀篡逆之心，天下之所共愤。公乃以天数归之，真无父无君之人也！不足与语！请勿复言！"薛综满面羞惭，不能对答。

座上又一人应声问曰："曹操虽挟天子以令诸侯，犹是相国曹参[2]之后。刘豫州虽云中山靖王苗裔，却无可稽考，眼见只是织席贩屦之夫耳，何足与曹操抗衡哉！"孔明视之，乃陆绩也。孔明笑曰："公非袁术座间怀橘[3]之陆郎乎？请安坐，听吾一言：曹操既为曹相国之后，则世为汉臣矣；今乃专权肆横，欺凌君父，是不惟无君，亦且蔑祖；不惟汉室之乱臣，亦曹氏之贼子也。刘豫州堂堂帝胄，当今皇帝按谱赐爵，何云'无可稽考'？且高祖起身亭长，而终有天下；织席贩屦，又何足为辱乎？公小儿之见，不足与高士共语！"陆绩语塞。

座上一人忽曰："孔明所言，皆强词夺理，均非正论，不必再言。且请问孔明治何经典？"孔明视之，乃严畯也。孔明曰："寻章摘句，世之腐儒也，何能兴邦立事？且古耕莘伊尹，钓渭子牙，张良、陈平之流，邓禹、耿弇[4]之辈，皆有匡扶宇宙之才，未审其生平治何经典。岂亦效书生，区区于笔砚之间，数黑论黄，舞文弄墨而已乎？"严畯低头丧气而不能对。

忽又一人大声曰："公好为大言，未必真有实学，恐适为儒者所笑耳。"孔明视其人，乃汝南程德枢也。孔明答曰："儒有君子小人之别。君子之儒，忠君爱国，守正恶邪，务使泽及当时，名留后世。若夫小人之儒，惟务雕虫[5]，专工翰墨，青春作赋，皓首穷经；笔下虽有千言，胸中实无一策。且如扬雄[6]以文章名世，而屈身事莽，不免投阁而死，此所谓小人之儒也。虽日赋万言，亦何取哉！"程德枢不能对。众人见孔明对答如流，尽皆失色。

---

[1] 仪、秦：即张仪、苏秦，两人都是战国时期以雄辩著名的说客。
[2] 曹参：汉高祖刘邦的功臣。
[3] 座间怀橘：陆绩6岁时，曾在袁术座间，藏起三位客人的橘子放在怀中，临走时不小心掉了出来。袁术问他时，他答说是要带回去孝敬母亲。这事被传为美谈。小说写诸葛亮以此事来问陆绩，暗含调侃、挪揄他的语意。
[4] 邓禹、耿弇（yǎn）：两人都是汉光武帝刘秀的功臣。
[5] 雕虫：指辞赋的雕辞琢句，不切实用，有鄙薄的意思。
[6] 扬雄：西汉著名辞赋家，在王莽的新朝做过官，因事害怕要受刑，跳楼自杀，几乎摔死。

【学习提示】

　　论辩的实质是在驳倒对方的观点或主张的同时，确立自己的观点或主张。这就要求辩论者不仅要有渊博的知识和卓越的口才，而且要有高超的思维能力——要善于随机应变。诸葛亮舌战群儒之所以能够取得成功，不仅在于他的远见卓识，而且在于他超人的应变能力。在这场舌战中，诸葛亮运用娴熟的论辩技巧，或斥论点，或批论据，或驳论证，雄辩滔滔，举重若轻；时而傲然正气，时而谦逊有礼，时而怒斥，时而戏谑，随机应变，应付裕如。

　　从文中我们可以看到：面对张昭的挑衅，诸葛亮先是采用打比方的说理方法，以不可辩驳之理使对方有口难辩，接下来用不可否认的事实将对方逼到无话可说的地步；针对虞翻的以"惧"相讥，诸葛亮采用对比的论证方法，将对方推到了尴尬的境地；当步骘责问"孔明欲效仪、秦之舌，游说东吴耶"时，诸葛亮采用避实就虚的办法陷对方于被动……从这篇课文我们可以得到启示：要提高论辩能力，不仅要有丰富的知识积累，掌握各种说理方法，而且要加强思维训练，增强自己的应变能力。

十一　极端的谦虚　极端的顽强
——悼念玛丽·居里

阿尔伯特·爱因斯坦

  阿尔伯特·爱因斯坦（1879—1955），犹太裔物理学家。他出生于德国乌尔姆市的一个犹太人家庭，1900年毕业于苏黎世联邦理工学院，入瑞士国籍。1905年，获苏黎世大学哲学博士学位。爱因斯坦提出光子假设，成功解释了光电效应，因此获得1921年诺贝尔物理学奖。1905年，创立狭义相对论。1915年创立广义相对论。1933年因受到德国纳粹政权的迫害，脱离德国迁居美国，担任普林斯顿大学教授。

  爱因斯坦为核能开发奠定了理论基础，被公认为是继伽利略和牛顿之后最伟大的物理学家。1999年12月26日，爱因斯坦被美国《时代周刊》评选为"世纪伟人"。

  在像居里夫人这样一位崇高人物结束她的一生的时候，我们不要仅仅满足于回忆她的工作成果对人类已经做出的贡献。第一流人物对于时代和历史进程的意义，在其道德品质方面，也许比单纯的才智成就方面还要大。即使是后者，它们取决于品格的程度，也远超过通常所认为的那样。

  我幸运地同居里夫人有二十年崇高而真挚的友谊。我对她的人格的伟大愈来愈感到钦佩。她的坚强，她的意志的纯洁，她的律己之严，她的客观，她的公正不阿的判断——所有这一切都难得地集中在一个人的身上。她在任何时候都意识到自己是社会的公仆，她是极端的谦虚，永远不给自满留下任何余地。由于社会的严酷和不平等，她的心情总是抑郁的。这就使得她具有那样严肃的外貌、很容易使那些不接近她的人发生误解——这是一种无法用任何艺术气质来解释的少见的严肃性。一旦她认识到某一条道路是正确的，她就毫不妥协地并且极端顽强地坚持下去。

  她一生中最伟大的科学功绩——证明放射性元素的存在并把它们分离出来——所以能取得，不仅是靠着大胆的直觉，而且也靠着在难以想象的极端困难情况下工作的热忱和顽强，这样的困难，在实验科学的历史中是罕见的。

  居里夫人的品德力量和热忱，哪怕只要有一小部分存在于欧洲的知识分子中间，欧洲就会面临一个比较光明的未来。

【学习提示】

  真正好的演讲，能够使人精神振奋，使人受到鼓舞。要取得这样的效果，首先必须使演讲者要表达的思想为听众所接受，同时，还必须使演讲从情感上感染听众、打动听众，只有这样，才能达到鼓舞听众、教育听众的目的。这篇演讲词没有就居里夫人一生的巨大成就展开详细论述，而是采用议论与抒情相结合的表达方式，肯定和赞扬其伟大的精神品质，主题集中，感情真挚，读之令人备受鼓舞。尤其是："居里夫人的品德力量和热忱，哪怕只要有一小部分存在于欧洲的知识分子中间，欧洲就会面临一个比较光明的未来"，这几句话具有撼动人心的情感力量。

十二　我们唯一害怕的就是害怕本身

富兰克林·罗斯福

富兰克林·罗斯福（1882—1945），史称"小罗斯福"，美国第32任总统。他是美国历史上唯一连任超过两届（病逝于第四届任期中）的总统。

我肯定，同胞们都期待我在就任总统时，会像我国目前形势所要求的那样，坦率而果断地向他们讲话。现在正是坦白、勇敢地说出实话，说出全部实话的最好时刻。我们不必畏首畏尾，不敢面对我国今天的情况，这个伟大的国家会一如既往地坚持下去，它会复兴和繁荣起来。因此，让我首先表明我的坚定信念：我们唯一不得不害怕的就是害怕本身——一种莫名其妙的、丧失理智的、毫无根据的恐惧，它会把转退为进所需的种种努力化为泡影。凡在我国生活阴云密布的时刻，坦率而有活力的领导都得到过人民的理解和支持，从而为胜利准备了必不可少的条件。我相信，在目前危急时刻，大家会再次给予同样的支持。我和你们都要以这种精神，来面对我们共同的困难。感谢上帝，这些困难只是物质方面的。价值难以想象地贬缩了；课税增加了，我们的支付能力下降了；各级政府面临着严重的收入短缺；交换手段在贸易过程中遭到了冻结；工业企业枯萎的落叶到处可见；农场主的产品找不到销路；千家万户多年的积蓄付之东流。

更重要的是，大批失业公民正面临严峻的生计问题，还有大批公民正以艰辛的劳动换取微薄的报酬，只有愚蠢的乐天派会否认当前这些阴暗的现实。但是，我们的苦恼绝不是因为缺乏物资。我们没有遭到什么蝗虫灾害。我们的先辈曾以信念和无畏一次次转危为安，比起他们经历过的险阻，我们仍大可感到欣慰。大自然仍在给予我们恩惠，人类的努力已使之倍增。富足的情景近在咫尺，但就在我们见到这种情景的时候，宽裕的生活却悄然离去。这主要是因为主宰人类物资交换的统治者们失败了，他们固执己见而又无能为力，因而已经认定失败，并撒手不管了。贪得无厌的货币兑换商的种种行径，将受到舆论法庭的起诉，将受到人类心灵和理智的唾弃。

幸福并不在于单纯地占有金钱；幸福还在于取得成就后的喜悦，在于创造性努力时的激情。务必不能再忘记劳动带来的喜悦和激励，而去疯狂地追逐那转瞬即逝的利润。如果这些暗淡的时日能使我们认识到，我们真正的天命不是要别人侍奉，而是为自己和同胞们服务，那么，我们付出的代价就完全是值得的。认识到把物质财富当作成功的标准是错误的，我们就会抛弃以地位尊严和个人收益为唯一标准，来衡量公职和高级政治地位的错误信念。我们必须制止银行界和企业界的一种行为，它常常使神圣的委托混同于无情和自私的不正当行为，难怪信心在减弱，因为增强信心只有靠诚实、荣誉感、神圣的责任感，忠实地加以维护和无私地履行职责，而没有这些，就不可能有信心。

但是，复兴不仅仅要求改变伦理观念。这个国家要求行动起来，现在就行动起来。

根据宪法赋予我的职责，我准备提出一些措施，而一个世界上的受灾国家也许需要这些措施。对于这些措施，以及国会根据本身的经验和智慧可能制定的其他类似措施，我将在宪法赋予我的权限内，设法迅速地予以采纳。

但是，如果国会拒不采纳这两条路线中的一条，如果国家紧急情况依然如故，我将不回避我所面临的明确的尽责方向。我将要求国会准许我使用唯一剩下的手段来应付危机——向非常情况开战的广泛的行政权，就像我们真的遭到外敌入侵时授予我那样的广泛权力。

对大家寄予我的信任，我一定报以时代所要求的勇气和献身精神，我会竭尽全力。

让我们正视面前的严峻岁月，怀着举国一致给我们带来的热情和勇气，怀着寻求传统的、珍贵的道德观念的明确意识，我们的目标是要保证国民生活的圆满和长治久安。

我们并不怀疑基本民主制度的未来，合众国人民并没有失败。他们在困难中表达了自己的委托，即要求采取直接而有力的行动。他们要求有领导的纪律和方向。他们现在选择了我作为实现他们愿望的工具。我接受这份厚赠。

在此举国奉献之际，我们谦卑地请求上帝赐福。愿上帝保佑我们大家和每一个人，愿上帝在未来的日子里指引我。

【学习提示】

一席演讲或谈话，只有给听者以启示，使听者受到感动或鼓舞才能为听者所接受。这篇演讲词中富有哲理性的语言，能够给人以诸多的启示；而其中具有鼓动性和感召力的语言又能使人精神振奋。例如："我们唯一不得不害怕的就是害怕本身——一种莫名其妙的、丧失理智的、毫无根据的恐惧，它会把转退为进所需的种种努力化为泡影。""幸福并不在于单纯地占有金钱；幸福还在于取得成就后的喜悦，在于创造性努力时的激情。"这些富有哲理性的语言能够给人以启示，使人从思想上对演讲者予以接受和认同。再如："我们不必畏首畏尾，不敢面对我国今天的情况，这个伟大的国家会一如既往地坚持下去，它会复兴和繁荣起来。""我们的先辈曾以信念和无畏一次次转危为安，比起他们经历过的险阻，我们仍大可感到欣慰。大自然仍在给予我们恩惠，人类的努力已使之倍增。"这些语言具有激励性和鼓动性，使听者感到精神振奋。反复诵读这篇演讲词，我们可以获得多方面的感悟与启示。

专题训练：怎样提高口语交际能力

　　口语交际能力是指用口头语言来表达自己的思想、情感，以达到与人沟通、交流的目的的一种能力。在日常交往中，人们使用最多的是口头语言，因此，口头语言比书面语言发挥着更直接、更广泛的交际作用。作为人们交流思想、沟通感情的方式，口头表达具有应用方便、应变快捷、使用频度高等优势。

　　现代社会是一个大协作的社会，人们的沟通与交流日益频繁，加之信息传递手段的多样化，口语交际能力显得更加重要——口语在现代人的沟通、交流、信息传递中占的份额越来越大。电话沟通、商务谈判、产品推介、自我介绍与推荐等，随时都要用到口语交际能力。尽管事业成功的人不一定都具有良好的口才，但拥有良好口才的人取得成功的概率更大。口语交际能力是人们立足社会、终生受用的一种语文能力。加强口语交际能力训练，使自己拥有一副好口才，是语文能力培养的重中之重。

一、口语交际的特点

　　第一，更直接，更便捷。口语交际是一种面对面的交流与沟通，说者直接面对听者，说话的针对性比较强，并且随时可以了解到听者的反应。因此，运用口语沟通和交流更直接、更便捷。同时，说话的人边讲述、边观察、边判断，随时倾听对方的谈话，十分敏捷地做出相应的回答，这样可以使交流更加深入，使意思表达更加充分。

　　第二，更富于感染力。口头语言富有激励性，容易触发听者的情感。说者不仅可以用声调和节奏强调重点词句，还可以借助表情、手势、姿态或动作表情达意。这就增强了交际活动的情境性和感染力。

　　第三，对思维能力的要求更高。在口语交际过程中，说话者的言语活动都是在瞬间内完成的，没有足够的时间反复推敲和修改。要做到用词准确，语无歧义，说话者必须思维敏捷，反应迅速，判断准确；要善于调动全部的感性语言积累，在瞬间找到恰当的词，准确地表达自己的思想和情感。

　　第四，使用的范围广、频率高。在日常生活中，口头语言是人们交流思想的主要工具。一个正常人，一生中或许可以不写、不读，但不能不说、不听。因此，口语交际相对于书面交际而言，具有更大的使用人群。

　　第五，口语交际是一种双向交流活动。参与交际的人不仅认真倾听，还要适时接过话题，谈自己的意见和想法，你来我往，言语交锋，在双向互动中实现信息的交流和思想的沟通。

　　第六，口语交际需要更全面的表达技巧。既然是面对面的接触、交流，就不仅需要听说技巧，还需要待人处事、举止谈吐、临场应变、传情达意等方面的能力和素养。

　　口语交际的特点决定了它必须由多种因素构成，其中主要因素是：良好的语言组织能力、敏捷的思维能力、得体的举止谈吐、为人处事的能力等，这些都是口语交际训练的目标。

二、口语交际的基本要求

对于口语交际最基本的要求是：言之有理，言之有情，言之有物，言之有序，言之有文。说话要说普通话，力求发言准确，吐字清晰，运用恰当的语调，注意句子停顿，控制说话速度，使口头表达的语调、语速等自然合度，大方得体。与此同时，还要讲得生动、形象、活泼，让别人愿意听。概括起来讲，主要有以下几点：

(1) 口齿清晰。要说普通话，声音洪亮，口齿清晰，发音吐字正确，语气连贯，表达清晰。

(2) 中心明确。明确表达的中心，围绕中心进行发言；善于抓住关键性的概念，有的放矢地展开话题和准确贴切地答话；合乎逻辑地论述问题，发表见解。

(3) 层次清楚。"讲话"有头有尾，主旨鲜明，重点突出，思路清晰、严密，条理清楚，层次分明。这样，才能言之有序，有利于阐明己见，说服对方。

(4) 感情真挚。说话时姿态自然，大方得体，有表情地说话。并处理好语调高低，节奏快慢，语气轻重，或激昂低沉，或委婉深沉，或风趣幽默，感情真挚。

(5) 能认真倾听别人的话语，了解主要内容，并能就不理解的地方向人请教，就不同的意见与人商讨。

(6) 能清楚、明白地讲述见闻，并说出自己的感受和想法。

(7) 有表达的信心，能发表自己的意见，并用语言打动人。

(8) 与人交谈，态度自然大方，有礼貌。

三、影响口语交际能力的几个主要因素

人的口语交际能力的强弱主要是由其思维能力、思想修养、语言直觉能力、丰富的语料积累、遣词造句的能力等决定的。

(一) 思维能力

没有思维，就不会有语言的产生和发展；没有语言，思维活动也就失去了赖以存在的基础；语言是思维的工具，思维的内容和方式是通过语言具体表现出来的。思维的发展对语言的发展起着积极的作用。

1. 思维能力决定着语言表达能力

思维的内容是通过语言表达出来的，但表达出来的内容是由思维内容和形式所决定的。想不到的事情自然不会说出来——思维能力决定着语言能力。

2. 思维的发展推动语言的发展

人类的思维发展，经过了直接行为思维、具体形象思维、抽象思维、逻辑思维等几个主要的阶段，而语言的发展正是这几个阶段的直接反映。词意表达、词语的形成、语法构造等，都在不同程度上受思维形式发展的制约。人们的思维水平或思维形式，制约着其具体的语言表达方式和内容。

(二) 思想修养

思想是语言的内核，失去了思想意蕴，语言就变成了毫无意义的空壳。只有思想内涵十分丰富的语言才真正称得上富有表现力的语言。同样，一个人只有思想丰富，他的语言表达能力才可能很强。因此，加强思想修养是培养和提高口语能力最根本的一条途径。

（三）语言感受能力

在口语交际过程中，正确理解对方话语的意思是理顺自己话语头绪、找准谈话切入点、迅速展开话题和提高言语针对性的前提。不论是正确理解对方话语的意思，还是准确表达自己的思想，都需要良好的语言感受能力，即人们所说的语感。什么是语感？语感是人在接触语言的瞬间对语言的整体直觉和领悟能力，是感性思维与理性思维协同作用，在极短的时间里对语言进行认知与理解，准确把握语言的一种能力。

语言感受是从感知开始的，整个过程包括感受、知觉、记忆、联想、思维等复杂的心理因素，对口头语言、书面文字符号的敏锐感知是构成语感的首要条件。经过长时间自觉或不自觉的语言实践，词句的含义、词语的搭配规则等以"格"的形式巩固和积累下来，储存在大脑里形成一种语言潜规则。大脑中的语言潜规则一旦形成，人们在重新接受言语信息时，这些潜规则就会起到一种"标准"的作用，对新的言语信息迅速做出处理和评判。因此，语感强的人听别人讲话，一听就明白；表达自己的思想，一说就让人心领神会；阅读文章，一读就懂；写文章，下笔千言，文从字顺。语感不仅能感受语言的形式，而且能够洞察语言的内涵。

（四）丰富的语料积累

语言能力的形成有其自身的特殊规律——语言的感性积累越丰富，语言能力的形成与提高速度就越快。因此，加强语料积累是提高口语交际能力的一条重要途径。语料积累主要包括以下几个方面：

（1）词汇的积累。词汇是语言的建筑材料，词汇贫乏，说话和写文章常常找不到合适的词来表达自己的意思，就会出现词不达意的问题；词汇积累丰富了，使用起来就会得心应手、左右逢源，这样一来，说话和写文章不仅能够准确、生动地表达自己的意思，而且语言也会更富于魅力。

（2）格言、警句、谚语等惯用语的积累。格言和谚语以通俗浅易的语言形式表现厚重的思想，具有启人心智、使人明理、催人奋进等作用。在口语交际中善于使用格言和谚语不仅可以增强语言的表现力，而且在一定程度上能够提升谈话者的个人魅力，使交际取得理想的效果。要熟练、恰当地使用格言和谚语，必须加强这方面的积累。

（3）经典语段的积累。在口语交际过程中，适当地引用经典语段不仅能够使谈话内容更加充实，使谈话更具有说服力，而且可以提升谈话者的个人魅力。例如，和别人讲做人的道理，不妨引用冯玉祥将军给张学良的赠语："要小心，要谨慎，学吃亏，学让人，遇事能忍，生活俭勤；不自夸，不骗人，诚诚实实、厚厚纯纯乃是根本。"像这样的经典语段的引用，可以大大增加语言魅力。因此，在平时的阅读中，要注意有意识地积累一些经典的语段。

（五）遣词造句的能力

说和写的能力首先表现为遣词造句的能力。遣词造句能力强，口语交际能力就强。因此，要提高口语交际能力，必须加强遣词造句能力的训练。

不论说话还是写文章，对遣词造句的基本要求是"通达"。"通达"就是"文从字顺"，也就是说出来的话或写出来的句子能准确表达自己的意思，别人一看就能明白，并且不会产生误解。这就是说，加强遣词造句能力的训练，一是要培养恰到好处地使用词语的能力，二是要训练把句子写通顺的能力。

四、口语交际的基本技巧

常言说得好："话有三说，巧说为妙。"要获得口语交际的成功，必须讲究谈话的技巧。谈话的技巧多种多样，最基本的有以下几种：

（一）有话直说

"良药苦口利于病，忠言逆耳利于行。"当我们对他人有所忠告、劝诫、批评、建议时，不妨有话直说。只要是发自肺腑，直言往往也能平中见奇，收到良好的效果。

（二）委婉迂回

委婉迂回是指避开对方正面的心理防线，旁敲侧击，由远及近，由彼及此，使对方在不知不觉中接受你的思想。例如，某公司总裁遇到一桩极为棘手的生意纠纷，他打算让资深的张经理去处理，又恐张经理拒绝，于是，这位总裁将张经理请到他的办公室，先把那桩棘手的纠纷大概介绍了一番，然后让张经理推荐办理此事的合适人选。张经理一连推荐了几位，总裁都不甚满意。接着总裁探询式地提出了几个人选，张经理又觉得都难当此任。最后，不出总裁所料，张经理主动提出由自己去处理这桩生意纠纷。

这就是委婉迂回的妙用，那位总裁不是借权势简单地下命令，而是从强调工作的重要性和其他下属的难以胜任入手，婉转地表达了对张先生的能力的信任和肯定，从而使其毛遂自荐，自动承担这项工作。

（三）动之以情，晓之以理

口语交际在很多时候是与人讲道理，这就要求讲话者首先明理，在此基础上将道理与人讲明白。不仅如此，在口语交际过程中，情感的力量是不容忽视的。由于说服别人或多或少地会给对方造成一些心理压力，因而使对方产生冷漠、反感等抵触情绪，因此，仅仅有"理"不一定能服人，还需辅之以"情"，用"情"来使对方感到受尊重，拉近与对方的情感距离，情通而后理达。人非草木，动之以情往往能打消对方对立的情绪。凡善说者，总是调动一切有利于说服对方的情感因素，或慷慨陈词，或苦口婆心，用自己的真情实感、肺腑之言去感化对方，使其接受自己的观点。《战国策》中的《触龙说赵太后》就是一个经典的例子。

（四）让事实说话

在口语交际中，很多时候我们都要想方设法说服别人，而说服人的最好办法就是让事实说话。让事实说话就是在口语交际过程中，援引对方认可、不可辩驳的事实，使对方心服口服。

（五）取比设喻

比喻具有深入浅出、化繁为简的作用。在口语交际过程中采用比喻说理的方式，能够将抽象的道理讲得具体、明白、深入浅出，使人们一听就懂。

战国时期，有人对梁惠王说："惠施这人爱比喻，倘若限制他，他就说不明事理。"

一日，梁惠王对惠施说："往后说话请直截了当，不必借喻。"

惠施含笑答："如果有人不知何物是'弹'，而臣解释，'弹的形状便像弹'，他能明白吗？"

惠王说："那怎么会明白！"

惠施说："如果臣告诉他，弹的形状像弓，只是用竹片做弓梁，用丝绳做弓弦。这样说会怎样呢?"

梁惠王:"那当然会明白。"

惠施道:"取喻明理,用人们已知的触发未知的,这本是一种艺术,有艺在手,怎能弃而不用呢?"

梁惠王点头同意。

(六) 欲擒故纵

欲擒故纵就是先不急于对对方的观点或行为发表不同的看法,而是先认同对方的一些处于从属地位的观点,让对方失去心理戒备和抵触情绪,然后话锋陡转,直指对方观点的错误之处,使其认同自己的观点。

五、怎样提高口语交际能力

(一) 培养良好的倾听习惯

口语交际是一种双向交流活动,不能单纯地向别人灌输自己的思想,还应该学会积极地倾听对方的谈话。说是一门艺术,而听更是艺术中的艺术。倾听,是对他人的一种恭敬、一种尊重、一份理解、一份真诚,是对友人最宝贵的馈赠。倾听,是智者的宁静,犹如秋日葱茏,深邃的思想于无声中获得收成。我们不必抱怨自己不善言辞,只要我们认真倾听,我们就会赢得友谊、赢得尊重。交际中没有什么比做一名听众能更有效地帮助你获得交际的成功。

懂得倾听,你才能更深刻地了解他人、了解自己,才能客观辩证地看待自己,取他人之长,补自己之短。训练口语交际能力,首先要培养良好的倾听习惯。良好的倾听习惯包括:

(1) 专心地听对方谈话,用你真诚的目光让对方感受到你的真诚,赢得对方的赞许,获得对方的信任。不要做无关动作,如收看手机短信、玩指甲、打哈欠……人人都希望自己讲话能引起别人的注意,否则,他讲话还有什么意义呢?

(2) 要善于通过体态语言,靠近说话者,身体前倾,专心致志地听。一定要让人感觉到你对他所说的内容的渴求,不愿漏掉任何一个字。让说话者觉得你在聚精会神、专心致志地听。在听的过程中,随时用语言或其他方式给予必要的反馈。例如,赞成对方说话时,可以轻轻地点一下你的头;对他所说的话感兴趣时,展露一下你的笑容;用"嗯""噢"等表示自己确实在听和鼓励对方说下去;等等。

(3) 巧妙、恰如其分地提问。凭着你所提出的问题,让对方知道,你是仔细地在听他说话。而且通过提问,可使谈话更深入地进行下去。提问一定要巧妙,恰到好处,切忌盲目或过多地提问。在允许的情况下,精练、简短的提问会使说话者知道你在认真、仔细地听。如"后来怎么样呢?""您的结论是?"请记住,提问题也是一种较高形式的奉承。

(4) 不要打断说话者的话题。无论你多么渴望一个新的话题,多么想发表自己的见解,都不要去打断说话者的话题,你要默默地将想说的话记在心中,直到他的讲话结束,再发表自己的见解。讲话者最讨厌的就是别人打断他的讲话,因为不仅打断他的思路,而且让他感到你不尊重他。

(5) 适时地帮助对方引入新话题。讲话者总是喜欢别人从头到尾安静地听他说话,而且更喜欢被引出新的话题,以便能借机展示自己的魅力。你可以试着在别人说话时,适时地加一句:"你能不能再谈谈对××问题的意见呢?"

（6）忠于对方所讲的话题。无论你多么想把话题转到别的事情上去，达到你和他对话的预期目的，但你还是要等待对方讲完以后，再岔开他的话题。

（7）要听出言外之意。一个聪明的倾听者，不能仅仅满足了表层的听和理解，还要从说话者的言语中听出"话中之话"，从其语情语势、身体的动作中领悟出隐含的信息，把握说话者的真实意图。只有这样，才能做到真正的交流与沟通。

大量事实证明，人际关系失败的原因，很多时候不在于你说错了什么，或是应该说什么，而是因为你听得太少，或者不注意听所致。比如：别人的话还没有说完，你就抢口强说，讲出些不得要领、不着边际的话；别人的话你还没有听清，就迫不及待地发表自己的见解和意见；对方兴致勃勃地与你说话，你却心荡魂游、目光斜视，手上还在不断拨弄东西，有谁愿意与这样的人在一起交谈？有谁喜欢和这样的人做朋友？因此，以理解的心情倾听别人的谈话，是维系人际关系、保持友谊的最有效的方法。

（二）强化思维能力

语言和思维存在着互相依存、不可分割的关系。语言活动离不开思维。语言是思维的内容或结果，又是思维的工具。思维的水平往往影响着语言的水平。语言是思维的外衣，人们只有想得清楚、明白，才能说得清楚、明白。说的过程，又能锻炼思维的敏捷、条理和精确。在培养口语交际能力的过程中，语言训练和思维训练始终是紧密联系着的。人们在思维时，要借助语言；人们表达思想，也要借助语言。没有语言，思维无法进行；思维停止了，语言也就消失了。思维与语言的关系就是这样密切，所以要培养语言能力，就要从发展思维能力入手。人们的思维能量是很大的，开发思维资源，使人们的思维潜能得到更大发挥，口语交际能力将得到更快发展。进行思维训练有以下两个要点：

1. 训练思维的条理性和敏捷性

口语训练与思维训练的关系是密不可分的。口语与思维的发展是同步的，说话的条理性、层次性、逻辑性，都反映在思维活动上，思维敏捷则语畅，思维钝缓则语塞。同样，丰富的想象不仅使人有话可说，而且能把内容说得生动有趣。

2. 培养良好的思维习惯

一个简单的方法，找上两三篇思想性强、艺术性高的短文进行默读。默读的时候，可以仔细体会这篇文章的主题是什么，用了什么材料来说明这个中心，怎么开头的，怎么结尾的，语言方面有什么特点，等等。在默读过程中，要思考、琢磨，从中获得借鉴，得到思维训练，使我们说话有中心、有逻辑、有材料、有内容。这是默读的好处。

（三）加强语言的感性积累

1. 加强感性积累，丰富口语素材

学习语言最有效的方法是感受、领悟和积累语言材料。语料积累丰富了，不仅有话可说，而且说起话来左右逢源、应对自如。因此，加强语言的感性积累，丰富口语素材是口语交际能力训练的一项重要内容。

2. 加强生活积累，提高思想认识

言之有物是口语富有魅力的关键——或给人以启示，或给人以鼓舞，或使人获得审美愉悦，这就需要谈话者不仅有丰富的生活积累，而且要有思想、有见识。思想和见识从哪里来？一是从阅读中来，二是从生活经验中来。注意观察自己身边的事物，对看到的、听到的事情进行一番分析和思考，可以增强认识事物的能力；积极地投身到生活中去，用心地体验生活，丰富生活阅历，增加生活积累，才能增强表现生活的能力。

（四）加强口语实践

1. 叙说古今故事

古今中外的神话传说、寓言、轶闻趣事，都可作为训练口头表达能力的话题。在与他人一起聊天、逗乐时，不要总是扮演听众的角色，要善于寻找适当的机会，把自己大脑中储备的各种故事讲给别人听。在讲述时努力做到情节完整，描述生动，富有激情。同时要注意语气、语调、语速、节奏和手势语的配合等。

2. 探讨社会热点问题

加强思想修养，增强认识问题、分析问题的能力，是培养和提高语文能力的根本途径。而要提高分析问题和认识问题的能力，最有效的办法是关心和积极探讨社会热点问题。因为我们当前所面临的社会热点问题，是为大家所普遍关心的问题，人们对这些问题有着各种各样不同的看法。从人们对这些问题的不同看法中，我们可以获得很多的感悟与启示，从而使我们的思想得以丰富，见识增加，视野开阔。

3. 加强朗读和背诵

朗读、背诵是把书面语言用口头语言表达出来的一种方式。它可以使人们的口语得到严格的训练，是提高口头表达能力的有效手段。朗读、背诵除了具有深入理解课文内容，增强记忆的作用以外，还能够提高正确而有表情地表达思想的能力。此外，朗读还可以增强人们的语感，增加词汇量，接触多种多样的句式，提高口语的表达能力。

朗读首先要确定适当的语调，句读要分明，要用声音的高低、轻重、快慢表达出诗文的思想情感。要做到这一点，必须通过想象再造进入诗文所描绘的情境，对诗文的基本思想有比较深刻的理解。对诗文的内容理解越深，朗读背诵的表情达意就越好。

4. 听、说、读、写全面兼顾

口语交际能力是语文能力的一个重要方面，它和其他语文能力相互渗透、相互促进、协调发展。听的能力越强，不仅能够获得更丰富的说话材料，使自己的言谈内容更丰富，而且能加深对对方话语意思的理解，使自己的口语更有针对性，表达更准确。读既可以积累语言素材，又可以积累语法等知识，使语言表达更自如、更规范。而写的严密性与条理性，能够矫正说话过程中常出现的语病，提高说话质量。听、说、读、写的能力是紧密联系、相互制约而又相互促进的，因此，口语训练不能孤立进行，要注意听、说、读、写全面兼顾。

5. 培养观察事物的良好习惯

观察是认识客观事物、获取感性材料的一条重要途径。只有细致地观察，才能了解事物的具体特点和事情的诸多联系，才能把内容说完整、说具体、说准确。因此，培养良好的观察习惯，提高认识事物的能力，是口语交际能力训练的一项重要内容。

6. 在日常交际中学习语言，培养口语交际能力

日常生活是人们运用口语最广泛、最频繁的领域。在日常生活中学习语言，利用日常口语交际实践有意识地培养口语交际能力是口语交际能力训练的一条重要途径。

7. 加强遣词造句能力训练

口语表达能力首先表现为遣词造句能力，其中包括两个方面：一是准确、恰当地使用词语，将意思表达清楚；二是所造句子既要符合语法规范，又必须表意准确、贴切、生

动。遣词能力训练的常用方法有组词、同义词置换、词组搭配、逻辑归类等；造句训练的主要方法有连词组句、用词造句、扩充句子、补充句子、选择句子、回答问题等。

8. 复述

复述就是用自己的口头语言叙述阅读文本的内容。这样做有助于深入理解文章的内容，增加词汇量，培养概括能力，提高口头表达能力，特别是培养有条理地、连贯地说话技能和有选择地突出重点的说话能力。复述的方式主要有三种：

第一，详细的复述。即按课文的顺序做清楚、明白、连贯的复述。

第二，简要的复述。即按照课文的顺序，删去那些次要的解释性或描写性的部分，抓住文章中主要的东西来复述。

第三，创造性的复述。即不仅要求复述课文内容，而且要求在复述过程中加上自己的想象和见解。创造性的复述可以较多地运用自己的语言叙述，有利于口语能力的快速发展。

9. 加强语感训练

语感是口语能力的核心性因素，要提高口语能力，必须加强语感的训练。训练语感最有效的方法是朗读，而朗读又可以直接强化口语能力。因此，加强朗读是培养和提高口语能力最有效的一条途径。

第二单元　阅读理解

阅读是人们获得知识的一种最基本、最重要的途径。阅读可以增加我们的知识积累，开阔我们的视野，丰富我们的想象力，改善我们的思维品质，提升我们的创造能力；阅读可以开启我们的心灵之窗，塑造我们的灵魂，涵养我们的精神，引导我们积极向上；阅读可以丰富我们的情感，使我们更富于人性，更懂得求真、扬善和崇美；阅读可以改变人的心境，增加人的生活情趣，使人生活得更加充实，更有意义。

　　我们身处这个科技飞速发展、知识更新速度加快的时代，只有具备良好的阅读能力，通过阅读不断地掌握新知识，吸收新思想，我们的思维才不会呆滞，思想才不会僵化，创造力才不会枯竭。大量的阅读能够使我们站在一个全新的视角看世界，以更加灵活多样的方法解决实际问题。与此同时，借助于阅读这一积极的消遣方式来修身养性，能够使我们始终保持生活的激情，使我们的人生更加精彩、更加辉煌。

十三　名人论读书

看微课
李艳讲

读书贵在为世所用
林则徐

读书贵在用世。徒读死书而全无阅历，亦岂所宜。汝兄阅历深而才学薄，虽折桂探杏，而实学实浅。居京三年，所学者全官场习气，根柢未固，斧斤已来。故嘱其告假回籍，事亲修学，以为后日实用之资。吾儿读书固不多，而于世道更为茫然，古人游学并重，诚为此也。一俟大儿回家后，吾儿即可来粤。——吾儿来后，更可问业请益，以广智识，慎勿贪恋家园，不图远大。男儿蓬矢桑弧，所为何来？而可如妇人女子之缩屋称贞哉！

【学习提示】

这是林则徐在其次子聪彝去广东时讲的一番道理。针对古之读书人多为"两耳不闻窗外事，一心只读圣贤书"的弊病，林则徐则强调"读书贵在用世"，告诫其次子既不能"徒读死书而全无阅历"，也不能"阅历深而才学薄"，而要"游学并重"，这才是读书之道。他强调的这种读书的目的和方法，在今天看来仍是值得学习的。

为学宜有愚公移山志
彭玉麟

读书当如刺绣，细针密缕处，方见工巧。若一编在手，随意乱翻几页，抄摘几章，则此书之大局精处茫然不知也。走马看花，骚雅不取，即此意也。为学又不可求速效，能困心横虑，便有郁积思通之象。愚公移山，非讥其愚，直喻其智。是以聪明多自误，庸鲁反有为耳。徐穆堂、王心庐两君虽少晋接，闻名已久，大约为尔之师尚不辱没，盖两君不徒博雅能文，其淳实宏通，已非弟能窥其堂奥者矣。宜常存敬畏之心，不可甘自暴弃，慢亵尊长，于师道上尽一分，便是一分学；尽十分，便是十分学。日课不可间断，遵照定例以限制之，亦复得益。师课之严便是进功之阶，因循苟且，非愿闻也。

【学习提示】

彭玉麟于清咸丰三年（1853）从曾国藩创办湘军水师，为人耿直，刚正不阿，淡泊名利，有"彭青天"之美名。在这篇家信中，彭玉麟告诫其弟在读书学习的过程中必定会碰到许多困难，关键的问题是要下苦功夫钻研，不能满足于一知半解。

处处留心皆学问
李鸿章

学业才识,不日进,则日退,须随时随事,留心著力为要。事无大小,均有一定当然之理。即事穷理,何处非学?昔人云:此心如水,不流即腐。张乖崖亦云:人当随时用智。此为无所用心一辈人说法,果能日日留心,则一日有一日之长进;事事留心,则一事有一事之长进。由此而日积月累,何患学业才识之不能及人也。

【学习提示】

李鸿章认为:学习应当处处留心,而在实践中学习尤为关键。与此同时,要重视经验积累,这样遇事才能游刃有余地应对。

读书不必急于求成
李鸿章

体气多病,得名人文集静心读之,亦足以养病。凡读书有难解者,不必遽求甚解。有一字不能记者,不必苦求强记,只须从容涵吟。今日看几篇,明日看几篇,久久自然有益。但于已阅过者,自作暗号,略批几字,否则历久忘其为阅未阅矣。

【学习提示】

这段话强调人一患病,就需要休养,而适当读一些中国古代名人的文章,可以起到养病的作用。因为读名人之文章,可以使人静心入境、神志专一,身心也就会日渐健壮,抵御病毒的继续蔓延。当然,读书不要死记硬背,强求速效,只要持之以恒,且多记和摘录,就会印象日深,不致浪费光阴。这种读书方法,是李鸿章对治学经验的总结,同时对于我们今天做学问也有一定的启发意义。

读书贵在熟读精思
朱 熹

读书之法:读一遍了,又思量一遍;思量一遍,又读一遍。读诵者,所以助其思量,常教此心在上面流转。

【学习提示】

要从书中获得思想养分,就必须熟读精思。朱熹的这段话要告诉我们的正是这一点。

勤学还须好问
郑 燮

学问二字,须要拆开看。学是学,问是问。今人有学而无问,虽读书万卷,只是一条钝汉尔。琼崖主人读书好问,一问不得,不妨再三问,问一人不得,不妨问数十人,要使疑窦释然,精理迸露。故其落笔晶明洞彻,如观火观水也。

【学习提示】

这段文字强调：在求知的过程中，不仅要勤学，而且要好问。这样才能消除困惑，求得真学问。

读书要学以致用
陆陇其

读书做人，不是两件事。将所读之书，句句体贴到自己身上来，便是做人的法，如此方叫得能读书；人若不将来身上理会，则读书自读书，做人自做人，只算做不曾读书的人。

【学习提示】

书要读活，其关键在于学用结合。陆陇其认为，只有将书中所学与自己的实践很好地结合起来，才能够体会到读书的妙处。

十四　秋水[1]（节选）

《庄子》

　　《庄子》，亦称《南华经》，道家经典之一，为庄子及其后学所著。《汉书·艺文志》著录《庄子》52 篇，现仅存 33 篇。其中内篇 7 篇，一般认定为庄子著。《外篇》《杂篇》共 26 篇，一般认为掺杂有庄子门人和后来道家的作品，但全书风格大抵相同。《庄子》不仅是一部哲学著作，而且是一部文学著作，同时还是一部具有较大美学价值的著作。

　　《庄子》中的许多文章大都由寓言故事组成，作者的哲学思想和政治观点即通过这些故事或故事人物的对话方式表现出来。《庄子》的文章词汇丰富，文辞华赡，挥洒自如，妙趣横生，加上它的大胆想象和对神话题材的运用，形成一种汪洋恣肆，富有浪漫主义色彩的独特风格。

　　秋水时至[2]，百川灌[3]河，泾流[4]之大，两涘渚崖之间[5]，不辨牛马。于是焉河伯欣然自喜[6]，以天下之美为尽在己[7]。顺流而东行，至于北海，东面而视，不见水端[8]。于是焉河伯始旋其面目[9]，望洋向若而叹曰[10]："野语[11]有之曰：'闻道百，以为莫己若'者，我之谓也。[12]且夫我尝闻少仲尼之闻而轻伯夷之义者[13]，始吾弗信，今我睹子之难穷也[14]，吾非至于子之门[15]，则殆[16]矣。吾长见笑于大方之家[17]。"

---

〔1〕 选自《庄子·秋水》。
〔2〕 时至：一下子涌来。时：时间。这里指时间特别短。
〔3〕 灌：注入。
〔4〕 泾流：指水流。
〔5〕 涘：水边。渚：水中的小块陆地。崖：岸。
〔6〕 焉：句中语气词。河伯：河神。
〔7〕 "以天下"句：以为天下的美景全集中在自己这里。
〔8〕 端：尽头。
〔9〕 旋其面目：马上改变了他（欣然自喜）的面容。旋：顷刻，随即。
〔10〕 望洋：仰视貌。若：海神名。
〔11〕 野语：俗语。
〔12〕 闻道百：知道一百条道理。闻：听说，知道。莫己若：即莫若己。我之谓：即谓我。这两处都是宾语前置。
〔13〕 尝闻：曾听说。少仲尼之闻：对孔子的学识不看在眼里。少：贬低。轻伯夷之义：轻视伯夷的节义。伯夷：商代孤竹君长子，因与弟叔齐互让君位，而一齐逃至周国。周伐纣，伯夷、叔齐叩马阻谏，认为臣伐君为不义。商亡，与弟叔齐避居守阳山，"不食周粟"而饿死。
〔14〕 子：您。本指海神，这里借指海。穷：尽。指大海一眼望不到头。
〔15〕 "吾非"句：我要不是来到您这里。
〔16〕 殆：危险。
〔17〕 长：长久，永远。见：被。大方之家：懂得大道的人。方：道。

北海若曰:"井蛙不可以语于海[1]者,拘于虚也[2];夏虫不可以语于冰者,笃于时也[3];曲士[4]不可以语于道者,束于教也[5]。今尔出于崖涘[6],观于大海,乃知尔丑[7],尔将可与语大理[8]矣。天下之水,莫大于海。万川归之,不知何时止而不盈[9];尾闾[10]泄之,不知何时已而不虚[11];春秋不变,水旱不知。[12]此其过江河之流,不可为量数。而吾未尝以此自多[13]者,自以比形于天地[14],而受气于阴阳[15]。吾在于天地之间,犹小石小木之在大[16]山也;方存乎见少,又奚以自多?[17]计四海之在天地之间也,不似礨空[18]之在大泽乎?计中国之在海内,不似稊米之在太仓乎[19]?号物之数谓之万,人处一焉;人卒[20]九州,谷食之所生,舟车之所通,人处一焉;此其比万物也,不似毫末之在于马体乎?五帝之所连[21],三王之所争,仁人[22]之所忧,任士[23]之所劳,尽此矣。伯夷辞之[24]以为名,仲尼语之以为博[25],此其自多也[26],不似尔向之自多于水乎[27]?"

【学习提示】

《庄子》既是一部哲学著作,又是一部美学著作。在思想上,《庄子》继承、发展了老子"道法自然"的思想,认为"道"是无限的,"自根自本""无所不在",强调世界

---

[1] 语于海:谈及大海。
[2] 拘:局限。虚:同"墟",居住的地方。
[3] 笃:限制。时:时令。
[4] 曲士:乡曲之士。即孤陋寡闻的人。
[5] 束:束缚。教:教育。
[6] 出于崖涘:从河岸边走出来(来到大海边)。
[7] 丑:鄙陋。
[8] 可与语大理:可以和别人说大道理了。大理:大道理。全句的意思为:你现在认识到了自己的浅薄,就算悟"道"了,才有资格给别人讲大道理。
[9] 盈:满。
[10] 尾闾:传说中泄海水的地方。
[11] 已:停止。虚:虚空。
[12] 春秋:一年四季。不知:不受影响。
[13] 自多:自我夸奖。多:赞美。
[14] 比形于天地:谓寄形于天地。
[15] 受气于阴阳:指禀受阴阳之气。
[16] 大:通"泰"。
[17] "方存乎"二句:本来懂得道理就少,又怎会自我夸耀呢?方:道理,道义。
[18] 空:小孔,小穴。
[19] 稊米:小米。太仓:设在京城的国家粮库。
[20] 人卒:民众。
[21] 连:连续、继承。
[22] 仁人:贤能之士。
[23] 任士:以天下为己任的贤能之士。
[24] 辞之:指拒绝当孤竹之君。
[25] 语之以为博:谈论中国帝王的事情以此显示学问上的渊博。
[26] 此其自多也:这都是自视清高。多:赞美。
[27] 向:以前,从前。自多于水:以水量自夸。

上的各种事物都是由各自的特性决定的，否定了神对万物的主宰，认为应当遵守事物本身的发展规律。在美学方面，《庄子》提出了"天地有大美而不言""美者自美""至乐无乐"等有价值的见解。在文学方面，《庄子》的文学价值主要表现在寓言上，其最值得我们学习的是将抽象的哲理寓于生动的艺术形象之中，使抽象的道理变得可知、可感。

　　本课所选的这一段文字，开篇的景物描写富有特色，全篇运用寓言故事讲述哲学道理，比喻生动、贴切。

　　百川之水一下子涌来，全部注入黄河，形成了一个气势浩瀚、波澜壮阔的景象。面对此景，身为黄河之主人的河伯欣然自喜。文章开篇的这段描写，巧妙地将自然现象和人物情感交融在一起，创造了一个优美的意境。如果这段景物描写中少了"河伯"这个形象，其意义就没有了。

　　《庄子》说理最大的特点就是善于运用寓言和比喻，将枯燥、抽象的哲学问题变成生动的故事和具体的物象。在本文中作者虚构了"河伯"和"海神"两个形象，借海神之口阐述自己的观点：在实际生活中，人们对事物的认识和判断由于受到时空和个人阅历等方面的影响，难免会有偏颇之处。尤其是人对于"自我"的认识往往自高自大，这一点连孔子这样的圣人都不例外。在这篇文章中，作者告诫我们："计四海之在天地之间也，不似礨空之在大泽乎？计中国之在海内，不似稊米之在大仓乎？"人在任何时候，都应该正确地估计自己，不可自高自大。只有这样，才能永葆进取之心，奋发向上。

　　这篇文章用了很多生动、贴切的比喻。如：以井底之蛙比喻因受所处空间限制而视野狭窄的人，以夏虫比喻因受所处时间限制而见识少的人；用"犹小石小木之在大山"来比喻"吾（指大海）在于天地之间"，用"礨空之在大泽"比喻"四海之在天地之间"，用"稊米之在大仓"比喻"中国之在海内"。这些比喻使抽象的道理变得具体、可感，富于形象性，引人联想，发人深思。

　　形象生动、想象神奇是《庄子》的主要价值所在。学习《庄子》，就要学习它善于运用比喻和寓言故事将抽象的道理说得形象、具体，使枯燥的哲学问题变得生动、有趣的方法。

十五　渔父[1]

《楚辞》

《楚辞》是继《诗经》后的又一部诗歌总集，是以屈原的作品为主集结成的集子，其中以屈原的作品文学价值最高。所录其他人的作品，内容多半是对屈原的悼念和追思。本课所选的《渔父》过去称是屈原所作，现在大多认为是屈原死后楚国人为悼念他而记载下来的有关传说，后说比较可信。

《楚辞》对后世文学产生了深远的影响。我国诗歌史上常以"风""骚"并称，"风"指《诗经》，"骚"即指《楚辞》。南朝沈约曾用"莫不同祖风骚"（《宋书·谢灵运传论》）来说明诗歌发展的源流，是合乎历史事实的。《楚辞》还直接开启了后来的赋体，并影响于历代散文创作，所以鲁迅称"其影响了后来之文章，乃甚或在《三百篇》以上"，也是有根据的。

屈原既放，游于江潭[2]，行吟泽畔[3]；颜色憔悴，形容枯槁。[4]

渔父见而问之曰："子非三闾大夫[5]与？何故至于斯？[6]"

屈原曰："举世皆浊我独清，众人皆醉我独醒，是以见放[7]。"

渔父曰："圣人不凝滞于物[8]，而能与世推移。世人皆浊，何不淈[9]其泥而扬其波？众人皆醉，何不餔其糟而歠其醨？[10]何故深思高举，自令放为？[11]"

屈原曰："吾闻之：新沐者必弹冠，新浴者必振衣，[12]安能以身之察察，受物之汶汶者乎？[13]宁赴湘流，葬于江鱼之腹中。又安能以皓皓之白，而蒙世俗之尘埃乎？"

---

[1] 渔父：渔翁。父（fǔ）：称呼从事某种行业的人。

[2] 江潭：在这里泛指江湖之间。潭：水渊。

[3] 泽畔：水边。

[4] 颜色：脸色。形：身形。容：容貌。槁：干枯。

[5] 三闾大夫：楚国官名。

[6] "何故"句：为什么弄到这个地步？

[7] 是以：因此。见：被。

[8] "圣人"句：圣人的思想不会被外界环境所束缚。凝滞：凝结，拘泥。物：这里指社会和客观环境。

[9] 淈（gǔ）：搅乱，即弄浑浊。

[10] "众人"二句：大家都醉了，你何不既吃酒糟又喝酒呢？意思是你为什么不同流合污呢？餔（bū）：吃。糟：酒糟。歠（chuò）：同啜，喝。醨（lí）：薄酒。

[11] 深思：思虑深远。高举：高尚的行为。自令放：让自己招致放逐。令：使得。为：句末语气词，表示疑问。

[12] 沐：洗头。浴：洗澡。弹冠、振衣：拍打和抖擞衣帽，除去上面的灰尘。

[13] 察察：清洁、洁白。汶汶（ménmén）：辱没，使蒙受耻辱。

渔父莞尔[1]而笑，鼓枻而去[2]。歌曰："沧浪之水清兮，可以濯吾缨；[3]沧浪之水浊兮，可以濯吾足。"遂去，不复与言。

【学习提示】

  本文以简短而凝练的文字塑造了屈原和渔父两个人物形象。在古典文学作品中，渔父与钓翁，都是隐逸与智慧的象征。钓翁，是没有完全出世的渔父；渔父，才是彻底隐逸的士人。但他们的精神实质是基本一致的。本文中的渔父是一个懂得与世推移、随遇而安、乐天知命的隐士形象。他看透了尘世的纷纷扰扰，但绝不回避，而是恬然自安，将自我的情操寄托到无尽的大自然中，在随性自适中保持自我人格的完善和高尚的节操。屈原则始终坚守着自己的做人准则，追求清白高洁的人格精神，宁愿舍弃生命，也不与污浊的尘世同流合污，虽然理想破灭了，还是至死不渝。虽然屈原不赞同渔父的主张，但在现代人看来，渔父其实也道出了一个哲理："沧浪之水清兮，可以濯我缨；沧浪之水浊兮，可以濯我足。"那就是唯有适者才能生存。人们应该审时度势，适当改变自己的人生策略。在渔父看来，屈原的行为是消极的，若适度改变自己还能有所作为。

  文学可以使人高尚。中国的文人自古就有忧国忧民的传统。从《渔父》中我们可以看到，屈原由于内心承载着忧国忧民的巨大痛苦，而"颜色憔悴，形容枯槁"。在"举世皆浊我独清，众人皆醉我独醒"的情况下，屈原不甘放弃自己的人生追求，不愿同流合污。在自己的政治抱负无法得以实现的情况下，他也想到过逃避。"游于江潭，行吟泽畔"，说明他也想过寄情山水，做一个像"渔父"那样的隐士。然而，对祖国未来的担忧时时牵动着他的情感神经，无法解开的爱国情结不时给他带来内心的阵痛，使他始终处在选择还是放弃的矛盾之中。

  屈原内心的矛盾是通过他与渔父的对话表现出来的。渔父对屈原讲，圣人的思想是不会被外界环境束缚的，他们会通过适应环境这一途径去改变环境。所以，"何不淈其泥而扬其波"？实际上，渔父的话有着十分深厚的哲学意蕴：将一杯清水注入一杯浑水中，不仅清水变浑了，而且原来的浑水也明显地变清了。可惜的是，屈原没能像渔父那样超脱，而是固守自己的人生准则。渔父最终没能说服屈原，放歌而去。屈原内心的痛苦始终未能得以排解，最终自投汨罗江而死。

  虽然屈原对于自己人格的珍视、对于自己操守的坚持和对于自己人生追求的执着这些精神值得我们崇敬，但其采取的消极遁世方法是不可取的。

---

[1] 莞（wǎn）尔：微笑的样子。
[2] 鼓：拍打。枻（yì）：船桨。
[3] 沧浪：水名。濯（zhuó）：洗涤。缨：系帽的带子。

十六 五蠹[1]（节选）

韩非子

韩非子（约前280—前233），战国末期韩国新郑（今河南新郑）人，韩国公子（国君之子）。韩非子与李斯都是荀子的学生，韩非子博学多能，才学超人，思维敏捷，令李斯自愧不如。韩非子写起文章来气势逼人，堪称当时的大手笔。凡是读过他的文章的人，几乎没有不佩服他的才学的。其著作有《韩非子》等。

韩非子集秦晋法家思想之大成，将"法""术""势"三者糅合为一，又吸收道家思想，将法治理论系统化，写了《孤愤》《五蠹》《内外储》《说林》《说难》等十余万言的著作，全面、系统地阐述了他的法治思想。秦王政读了《孤愤》《五蠹》后，大加赞赏，发出了"嗟乎！寡人得见此人与之游，死不恨矣"的感叹。可谓推崇备至，仰慕至极。

上古之世，人民少而禽兽众，人民不胜禽兽虫蛇。[2]有圣人作，构木为巢以避群害，而民悦之，使王天下，号曰有巢氏。[3]民食果蓏蚌蛤，腥臊恶臭而伤害腹胃，民多疾病。[4]有圣人作，钻燧取火以化腥臊，而民说之，使王天下，号之曰燧人氏。[5]中古之世，天下大水，而鲧、禹决渎。[6]近古之世，桀、纣暴乱，而汤、武征伐。[7]今有构木钻燧于夏后氏[8]之世者，必为鲧、禹笑矣；有决渎于殷、周之世者，必为汤、武笑矣。然则今有美尧、舜、汤、武、禹之道于当今之世者，必为新圣笑矣。[9]是以圣人不期修

---

[1] 五蠹（dù）：五种蛀虫，文中比喻当时社会上的五种人，即"学者"（儒家）、"言谈者"（纵横家）、"带剑者"（游侠）、"患御者"（近侍奸臣）、"商工之民"。

[2] 上古：远古，指下文所说的有巢氏和燧人氏时代。文中韩非把历史分为上古、中古、近古和当今四个不同时代。胜：经得起。

[3] 作：起来，出现。构：架。王（wàng）：用作动词，指称王、统治。有巢氏：传说中巢居的发明者。

[4] 蓏（luǒ）：草本植物的果实。蚌蛤（gé）：泛指贝类动物。腥臊（sāo）：指生肉的气味。恶臭（xiù）：难受的气味。

[5] 钻燧（suì）取火：即钻木取火，一种原始的取火方法。燧：取火所用的木材。燧人氏：传说中钻木取火的发明者。

[6] 鲧（gǔn）、禹：传说中两位治水的英雄。禹是鲧的儿子，传说是夏朝的开国君主。决渎（dú）：疏通河道。渎：小沟，这里指江河。

[7] 桀、纣：指夏桀和商纣，夏、商两代的亡国之君。传说他们暴虐无道，胡作非为。汤、武征伐：指商汤征伐夏桀，周武王征伐商纣。商汤、周武王是商朝和周朝的开国国君。

[8] 夏后氏：指夏朝。后：君王。

[9] 美：称赞，歌颂。禹：按历史先后次序应在尧、舜后，汤、武前。新圣：新出现的当代圣人。

古，不法常行，论世之事，因为之备。[1]宋人有耕田者，田中有株，兔走触株[2]，折颈而死；因释其耒而守株，冀复得兔；[3]兔不可复得，而身为宋国笑。今欲以先王之政，治当世之民，皆守株之类也。

古者丈夫[4]不耕，草木之实足食也；妇人不织，禽兽之皮足衣也。不事力而养足[5]，人民少而财有余，故民不争。是以厚赏不行，重罚不用，而民自治[6]。今人有五子，不为多，子又有五子，大父[7]未死，而有二十五孙。是以人民众而货财寡，事力劳而供养薄，故民争。虽倍赏累罚[8]，而不免于乱。

尧之王天下也，茅茨不翦，采椽不斫；[9]粝粢之食，藜藿之羹；[10]冬日麑裘，夏日葛衣；[11]虽监门之服养，不亏于此矣。[12]禹之王天下也，身执耒臿，以为民先，股无完胈，胫不生毛，虽臣虏之劳，不苦于此矣。[13]以是言之，夫古之让天子者，是去监门之养而离臣虏之劳也，故传天下而不足多也。[14]今之县令，一日身死，子孙累世絜驾[15]，故人重之。是以人之于让也，轻辞古之天子，难去今之县令者，薄厚之实异也。夫山居而谷汲者，膢腊而相遗以水；[16]泽居苦水者，买庸而决窦；[17]故饥岁之春，幼弟不让；[18]穰岁之秋，疏客必食。[19]非疏骨肉，爱过客也，多少之实异也。是以古之易财[20]，非仁也，财多也；今之争夺，非鄙也，财寡也。轻辞天子，非高也，势薄也；争土橐[21]，非下

---

[1] 期：期望。修：修治，习治。法：效法，取法。常可：陈规旧例。因：依循，根据。为之：替它。之：代指当世之事。备：做准备，指筹划办法，采取措施。

[2] 株：断树根。

[3] 释：放下。耒：翻土的农具。冀：希望。

[4] 丈夫：成年男子。

[5] 不事力：不从事费力的耕织劳动。养足：衣食等供养充足。

[6] 自治：自然安定无事。

[7] 大父：祖父。

[8] 倍赏累罚：加倍赏赐，加重刑罚。

[9] 茅茨：茅草覆盖的屋顶。翦：修剪。采椽（chuán）：栎木做的房椽。采：栎木。斫（zhuó）：砍削加工。

[10] 粝（lì）：粗米。粢（zī）：谷类的总名，也专指稷。藜（lí）：一种野菜。藿（huò）：豆叶。

[11] 麑（ní）：幼鹿。裘：皮衣。葛：麻布。

[12] 监门：看守里门的人。服养：衣服和食物。亏：减少，损。

[13] 身：亲自。耒、臿（chā）：都是掘土的工具。股：大腿。胈（bá）：腿上细毛，一说腿上肌肉。胫（jìng）：小腿。臣虏：奴隶。臣：男奴隶。虏：俘虏。奴隶制时代常用俘虏充当奴隶。

[14] 传天下：把天子之位禅让给别人。多：称赞，推重。

[15] 累世絜（xié）驾：几代都有马车坐，意思是长享富贵。絜驾：乘车而不走路，形容安享富贵。

[16] 山居：在山上居住。谷汲：到山谷里取水。膢（lóu）：二月祭，祭饮食之神。腊：腊月祭祭百神。遗（wèi）：赠送。

[17] 泽居：在低洼水泽地区居住。苦水：苦于水涝。买庸：雇用佣工。庸：同"佣"。决窦：开通水道。窦：通"渎"。

[18] 饥岁：荒年。幼弟：小弟。让：谦让（食物）。

[19] 穰（ráng）岁：丰年。疏客：关系疏远的过路人。食（sì）：用作动词，给……吃。

[20] 易财：看轻财物。

[21] 土橐（tuó）：即仕托，指做官或投靠诸侯、卿大夫。土：应作"士"，"士"与"仕"通，指当官。橐：通"托"，指依附诸侯或卿大夫。

也，权重也。故圣人议多少、论薄厚为之政。故罚薄不为慈，诛严不为戾，称俗而行也。[1]故事因于世而备[2]适于事。

古者，大王处丰、镐之间，地方百里，行仁义而怀西戎，遂王天下。[3]徐偃王处汉东[4]，地方五百里，行仁义，割地而朝者三十有六国。荆文王[5]恐其害己也，举兵伐徐，遂灭之。故文王行仁义而王天下，偃王行仁义而丧其国，是仁义用于古而不用于今也。故曰：世异则事异。当舜之时，有苗[6]不服，禹将伐之。舜曰："不可！上德不厚而行武[7]，非道也。"乃修教三年，执干戚舞[8]，有苗乃服。共工之战，铁铦距者及乎敌，铠甲不坚者伤乎体。[9]是干戚用于古，不用于今也。故曰：事异则备变。上古竞于道德，中世逐于智谋，当今争于气力。齐将攻鲁，鲁使子贡说之[10]。齐人曰："子言非不辩[11]也，吾所欲者土地也，非斯言所谓也。"遂举兵伐鲁，去门十里以为界[12]。故偃王仁义而徐亡，子贡辩智而鲁削。以是言之，夫仁义辩智，非所以持国也。[13]去偃王之仁，息子贡之智，循徐、鲁之力，使敌万乘，则齐荆之欲，不得行于二国矣。[14]

夫古今异俗，新故异备。[15]如欲以宽缓之政，治急世之民，犹无辔策而御骃马，此不知之患也。[16]今儒、墨皆称先王兼爱天下，则视民如父母[17]。何以明其然也？曰："司寇行刑，君为之不举乐[18]；闻死刑之报，君为流涕。"此所举先王也。夫以君臣为如父子则必治，推是[19]言之，是无乱父子也。人之情性，莫先于父母，皆见爱而未必治也，虽厚爱矣，奚遽[20]不乱？今先王之爱民，不过[21]父母之爱子，子未必不乱也，则民奚遽治

---

[1] 诛严：责罚严厉。戾(lì)：暴虐。称(chèn)俗而行：适应风俗而行事。

[2] 备：政治设施。

[3] 大王：指周文王，周武王的父亲，这里实际上也兼指周武王。丰：地名，在今陕西省西安市长安区西南，周文王自岐山迁到丰。镐(hào)：地名，周武王从丰迁到镐。怀：使……归附。

[4] 徐偃王：传说是周穆王时徐国国君。下文所说的楚文王，晚于周穆王约300年，韩非子此处引事有误。汉东：汉水东面。

[5] 荆文王：即楚文王。

[6] 有苗：传说虞舜时代居住在长江流域一带的少数民族。

[7] 上德：崇尚德化。上：同"尚"。行武：用武。

[8] 执干戚舞：手拿武器跳舞娱乐，表示不再打仗。干：盾。戚：斧。

[9] 共工：传说中古代氏族的称号，一说为部族首领的名字，也有传说说是水神。铁铦(xiān)：铁箭，类似今天的标枪。

[10] 子贡：姓端木，名赐，字子贡，孔子弟子，以善外交辞令著名。说：游说，劝说。

[11] 辩：说话漂亮，有口才。

[12] 去：距离。门：鲁国都城的城门。

[13] 辩智：有口才和智慧。持国：治理国家。

[14] 去：放弃。偃王：徐偃王。息：废止。智：辩智。循：依靠，发展。敌：抵挡。万乘：指拥有万辆兵车的大国。欲：野心。二国：指徐、鲁二国。

[15] "夫古"二句：此二句谓新旧时代的政治措施不一样。

[16] 急世：急剧变动的时代。知：通"智"。

[17] 视民如父母：是"视民如父母之爱子"的省文。

[18] 举乐：演奏音乐。

[19] 推是：以此推论。

[20] 遽：就。

[21] 过：超过。

哉?且夫以法行刑,而君为之流涕,此以效仁,非以为治也。夫垂泣不欲刑者,仁也;然而不可不刑者,法也。先王胜其法[1],不听其泣,则仁之不可以为治亦明矣。

【学习提示】

  韩非子集秦晋法家思想之大成,将"法""术""势"三者糅合为一,又吸收道家思想,将法治理论系统化。在历史观方面,他提出"不期修古,不法常可""事异则备变"的观点。这一观点就表现在本文中。

  作者善于从对客观事物的具体分析中引出结论。如从上古人们造屋、用火、治水的事实中,引出"圣人不期修古,不法常可"的结论。韩非子的议论有分析具体、论证充分的特点。作者为了阐述一个观点,不惜用大量的论据,并做具体的描述和分析。如对上古社会的情况,对尧和禹生活的艰辛等都进行了较为具体的评述。为了增强说服力,作者还采用设喻取譬的方法。如:引用守株待兔的寓言,是设喻论理;讲山居者、泽居者对水的态度,以及饥岁、穰岁对食物的态度,是就近取譬。这些都可以更好地阐明作者观点,同时也增强了文章的生动性。

---

[1] 胜其法:优先实行法治。

十七　去私

看微课
黄高才讲

《吕氏春秋》

　　《吕氏春秋》是战国末年秦国丞相吕不韦集合门客们编撰的一部古代类百科全书式的传世巨著，有八览、六论、十二纪，共二十多万字。《吕氏春秋》汇合了先秦各派学说，"兼儒墨，合名法"，故史称"杂家"。吕不韦自己认为书中包括了天地万物的事理和古往今来的道理，所以号称《吕氏春秋》。本文选自《吕氏春秋·孟春纪》。

　　天无私覆也，地无私载也，日月无私烛也，四时无私行也，行其德而万物得遂长焉〔1〕。黄帝言曰："声禁重，色禁重，衣禁重，香禁重，味禁重，室禁重。"

　　尧有子十人，不与其子而授舜；舜有子九人，不与其子而授禹：至公〔2〕也。

　　晋平公问于祁黄羊曰〔3〕："南阳无令，其谁可而为之？"祁黄羊对曰："解狐可。"平公曰："解狐非子之仇邪？"对曰："君问可，非问臣之仇也。"平公曰："善。"遂用之。国人称善焉。

　　居有间〔4〕，平公又问祁黄羊曰："国无尉〔5〕，其谁可而为之？"对曰："午可。"平公曰："午非子之子邪？"对曰："君问可，非问臣之子也。"平公曰："善。"又遂用之。国人称善焉。

　　孔子闻之曰："善哉，祁黄羊之论也！外举不避仇，内举不避子。"祁黄羊可谓公〔6〕矣。

　　墨者有钜子腹䵍〔7〕，居秦，其子杀人，秦惠王曰〔8〕："先生之年长矣，非有他子也，寡人已令吏弗诛矣，先生之以此听寡人也〔9〕。"腹䵍对曰："墨者之法曰：'杀人者死，伤人者刑'。此所以禁杀伤人也〔10〕。夫禁杀伤人者，天下之大义〔11〕也。王虽为之赐〔12〕，

---

〔1〕覆：遮盖。引申为庇护。载：承载。烛：照，照亮。行：运行。"行其德"句：天地日月施行其美德，人间万物才得以茁壮、健康地成长。

〔2〕至公：最大的公心。

〔3〕晋平公：春秋时期晋国国君，公元前557—前532年在位。祁黄羊：晋国大夫，名奚，字黄羊。

〔4〕间：一会儿，顷刻。这里引申为不久。

〔5〕尉：管理军事的官。

〔6〕公：存心公正。

〔7〕墨者：墨家。钜子：墨家称在墨学上非常有成就的人为"钜子"。他书或作"巨子"。

〔8〕秦惠王：嬴驷，也称秦惠文王，战国时秦国国君，公元前337—前311年在位。

〔9〕"先生之以"句：在这件事情上，您听我的吧。之：助词，没有实际意义。以此：意思是在这件事情上。

〔10〕"此所以"句：这是用来禁止杀人、伤人的。

〔11〕大义：公认的道理。

〔12〕赐：赐恩，开恩。

而令吏弗诛，腹䵍不可不行墨者之法。"不许[1]惠王，而遂杀之。子，人之所私[2]也。忍所私以行大义，钜子可谓公矣。

庖人调和而弗敢食[3]，故可以为庖。若使庖人调和而食之，则不可以为庖矣。王伯之君[4]亦然。诛暴而不私[5]，以封天下之贤者，故可以为王伯。若使王伯之君诛暴而私之，则亦不可以为王伯矣。

【学习提示】

这篇文章一开篇就从人们所熟知的天、地、日、月的无私引出了"去私"的论题。接着以尧、舜的大公无私来论说"去私"，继而引用当世的两个事例进行事实论证：一个是以国家的利益为重、抛弃个人恩怨而举荐贤能的故事，另一个是为了还天下一个公道而忍痛舍子的故事。这两个事例的列举，既使得文章内容充实，又大大增强了文章的说服力。总的来看，这篇文章中心明确，论证充分，条理清楚。

从内容方面来看，这篇短文能够给人的思想启示是很多的：不论是天地无私成就了自身的博大，还是日月无私成就了自己的辉煌，甚至是"庖人调和而弗敢食，故可以为庖"，都发人深思，促使人自我完善。

[1] 许：答应。
[2] 私：偏爱，袒护。
[3] 庖人：厨师。调和：指烹制食物。
[4] 王伯之君：指建立霸业的君主。伯（bà）：通"霸"。春秋时称诸侯的盟主为"霸"。
[5] 诛暴而不私：意思是诛除暴虐而不把夺得的土地、财物等据为己有。

十八　孙膑[1]

看微课
李艳讲

《史记》

《史记》是西汉史学家司马迁撰写的中国第一部纪传体通史，记载了上自上古传说中的黄帝时代，下至汉武帝时期共三千多年的历史。《史记》最初没有固定书名，或称"太史公书"，或称"太史公传"，也省称"太史公"。"史记"本是古代史书通称，从三国时期开始，"史记"由史书的通称逐渐成为"太史公书"的专称。刘向等人认为此书"善序事理，辩而不华，质而不俚"。《史记》与司马光的《资治通鉴》并称"史学双璧"。

　　孙武既死，后百余岁有孙膑。膑生阿鄄之间，膑亦孙武之后世子孙也。[2]孙膑尝与庞涓俱学兵法。庞涓既事魏，得为惠王将军，而自以为能不及孙膑，乃阴使召孙膑。膑至，庞涓恐其贤于己，疾之，则以法刑断其两足而黥之，欲隐勿见。[3]

　　齐使者如梁，孙膑以刑徒阴见，说齐使。[4]齐使以为奇，窃载与之齐。齐将田忌善而客待之。忌数与齐诸公子驰逐重射。[5]孙子见其马足不甚相远，马有上、中、下辈。于是孙子谓田忌曰："君弟重射，臣能令君胜。"田忌信然之，与王及诸公子逐射千金。[6]及临质，孙子曰："今以君之下驷与彼上驷，取君上驷与彼中驷，取君中驷与彼下驷。"[7]既驰三辈毕，而田忌一不胜而再胜，卒得王千金。[8]于是忌进孙子于威王。威王问兵法，遂以为师。

　　其后魏伐赵，赵急，请救于齐。齐威王欲将孙膑，膑辞谢曰："刑余之人不可。"于是乃以田忌为将，而孙子为师，居辎车中，坐为计谋。[9]田忌欲引兵之赵，孙子曰："夫解杂乱纷纠者不控拳，救斗者不搏撠，批亢捣虚，形格势禁，则自为解耳。[10]今梁赵相攻，轻兵锐卒必竭于外，老弱罢于内。[11]君不若引兵疾走大梁，据其街路，冲其方虚，彼必释

---

[1] 本文节选自《史记·孙子吴起列传》，题目是后加的。
[2] 阿(ē)：地名，在今山东东阿。鄄(juàn)：地名，在今山东鄄城西北。
[3] 疾：同"嫉"，妒忌。以：用，拿，这里引申为假借。黥(qíng)：古代在人脸上刺字并涂墨之刑。隐：使动用法，使……隐。
[4] 如：到，往。梁：魏国自迁都大梁后，又称为"梁"。阴：暗中，暗地里。
[5] 数：多次，这里指多次角逐，以获胜次数多少定输赢。重射：大的赌注。
[6] 逐射千金：赛马下千金的赌注。
[7] 临质：指临比赛的时候。驷：古代称同驾一车的四马为"驷"。
[8] 辈：等级，类别。再胜：胜两次。
[9] 辎车：古代一种有帷盖的大车。
[10] "夫解杂乱"句：解乱丝不能整团抓住去拉。杂乱纷纠：指纠结在一起的乱丝。控：攥握。"救斗"句：劝解打架不能在双方相持很紧张的地方去搏击。搏撠：厮打。
[11] 罢(pí)：同"疲"，累。这里引申为勉强支撑。

赵而自救。是我一举解赵之围而收弊于魏也。"田忌从之，魏果去邯郸，与齐战于桂陵，大破梁军。

后十三岁，魏与赵攻韩，韩告急于齐。齐使田忌将而往，直走大梁。魏将庞涓闻之，去韩而归，齐军既已过而西矣。孙子谓田忌曰："彼三晋之兵素悍勇而轻齐，齐号为怯，善战者因其势而利导之。[1]兵法，百里而趣利者蹶上将，五十里而趣利者军半至。[2]使齐军入魏地为十万灶，明日为五万灶，又明日为三万灶。"庞涓行三日，大喜，曰："我固知齐军怯，入吾地三日，士卒亡者过半矣。"乃弃其步军，与其轻锐倍日并行逐之。孙子度其行，暮当至马陵。马陵道狭，而旁多阻隘，可伏兵，乃斫大树白而书之曰"庞涓死于此树之下"。[3]于是令齐军善射者万弩，夹道而伏，期曰"暮见火举而俱发"。[4]庞涓果夜至斫木下，见白书，乃钻火烛之。读其书未毕，齐军万弩俱发，魏军大乱相失。庞涓自知智穷兵败，乃自刭，曰："遂成竖子之名！"齐因乘胜尽破其军，虏魏太子申以归。孙膑以此名显天下，世传其兵法。

【学习提示】

阅读可以拓宽视野、丰富思想、活跃思维、增加人的智慧等。以本课为例，不论是田忌赛马，还是围魏救赵，都给人以做人与做事的智慧。由此可见，有选择地大量阅读可以丰富人的智慧，活跃人的思维，使人做事更富于灵感，更具创造性。因此，要培养创造与创新能力，必须从有效阅读入手。

从写作的角度来看，这篇选文具有三大亮点：一是通过典型事例来塑造人物形象，易于表现出人物的智慧和精神等；二是按照故事发生的时间先后逐一讲述，叙事条理清晰，文章层次清楚；三是每一个故事情节完整，可以独立成篇。

---

[1] 号：闻名，出名。利导之：顺着有利的方向加以引导。
[2] 蹶（jué）：折损。趣利：跑去争利。趣：通"趋"，趋向。
[3] 斫（zhuó）：用刀、斧等砍劈。
[4] 期（qī）：约定。

十九　洛神赋（并序）

曹　植

　　曹植（192—232），字子建，沛国谯县（今安徽亳州）人。曹操之子，三国时期著名文学家，建安文学的代表人物之一和集大成者。因富于才学，早年曾被曹操宠爱，一度欲立为太子。及曹丕、曹叡相继为帝，备受猜忌，郁郁而死。诗歌多为五言，前期之作多抒写人生抱负及宴游之乐，也有少部分反映了社会动乱。后期诸作集中反映其受压迫的苦闷和对人生悲观失望的心情。其诗善用比兴手法，语言精练而词采华茂，对五言诗的发展有显著影响。也善辞赋、散文，《洛神赋》尤著名。原有集，已散佚，宋人辑有《曹子建集》。

　　黄初三年，余朝京师，还济洛川。[1]古人有言，斯水之神，名曰宓妃。感宋玉对楚王神女之事[2]，遂作斯赋。其词曰：

　　余从京域，言归东藩[3]。背伊阙，越轘辕，经通谷，陵景山。[4]日既西倾，车殆马烦[5]。尔乃税驾乎蘅皋[6]，秣驷乎芝田[7]，容与乎阳林[8]，流眄[9]乎洛川。于是精移神骇[10]，忽焉思散。俯则未察，仰以殊观[11]，睹一丽人，于岩之畔。乃援御者而告之曰[12]："尔有觌[13]于彼者乎？彼何人斯[14]？若此之艳也！"御者对曰："臣闻河洛之神，名曰宓妃。然则君王所见也[15]，无乃是乎？其状若何？臣愿闻之。"

---

〔1〕黄初：魏文帝（曹丕）的年号。京师：指魏都洛阳。济：渡。洛川：洛水。
〔2〕"感宋玉"句：宋玉曾作《神女赋》，写楚襄王梦中与一女神相会的事。
〔3〕言：语助词。藩：指诸侯封国，这时曹植封为鄄城王，鄄城在今山东西南，就当时的京都洛阳说，是在东方，所以叫东藩。
〔4〕伊阙：山名，在洛阳南。轘辕：山名，在河南偃师东南。通谷：谷名，在洛阳城南。陵：跨越。景山：山名，在今河南偃师南。
〔5〕殆：通"怠"，怠惰。烦：疲。
〔6〕尔乃：于是就。税驾：即卸下驾车的马。税：同"脱"。蘅：杜衡，香草名。皋：水边的高地。
〔7〕秣：喂养。芝田：种灵芝草的田地，此处指野草繁茂之地。一说为地名，指河南巩义市西南的芝田镇。
〔8〕容与：闲暇自得的样子。阳林：一作"杨林"。李善注："地名，生多杨，因名之。"
〔9〕流眄：纵目观望。
〔10〕精移神骇：精神恍惚。骇（hài）：散乱。
〔11〕殊观：奇异的景象。
〔12〕援：拉住。御者：车夫。
〔13〕觌（dí）：看见。
〔14〕斯：语气词。
〔15〕君王：这里指曹植，时为鄄城王。

余告之曰：其形也，翩若惊鸿，婉若游龙。[1]荣曜秋菊，华茂春松。[2]仿佛兮若轻云之蔽月，飘飖兮若流风之回雪。[3]远而望之，皎[4]若太阳升朝霞；迫而察之，灼若芙蕖出渌波[5]。秾纤得衷，修短合度。[6]肩若削成，腰如约素。[7]延颈秀项，皓质呈露。[8]芳泽无加，铅华弗御。[9]云髻峨峨，修眉联娟。[10]丹唇外朗，皓齿内鲜。明眸善睐，靥辅承权。[11]瓌姿艳逸，仪静体闲。[12]柔情绰态[13]，媚于语言。奇服旷世，骨像应图。[14]披罗衣之璀粲兮，珥瑶碧之华琚。[15]戴金翠之首饰，缀明珠以耀躯。践远游之文履，曳雾绡之轻裾。[16]微[17]幽兰之芳蔼兮，步踟蹰于山隅。于是忽焉纵体[18]，以遨以嬉。左倚采旄，右荫桂旗。[19]攘皓腕于神浒兮[20]，采湍濑之玄芝[21]。

余情悦其淑美兮，心振荡而不怡。[22]无良媒以接欢兮，托微波而通辞。愿诚素之先达兮，解玉佩以要之。[23]嗟佳人之信修[24]，羌习礼而明诗[25]。抗琼珶以和予兮[26]，指潜

---

[1] "翩若"二句：形容洛神体态轻盈。翩：鸟疾飞的样子。这里是飘忽的意思。婉：曲折的样子。

[2] "荣曜"二句：形容洛神容光焕发充满生气。荣：同"容"，容貌。曜（yào）：照耀。刘义庆《世说新语·贤媛》："肤色玉曜。"华：光彩。

[3] 仿佛：看不真切的样子。回：旋转。

[4] 皎：明亮，洁白。

[5] 灼：鲜明的样子。芙蕖（qú）：荷花的别称。渌（lù）：清澈。

[6] 秾纤：胖瘦。修短：高矮。

[7] 削成：形容双肩瘦削下垂的样子。约：卷束。素：白绸帛。这里形容腰臀的曲线美。

[8] 延：长。颈、项：脖子的前部叫颈，后部叫项。皓：白色。质：指肌肉。呈露：显现。

[9] 泽：润肤的油脂。铅华：白粉。无加、弗御：都是不用的意思。

[10] 云髻：形容发髻浓密、卷曲如云。峨峨：高耸的样子。联娟：同"连娟"，纤细而弯曲。

[11] 眸：眼珠。睐：旁视。靥辅：脸上的酒窝儿。靥（yè）：酒窝儿。辅：面颊、颊骨。权：同"颧"，颧骨。

[12] 瓌姿：优美的姿态。瓌：同"瑰"。仪：举止。闲：同"娴"，文雅。

[13] 绰态：从容舒缓的姿态。绰：宽绰。

[14] 旷世：举世唯有。旷：空、绝。应图：合于图像，意即好像图画上画的一般。

[15] 璀粲（cuǐcàn）：华丽的样子。珥：耳朵上的装饰品，这里用作动词"佩戴"。瑶、碧：玉名。琚：佩玉名。

[16] 践：穿，着。远游：鞋名。文履：有花纹的鞋。曳：引。雾：形容轻细如云雾。绡：生丝。

[17] 微：若隐若现。

[18] 纵体：身体轻举的样子。

[19] 采：同"彩"。旄（máo）：本是旗杆头上用牦牛尾做的装饰物，这里指旌旗。桂旗：折桂当旗。《楚辞·九歌·山鬼》："辛夷车兮结桂旗。"

[20] 攘：这里指把袖伸臂的意思。浒：水边泽畔。

[21] 采：同"採"。湍濑：石上急流。玄芝：黑色芝草，传说中的一种神草。

[22] 淑：美好，漂亮。怡：安适。

[23] 素：同"愫"，情愫。达：表达。要：同"邀"，约会。

[24] 信：正确，实在。修：美好。

[25] 羌：发语词。习礼：懂得礼法。明诗：善于言辞。李善注："习礼，谓立德；明诗，谓善言辞。"

[26] 抗：举。琼珶：美玉名。和：应和，这里指回答。

渊而为期[1]。执眷眷之款实兮[2]，惧斯灵之我欺[3]。感交甫之弃言兮[4]，怅犹豫而狐疑。收和颜而静志兮，申礼防以自持[5]。

于是洛灵感焉，徙倚[6]彷徨，神光离合，乍阴乍阳[7]。竦轻躯以鹤立[8]，若将飞而未翔。践椒涂之郁烈[9]，步蘅薄而流芳[10]。超[11]长吟以永慕兮，声哀厉而弥长。

尔乃众灵杂遝[12]，命俦啸侣[13]，或戏清流，或翔神渚，或采明珠，或拾翠羽。从南湘之二妃，携汉滨之游女[14]。叹匏瓜之无匹兮，咏牵牛之独处[15]。扬轻袿之猗靡兮[16]，翳修袖以延伫[17]。体迅飞凫[18]，飘忽若神。凌波微步[19]，罗袜生尘。动无常则，若危若安。进止难期，若往若还。转眄流精[20]，光润玉颜。含辞未吐，气若幽兰。华容婀娜[21]，令我忘餐。

于是屏翳[22]收风，川后[23]静波。冯夷[24]鸣鼓，女娲[25]清歌。腾文鱼以警乘[26]，鸣

---

[1] 潜渊：深渊。期：约定。
[2] 执：握着。眷眷：留恋。款实：诚实。
[3] 斯灵：这个神灵，即指洛神。
[4] "感交甫"句：有感于郑交甫故事中神女的失信。李善注引《韩诗内传》说，郑交甫在汉水边，遇见两个仙女，仙女送他玉佩，他受而怀之，但是转眼玉佩已失，回望二女也不见了。弃言：失信。
[5] 申：伸，展。礼防：即礼法。这里指礼教上规定的"男女之别"。自持：自守。
[6] 徙倚：流连徘徊。
[7] 乍阴乍阳：忽明忽暗。
[8] 竦：提起。鹤立：像仙鹤一样举踵竦立的一种姿态，形容身躯轻盈飘举。
[9] 践：踏。椒涂：长着香椒的路途。又吕向注："以椒泥饰道也。"郁烈：形容香气的浓烈。
[10] 薄：草木丛生的地方。流芳：散播香气。
[11] 超：惆怅。
[12] 众灵：众神。杂遝（tà）：纷纭、众多的样子。
[13] 命俦啸侣：招呼同伴。
[14] 南湘之二妃：指娥皇、女英。古代传说，舜帝南巡而死，二妃也死于湘水间，后来成为湘水的女神。汉滨之游女：《诗经·周南·汉广》有"汉有游女"。据《韩诗内传》说，这个"游女"即前注中郑交甫所见的汉水女神。
[15] 匏瓜：张铣注："匏瓜，星名，独在河鼓东，故云无匹。"牵牛：指牵牛星，神话传说他与织女星隔河相对。
[16] 袿（guà）：吕向注："妇人之上服也。"猗靡：随风飘动的样子。
[17] 翳：掩。修袖：长袖。延伫：久立，引颈而望。
[18] 体迅飞凫：形容动作敏捷。迅：疾。凫（fú）：水鸟，似鸭而小，能飞。
[19] 微步：吕向注："微步，轻步也。步于水波之上如尘生也。"
[20] 转眄流精：顾盼有神。
[21] 华容：即花容。婀娜：娇柔的样子。
[22] 屏翳：这里指传说中的风神。曹植《诘咎文》："河伯典泽，屏翳司风。"
[23] 川后：传说中的河伯。
[24] 冯夷：传说中的水神。
[25] 女娲：这里指传说中黄帝的臣子，发明笙簧。
[26] 文鱼：神话中带翅能飞的一种鱼。警乘：警卫乘舆。

玉鸾以偕逝[1]。六龙俨其齐首[2]，载云车之容裔[3]，鲸鲵[4]踊而夹毂，水禽翔而为卫。于是越北沚[5]，过南冈，纡素领[6]，回清阳[7]，动朱唇以徐言，陈交接之大纲[8]。恨人神之道殊兮，怨盛年之莫当[9]。抗罗袂以掩涕兮，泪流襟之浪浪[10]。悼良会[11]之永绝兮，哀一逝而异乡[12]。无微情以效爱兮，献江南之明珰[13]。虽潜处于太阴，长寄心于君王[14]。忽不悟其所舍，怅神宵而蔽光[15]。

　　于是背下陵高[16]，足往神留，遗情想像[17]，顾望怀愁。冀灵体[18]之复形，御轻舟而上溯[19]。浮长川而忘反[20]，思绵绵而增慕。夜耿耿[21]而不寐，沾繁霜而至曙。命仆夫而就驾，吾将归乎东路。揽騑辔以抗策[22]，怅盘桓[23]而不能去。

【学习提示】

　　"赋"的名称最早见于战国后期荀况的《赋篇》，到汉代形成特定的体制，成为一种独立的文体。其特点是讲求文采，多用铺张手法。着力于事物的铺陈是"赋"体文章内容上的最大特点。希望通过这几篇文章的学习，同学们学会具体、生动、细腻地描绘事物，提高语言的运用能力。

　　曹植的《洛神赋》代表了建安辞赋创作的最高成就。全文通过浪漫主义表现手法，通过梦幻的境界，写了一个神人恋爱、无从结合、终于含恨分离的悲剧故事，充满着强烈的抒情气息与传奇意味。赋中以大量的篇幅描写洛神的外貌、姿态和装束，表现其美丽、纯洁和多情的性格，刻画得生动传神、真切动人。最后写到自己虽对洛神有爱慕之情，但由

---

[1] 玉鸾：以玉装饰的车铃。偕逝：一同离去。
[2] 俨：庄严的样子。齐首：指齐头并进。
[3] 云车：刘良注："神以云为车。"（见《六臣注文选》）容裔：迟缓不进的样子。
[4] 鲸鲵：大鱼名，雄的叫鲸，雌的叫鲵。
[5] 沚：水中的小洲。
[6] 纡素领：回转身来。纡（yù）：弯曲，绕弯。素领：白皙的颈项。
[7] 清阳：眉清目秀的神态，这里指眼睛。
[8] 交接：交好。大纲：大意。
[9] 盛年：指壮年。当：指匹配。这是洛神怨恨二人在盛年时没有结合。
[10] 抗：举。袂：衣袖。浪浪：泪流不止的样子。
[11] 良会：指这次良好的会见。
[12] 异乡：这里是"人各一方"的意思。
[13] 珰：耳上的饰物。这里是指洛神以饰物相赠。
[14] 太阴：指众神所居的地方。君王：指曹植。
[15] "忽不悟"二句：是说洛神忽然不见了，神影消逝，光彩隐去，令我怅恨。悟：察觉。其：指洛神。舍：止息，停留。宵：同"消"，消逝。蔽光：光被遮蔽。
[16] 背：离。陵：登。
[17] 遗情：情思留恋。想像：指思念洛神的形象。
[18] 灵体：这里指洛神。
[19] 御：乘。溯：逆流而上。
[20] 长川：即洛水。反：同"返"。
[21] 耿耿：心不安的样子。
[22] 騑（fēi）：马。辔（pèi）：马缰绳。抗策：扬起马鞭。
[23] 盘桓（huán）：徘徊不进的样子。

于"人神之道殊",不能如愿,有浓厚的感伤气氛。这篇赋清新秀丽,抛弃了汉赋堆砌词句、平铺叙事的习气,想象丰实,描写细致,词采华茂,富有很强的艺术感染力。

学习这篇课文,首先要对照文中注释弄懂每一句话的意思,然后反复诵读,细细品味;与此同时,充分地展开想象与联想。只有做到了这两点,才能感知到其语言之妙和人物形象之美,从而获得强烈的审美感受。例如,文章对洛神容貌的描绘:"荣曜秋菊,华茂春松。"洛神容貌有多美?秋菊凭借她容貌的照耀更显其美,春松在她的辉映下更有生机。她的身段有多美?"秾纤得衷,修短合度。肩若削成,腰如约素。"胖瘦、高矮恰到好处,腰臀的曲线美到极致。文章第三自然段用了一连串的比喻来写宓妃的美丽,语言华丽,富有气韵,给人以美的享受。要特别注意的是,文学语言描绘的人、事、物、景必须由读者在理解字句准确意思的基础上去"意会"。同学们在学习本文时,可以把老师的提示作为进入想象与联想的"入口",反复地诵读课文,去"意会"文章所创造的意境之妙、形象之美。

学习《洛神赋》这篇文章,同学们应把握住三点:一是把我们自己的想象和作者丰富的想象对接起来。我们可以这样想象:在阳林漫步之时,曹植的大脑中出现幻觉——看到了洛神,她的体态摇曳飘忽像惊飞的大雁,婉曲轻柔像水中的游龙,鲜美、华丽较秋菊、春松有过之,姣如朝霞,纯洁如芙蓉,风华绝代。二是要反复诵读,品味其语言之美。《洛神赋》这篇课文辞藻华丽而不浮躁,清新之气四溢,令人神爽。讲究排偶、对仗、音律,语言凝练、生动、优美。三是学习其生动、传神的描写。《洛神赋》传神的描写刻画,兼之与比喻、烘托共用,错综变化,巧妙得宜,给人一种浩而不烦、美而不惊之感,使人感到就如在看一幅绝妙丹青,个中人物有血有肉,而不会使人产生一种虚无之感。在对洛神的五官、体型、姿态等描写时,给人传递出洛神的沉鱼之貌、落雁之容。同时,又有"清水出芙蓉,天然去雕饰"的清新、高洁。对洛神与之会面时神态的描写刻画,使人感到斯人浮现于眼前,风姿绰约。对于洛神与其分手时的描写,可见爱情之真挚、纯洁。一切都是这样的美好,以至离别后,人去心留,情思不断,洛神的倩影和相遇、相知时的情景历历在目,浪漫而苦涩,心神为之不宁,徘徊于洛水之间不忍离去。

对《洛神赋》的思想、艺术成就前人都曾予以极高的评价,最明显的是常把它与屈原的《九歌》和宋玉的《神女》诸赋相提并论。其实,曹植此赋兼二者而有之,它既有《湘君》《湘夫人》那种浓厚的抒情成分,又具宋玉之赋对女性美的精妙刻画。此外,它的情节完整、手法多变和形式隽永等,又为以前的作品所不及。因此,它对后世之作有着非常广泛和深远的影响。

二十　论贵粟疏[1]（节选）

晁　错

晁错（前200—前154），颍川（今河南禹州）人，西汉文帝、景帝时期的政治家。汉文帝时任太常掌故，曾奉命从故秦博士伏生受《尚书》。后为太子家令，足智多谋，时人称为"智囊"。汉景帝时升至御史大夫。他针对西汉王朝面临的各种社会危机，提出了加强中央集权、削弱诸侯势力、巩固边防和发展农业等一系列建议，得到景帝采纳。晁错的著作较为完整的现存有八篇，散见于《汉书》的《爰盎晁错传》《荆燕吴传》和《食货志》。他的文章被称为"疏直激切，尽所欲言"，其中《贤良对策》《言兵事疏》《守边劝农疏》等，皆为"西汉鸿文，沾溉后人，其泽甚远"（鲁迅语）。

圣王在上，而民不冻饥者，非能耕而食之，织而衣之也，为开其资财之道也。[2]故尧、禹有九年之水，汤有七年之旱，而国亡捐瘠[3]者，以畜积多而备先具也。

今海内为一，土地人民之众不避[4]禹、汤，加以亡天灾数年之水旱，而畜积未及者，何也？地有余利，民有余力，生谷之土未尽垦，山泽之利未尽出也，游食之民未尽归农也。

民贫，则奸邪生。贫生于不足，不足生于不农，不农则不地著[5]，不地著则离乡轻家。民如鸟兽，虽有高城深池，严法重刑，犹不能禁也。夫寒之于衣，不待轻暖；饥之于食，不待甘旨；饥寒至身，不顾廉耻。人情一日不再食则饥，终岁不制衣则寒。夫腹饥不得食，肤寒不得衣，虽慈母不能保其子，君安能以有其民哉？明主知其然也，故务民于农桑，薄赋敛，广畜积，以实仓廪[6]，备水旱，故民可得而有也。

民者，在上所以牧[7]之。趋利如水走下，四方无择也。夫珠玉金银，饥不可食，寒不可衣，然而众贵之者，以上用之故也。其为物轻微易藏，在于把握，可以周海内而亡饥寒之患。此令臣轻背其主，而民易去其乡，盗贼有所劝，亡逃者得轻资也。粟米布帛，生于地，长于时，聚于力，非可一日成也。数石[8]之重，中人弗胜[9]，不为奸邪所利，一日

---

[1] 本文出自《汉书·食货志》。
[2] 食（sì）之：给他们吃。"食"作动词用。衣（yì）之：给他们穿。"衣"作动词用。道：途径。
[3] 捐瘠（jí）：被遗弃的人和瘦弱的人。捐：抛弃。瘠：瘦。
[4] 避：逊于，比……差。
[5] 地著（zhuó）：定居一地。《汉书·食货志》："理民之道，地著为本。"颜师古注："地著，谓安土也。"
[6] 廪（lǐn）：米仓。
[7] 牧：养，引申为统治、管理。
[8] 石：重量单位。汉制三十斤为钧，四钧为石。
[9] 弗胜：不能胜任，指拿不动。

弗得而饥寒至。是故明君贵五谷而贱金玉。

今农夫五口之家，其服役者不下二人；其能耕者，不过百亩；百亩之收，不过百石。春耕夏耘，秋获冬藏。伐薪樵，治官府，给徭役。春不得避风尘，夏不得避暑热，秋不得避阴雨，冬不得避寒冻，四时之间，无日休息。又私自送往迎来，吊死问疾，养孤长[1]幼在其中。勤苦如此，尚复被水旱之灾，急政暴虐，赋敛不时，朝令而暮改。[2]当其有者，半贾而卖；亡者取倍称之息[3]；于是有卖田宅、鬻子孙以偿债者矣。而商贾[4]大者积贮倍息，小者坐列贩卖，操其奇赢[5]，日游都市，乘上之急，所卖必倍。故其男不耕耘，女不蚕织，衣必文采，食必粱肉；亡农夫之苦，有阡陌[6]之得。因其富厚，交通王侯，力过吏势，以利相倾；千里游敖，冠盖相望，乘坚策肥[7]，履丝曳缟[8]。此商人所以兼并农人，农人所以流亡者也。今法律贱商人，商人已富贵矣；尊农夫，农夫已贫贱矣。故俗之所贵，主之所贱也；吏之所卑，法之所尊也。上下相反，好恶乖迕[9]，而欲国富法立，不可得也。

方今之务，莫若使民务农而已矣。欲民务农，在于贵粟；贵粟之道，在于使民以粟为赏罚。今募天下入粟县官，得以拜爵，得以除罪。[10]如此，富人有爵，农民有钱，粟有所渫[11]。夫能入粟以受爵，皆有余者也。取于有余，以供上用，则贫民之赋可损[12]，所谓损有余，补不足，令出而民利者也。顺于民心，所补者三：一曰主用足，二曰民赋少，三曰劝农功。今令民有车骑马[13]一匹者，复卒三人。车骑者，天下武备也，故为复卒。神农之教曰："有石城十仞，汤池百步，带甲百万，而亡粟，弗能守也。"以是观之，粟者，王者大用[14]，政之本务。令民入粟受爵，至五大夫[15]以上，乃复一人耳，此其与骑马之功相去远矣。爵者，上之所擅[16]，出于口而无穷；粟者，民之所种，生于地而不乏。夫得高爵与免罪，人之所甚欲也。使天下人入粟于边，以受爵免罪，不过三岁，塞下之粟必多矣。

【学习提示】

《论贵粟疏》是一篇观点精辟，分析透彻，逻辑严谨，文笔犀利，具有汪洋恣肆的气

---

[1] 长（zhǎng）：养育。
[2] 政：同"征"。虐：清代王念孙认为当作"赋"。改：王念孙认为原本作"得"。
[3] 倍称（chèn）之息：加倍的利息。称：相等，相当。
[4] 贾（gǔ）：商人。
[5] 奇赢：以特殊的手段获得更大的利润。
[6] 阡陌（qiānmò）：田界。东西向称"阡"，南北向称"陌"。
[7] 乘坚策肥：乘坚车，策肥马。策：用鞭子赶马。
[8] 履丝曳（yè）缟（gǎo）：脚穿丝鞋，身披绸衣。曳：拖着。缟：一种精致洁白的丝织品。
[9] 乖迕（wǔ）：相违背。
[10] 县官：汉代对官府的通称。拜爵：封爵位。
[11] 渫（xiè）：散出。
[12] 损：减。
[13] 车骑马：指战马。
[14] 大用：最需要的东西。
[15] 五大夫：汉代的一种爵位，在侯以下二十级中属第九级。凡纳粟四千石，即可封赐。
[16] 擅：专有。

势和流畅浑厚的风格的议论文。这篇文章不论从思想内容方面，还是从写作技法方面，都有重要的借鉴意义。

从内容方面来看，文章指出，只有大力发展农业生产，才是安定社会、富国强兵的根本。只有让人民丰衣足食，社会才能和谐有序。明君应该"贵五谷而贱金玉"，从而使农民安居乐业，看重农耕，不轻易离乡远走，去追逐商贾之利。

从写作的角度来看，这篇文章最突出的特点是对比手法的使用，如用禹、汤有蓄积同当今无蓄积相比，用饥寒则君主不能保有其民同充实粮仓以防备水旱则"民可得而有"相比，用贵珠玉的害处与贵粟之利相比，用农夫勤劳但生活困苦同商人的安逸享乐相比，用有粟和无粟的不同结果相比，等等。通过正反两方面的对比，把问题清楚、突出地摆出来。本文逻辑严密，说理透辟，辞意畅达。在内容组织上紧扣论点，环环紧接，论证严密，具有极强的说服力。

二十一　敬业与乐业[1]

梁启超

　　梁启超（1873—1929），字卓如，号任公，别号饮冰室主人，广东新会人。清末举人，康有为弟子，维新变法运动代表人物之一，与"康有为"并称"康梁"。曾主编《时务报》，编辑《西政丛书》，积极宣传资产阶级改良主义。戊戌变法失败后，逃往日本，先后创办《清议报》《新民丛报》，宣扬君主立宪，反对孙中山所领导的民主主义革命。晚年在清华大学讲学，并从事著述。他在诗、词、散文方面都有一定的成就。特别是早期的散文，自由奔放，直抒胸臆，流利畅达，自成一体，对当时有很大影响。其著作编为《饮冰室合集》。

　　我这题目，是把《礼记》里头"敬业乐群[2]"和《老子》里头"安其居，乐其业"那两句话，断章取义造出来的。我所说是否与《礼记》《老子》原意相合，不必深求；但我确信"敬业乐业"四个字，是人类生活的不二法门[3]。

　　本题主眼[4]，自然是在"敬"字、"乐"字。但必先有业，才有可敬、可乐的主体，理至易明。所以在讲演正文以前，先要说说有业之必要。

　　孔子说："饱食终日，无所用心，难矣哉[5]！"又说："群居终日，言不及义，好行小慧，难矣哉！[6]"孔子是一位教育大家，他心目中没有什么人不可教诲，独独对于这两种人便摇头叹气说道："难！难！"可见人生一切毛病都有药可医，惟有无业游民，虽大圣人碰着他，也没有办法。

　　唐朝有一位名僧百丈禅师[7]，他常常用两句格言教训弟子，说道："一日不做事，一日不吃饭。"他每日除上堂说法之外，还要自己扫地、擦桌子、洗衣服，直到八十岁，日日如此。有一回，他的门生想替他服劳，把他本日应做的工悄悄地都做了，这位言行相顾的老禅师，老实不客气，那一天便绝对的不肯吃饭。

　　我征引儒门、佛门这两段话，不外证明人人都要有正当职业，人人都要不断的劳作。

---

　　[1]　本文选自《饮冰室合集》第十四册（上海中华书局1941年版），系作者1922年8月14日在上海中华职业学校的讲演。选入本书时有删改。

　　[2]　敬业乐群：对自己的事业很尽职，和朋友相处很融洽。

　　[3]　不二法门：佛教用语，常用来比喻最好的或独一无二的方法。

　　[4]　主眼：主要的着眼处。

　　[5]　"饱食"三句：引自《论语·阳货》，意思是整天吃饱了饭，不肯动脑筋去做点事，这种人是很难造就的。

　　[6]　"群居"四句：引自《论语·卫灵公》，意思是和大家整天混在一起，说的又毫不涉及道义，只喜欢卖弄小聪明，这种人是很难有所成就的。

　　[7]　百丈禅师：指怀海禅师（约720—814），唐代禅宗僧人，因为居住在江西百丈山，所以又称"百丈禅师"。著有《禅门规式》（后称《百丈清规》）。

倘若有人问我："百行[1]什么为先？万恶什么为首？"我便一点不迟疑答道："百行业为先，万恶懒为首。"没有职业的懒人，简直是社会上的蛀米虫，简直是"掠夺别人勤劳结果"的盗贼。我们对于这种人，是要彻底讨伐，万不能容赦的。今日所讲，专为现在有职业及现在正做职业上预备的人——学生——说法，告诉他们对于自己现有的职业应采何种态度。

第一要敬业。敬字为古圣贤教人做人最简易、直捷的法门，可惜被后来有些人说得太精微，倒变得不适实用了。惟有朱子[2]解得最好，他说："主一无适[3]便是敬。"用现在的话讲，凡做一件事，便忠于一件事，将全副精力集中到这事上头，一点不旁骛[4]，便是敬。业有什么可敬呢？为什么该敬呢？人类一面为生活而劳动，一面也是为劳动而生活。人类既不是上帝特地制来充当消化面包的机器，自然该各人因自己的地位和才力，认定一件事去做。凡可以名为一件事的，其性质都是可敬。当大总统是一件事，拉黄包车也是一件事。事的名称，从俗人眼里看来有高下；事的性质，从学理上解剖起来，并没有高下。只要当大总统的人，信得过我可以当大总统才去当，实实在在把总统当作一件正经事来做；拉黄包车的人，信得过我可以拉黄包车才去拉，实实在在把拉车当作一件正经事来做，便是人生合理的生活。这叫做职业的神圣。凡职业没有不是神圣的，所以凡职业没有不是可敬的。惟其如此，所以我们对于各种职业，没有什么分别拣择。总之，人生在世，是要天天劳作的。劳作便是功德，不劳作便是罪恶。至于我该做哪一种劳作呢？全看我的才能何如，境地何如。因自己的才能境地，做一种劳作做到圆满，便是天地间第一等人。

怎样才能把一种劳作做到圆满呢？惟一的秘诀就是忠实，忠实从心理上发出来的便是敬。《庄子》记佝偻丈人承蜩的故事[5]，说道："虽天地之大，万物之多，而惟吾蜩翼之知。"凡做一件事，便把这件事看作我的生命，无论别的什么好处，到底不肯牺牲我现做的事来和他交换。我信得过我当木匠的做成一张好桌子，和你们当政治家的建设成一个共和国家同一价值；我信得过我当挑粪的把马桶收拾得干净，和你们当军人的打胜一支压境的敌军同一价值。大家同是替社会做事，你不必羡慕我，我不必羡慕你。怕的是我这件事做得不妥当，便对不起这一天里头所吃的饭。所以我做这事的时候，丝毫不肯分心到事外。曾文正[6]说："坐这山，望那山，一事无成。"我从前看见一位法国学者著的书，比较英法两国国民性，他说："到英国人公事房里头，只看见他们埋头执笔做他的事，到法国人公事房里头，只看见他们衔着烟卷，像在那里出神。英国人走路，眼注地上，像用全副精神注在走路上，法国人走路，总是东张西望，像不把走路当一回事。"这些话比较得

---

[1] 行（xíng）：德行。

[2] 朱子：即朱熹（1130—1200），南宋哲学家、教育家、文学家。

[3] 主一无适：专一于某种工作不旁及其他的事情。本句引自《论语·学而》"敬事而信"句下的注（见朱熹《论语集注》）。

[4] 一点不旁骛：意指专心致志，一点不分心。

[5] "《庄子》"句：这个故事见《庄子·达生》，大意说鸡胸驼背的老人虽然身有残疾，但用竹竿粘蝉，百发百中。孔子问他有什么办法，他说天地虽大，万物虽多，我只知道有蝉翼罢了。这个故事意在说明只要用心专一，就可以达到目的的道理。佝偻（gōulóu）：鸡胸驼背。丈人：对老人的尊称。承蜩（tiáo）：捕蝉。

[6] 曾文正：即曾国藩（1811—1872），晚清军政重臣，因镇压太平天国有功，被清王朝封毅勇侯，谥号"文正"。

是否确切，姑且不论，但很可以为敬业两个字下注脚。若果如他们所说，英国人便是敬，法国人便是不敬。一个人对于自己的职业不敬，从学理方面说，便亵渎职业之神圣；从事实方面说，一定把事情做糟了，结果自己害自己。所以敬业主义，于人生最为必要，又于人生最为有利。庄子说："用志不分，乃凝于神。"[1]孔子说："素其位而行，不愿乎其外。"[2]我说的敬业，不外这些道理。

第二要乐业。"做工好苦呀！"这种叹气的声音，无论何人都会常在口边流露出来。但我要问他："做工苦，难道不做工就不苦吗？"今日大热天气，我在这里喊破喉咙来讲，诸君扯直耳朵来听，有些人看着我们好苦；翻过来，倘若我们去赌钱，去吃酒，还不是一样在淘神费力，难道又不苦？须知苦乐全在主观的心，不在客观的事。人生从出胎的那一秒钟起到咽气的那一秒钟止，除了睡觉以外，总不能把四肢、五官都搁起不用。只要一用，不是淘神，便是费力，劳苦总是免不掉的。会打算盘的人，只有从劳苦中找出快乐来。我想天下第一等苦人，莫过于无业游民，终日闲游浪荡，不知把自己的身子和心子摆在哪里才好。他们的日子真难过。第二等苦人，便是厌恶自己本业的人，这件事分明不能不做，却满肚子里不愿意做。不愿意做逃得了吗？到底不能。结果还是皱着眉头，哭丧着脸去做。这不是专门自己替自己开玩笑吗？我老实告诉你一句话，凡职业都是有趣味的，只要你肯继续做下去，趣味自然会发生。为什么呢？第一，因为凡一件职业，总有许多层累[3]、曲折，倘能身入其中，看他变化进展的状态，最为亲切有味。第二，因为每一职业之成就，离不了奋斗；一步一步的奋斗前去，从刻苦中得快乐，快乐的分量加增。第三，职业的性质，常常要和同业的人比较骈进[4]，好像赛球一般，因竞胜而得快乐。第四，专心做一职业时，把许多游思妄想杜绝了，省却无限闲烦恼。孔子说："知之者不如好之者，好之者不如乐之者。"[5]人生能从自己职业中领略出趣味，生活才有价值。孔子自述为人，说道："其为人也，发愤忘食，乐以忘忧，不知老之将至云尔。"[6]这种生活，真算得人类理想的生活了。

我生平最受用的有两句话：一是"责任心"，二是"趣味"。我自己常常力求这两句话之实现与调和，又常常把这两句话向我的朋友强聒不舍[7]。今天所讲，敬业即是责任心，乐业即是趣味。我深信人类合理的生活总该如此，我盼望诸君和我一同受用！

【学习提示】

本文是作者于1922年应上海中华职业学校之邀，向该校学生所做的讲演。作为一位著名的思想家、学者，近代中国的文化巨人，面对即将投身社会的学生，梁启超没有居高临下地高谈阔论，而是采用讲故事式的极浅近的方式，以最平和的语言，提醒同学们对职

---

[1] "用志"二句：引自《庄子·达生》，大意是做事不分心，精神就能集中。

[2] "素其"二句：引自《礼记·中庸》，大意是现在只做分内的事，不要希望做分外的事。

[3] 层累：重重叠叠的层次。

[4] 骈进：一同前进。

[5] "知之"二句：引自《论语·雍也》，大意是知道这种道理的人比不上喜爱它的人，喜爱它的人比不上乐意去做的人。

[6] "其为"四句：引自《论语·述而》，大意是他（孔子）做人是发愤读书忘记了吃饭，沉浸在学习的快乐中而忘记了忧愁，甚至不知道自己将要老了，如此而已。云尔：……罢了。

[7] 强聒（guō）不舍：唠唠叨叨说个没完。强聒：过分啰唆。不舍：不停。

业应持有一个正确的态度——"敬业"与"乐业"。

作者根据自己的亲身体验,指出"责任心"和"趣味"跟"敬业"与"乐业"的关系最为密切。"责任心"就是"敬业",凡做一件事,便忠于一件事,将全副精力集中到这事上来,全神贯注、心无旁骛,就能把事做得圆满;"趣味"就是"乐业",能从劳作中找到快乐,感受到趣味,就能对自己的职业乐此不疲地做下去,达到"乐以忘忧"的境界。正如孔子所言"知之者不如好之者,好之者不如乐之者"。一个人对待自己的职业,怀着热爱的心态来对待它,怀着快乐的心情来从事它,发扬"敬业"与"乐业"的精神,就能做出成就,取得辉煌。

作者认为,职业不分高下,只要用心去做,任何职业都能为人生带来辉煌。那些"坐这山,望那山""朝三暮四"的人,注定一事无成。只有脚踏实地、持之以恒,才有可能把事情做好,进而体会到职业的乐趣和人生的价值。每一个行业都是一方宽广的天空,只要投身其中,就会阅尽无限风光。

这篇演讲引典较多,但语言通俗浅显,如话家常。比如,"这位言行相顾的老禅师,老实不客气,那一天便绝对的不肯吃饭",不加藻饰,几乎全是生活用语。"今日大热天气,我在这里喊破喉咙来讲,诸君扯直耳朵来听,有些人看着我们好苦;翻过来,倘若我们去赌钱,去吃酒,还不是一样在淘神费力,难道又不苦?"就地取材,信手拈来。

二十二　赠予今年的大学毕业生[1]

胡　适

　　胡适（1891—1962），中国现代著名作家、学者、思想家和教育家。原名洪骍（xīng），字希疆、适之，安徽绩溪人。早年接触新学，信奉进化论。1910年赴美国，就读于康奈尔大学和哥伦比亚大学，从学于实用主义哲学家杜威。1917年在《新青年》上发表《文学改良刍议》，反对文言文，提倡白话文，主张文学革命。同年7月回国，任北京大学教授。参加编辑《新青年》，发表新诗集《尝试集》，为当时新文化运动的著名人物。提出"多研究些问题，少谈些主义"。提倡"大胆假设，小心求证"的研究方法，影响颇大。1922年创办《努力周报》，宣扬"好人政府"和"省自治联邦制"的主张。1925年参加北京善后会议，并参与起草部分会议文件。1928年后，发起人权运动，反对国民党实行独裁与文化专制主义，提倡自由主义。"九一八事变"后，创办《独立评论》，主张"全盘西化"。1938年任驻美大使，代表国民政府签订了《中美互助条约》。1946年任北京大学校长。后任国民大会主席，领衔提出《戡乱条例》。1962年在台湾逝世。著有《中国哲学史大纲》（上卷）、《白话文学史》（上卷）、《胡适文存》等。

　　这一两个星期里，各地的大学都有毕业的班次，都有很多的毕业生离开学校去开始他们的成人事业。学生的生活是一种享有特殊优待的生活，不妨幼稚一点，不妨吵吵闹闹，社会都能纵容他们，不肯严格的要他们负行为的责任。现在他们要撑起自己的肩膀来挑他们自己的担子了。在这个国难最紧要的年头，他们的担子真不轻！我们祝他们的成功，同时也不忍不依据我们自己的经验，赠予他们几句送行的赠言，——虽未必是救命毫毛，也许作个防身的锦囊罢！

　　你们毕业之后，可走的路不出这几条：绝少数的人还可以在国内或国外的研究院继续作学术研究；少数的人可以寻着相当的职业；此外还有做官，办党，革命三条路；此外就是在家享福或者失业闲居了。第一条继续求学之路，我们可以不讨论。走其余几条路的人，都不能没有堕落的危险。堕落的方式很多，总括起来，约有这两大类：

　　第一是容易抛弃学生时代的求知识的欲望。你们到了实际社会里，往往所用非所学，往往所学全无用处，往往可以完全用不着学问，而一样可以胡乱混饭吃，混官做。在这种环境里，即使向来抱有求知识学问的决心的人，也不免心灰意懒，把求知的欲望渐渐冷淡下去。况且学问是要有相当的设备的：书籍，试验室，师友的切磋指导，闲暇的工夫，都不是一个平常要糊口养家的人所能容易办到的。没有做学问的环境，又谁能怪我们抛弃学问呢？

　　第二是容易抛弃学生时代的理想的人生的追求。少年人初次与冷酷的社会接触，容易

---

〔1〕　本文选自《胡适文存》第四集第四卷。编入本书时有删改。

感觉理想与事实相去太远，容易发生悲观和失望。多年怀抱的人生理想，改造的热诚，奋斗的勇气，到此时候，好像全不是那么一回事。渺小的个人在那强烈的社会炉火里，往往经不起长时期的烤炼就熔化了，一点高尚的理想不久就幻灭了。抱着改造社会的梦想而来，往往是弃甲曳[1]兵而走，或者做了恶势力的俘虏。你在那俘虏牢狱里，回想那少年气壮时代的种种理想主义，好像都成了自误误人的迷梦！从此以后，你就甘心放弃理想人生的追求，甘心做现成社会的顺民了。

要防御这两方面的堕落，一面要保持我们求知识的欲望，一面要保持我们对于理想人生的追求。有什么好法子呢？依我个人的观察和经验，有三种防身的药方是值得一试的。

第一个方子只有一句话："总得时时寻一两个值得研究的问题！"问题是知识学问的老祖宗；古往今来一切知识的产生与积聚，都是因为要解答问题，——要解答实用上的困难或理论上的疑难。所谓"为知识而求知识"，其实也只是一种好奇心追求某种问题的解答，不过因为那种问题的性质不必是直接应用的，人们就觉得这是"无所为"的求知识了。我们出学校以后，离开了做学问的环境，如果没有一个两个值得解答的疑难问题在脑子里盘旋，就很难继续保持追求学问的热心。可惜当时青年人最大的问题是养家糊口，生存都是难题，遑论[2]其他？可是，如果你有了一个真有趣的问题天天逗你去想他，天天引诱你去解决他，天天对你挑衅笑你无可奈何他，——这时候，你就会同恋爱一个女子发了疯一样，坐也坐不下，睡也睡不安，没工夫也得偷出工夫去陪她；没钱也得撙[3]衣节食去巴结她。没有书，你自会变卖家私去买书；没有仪器，你自会典押衣服去置办仪器；没有师友，你自会不远千里去寻师访友。你只要能时时有疑难问题来逼你用脑子，你自然会保持发展你对学问的兴趣，即使在最贫乏的智识环境中，你也会慢慢地聚起一个小图书馆来，或者设置起一所小试验室来。所以我说：第一要寻问题。脑子里没有问题之日，就是你的智识生活寿终正寝之时！古人说，"待文王而兴者，凡民也。若夫豪杰之士，虽无文王犹兴。"试想伽利略和牛顿有多少藏书？有多少仪器？他们不过是有问题而已。有了问题而后，他们自会造出仪器来解答他们的问题。没有问题的人们，关在图书馆里也不会用书，锁在试验室里也不会有什么发现。

第二个方子也只有一句话："总得多发展一点非职业的兴趣。"离开学校之后，大家总得寻个吃饭的职业。可是你寻得的职业未必就是你所学的，或者未必是你所心喜的，或者是你所学而实在和你的性情不相近的。在这种状况之下，工作就往往成了苦工，就不感觉兴趣了。为糊口而做那种非"性之所近而力之所能勉"的工作，就很难保持求知的兴趣和生活的思想主义。最好的救济方法只有多多发展职业以外的正当兴趣与活动。一个人应该有他的职业，又应该有他的非职业的玩艺儿，可以叫作业余活动。凡一个人用他的闲暇来做的事业，都是他的业余活动。往往他的业余活动比他的职业还更重要，因为一个人的前程往往全靠他怎样用他的闲暇时间。他用他的闲暇来打麻将，他就成个赌徒；你用你的闲暇来做社会服务，你也许成个社会改革者；或者你用你的闲暇去研究历史，你也许成个史学家。你的闲暇往往定你的终身。英国19世纪的两个哲人，弥尔终身做东印度公司的秘书，然而他的业余工作使他在哲学上、经济学上、政治思想史上都占一个很高的位置；斯

---

[1] 曳（yè）：拉，拖。

[2] 遑（huáng）论：谈不上，不必论及。

[3] 撙（zǔn）：节省。

宾塞是一个测量工程师，然而他的业余工作使他成为前世纪晚期世界思想界的一个重镇。古来成大学问的人，几乎没有一个不是善用他的闲暇时间的。特别在这个组织不健全的中国社会，职业不容易适合我们性情，我们要想生活不苦痛或不堕落，只有多方发展业余的兴趣，使我们的精神有所寄托，使我们的剩余精力有所施展。有了这种心爱的玩艺儿，你就做六个钟头的抹桌子工夫也不会感觉烦闷了，因为你知道，抹六点钟的桌子之后，你可以回家去做你的化学研究，或画完你的大幅山水，或写你的小说戏曲，或继续你的历史考据，或做你的社会改革事业。你有了这种称心如意的活动，生活就不枯寂了，精神也就不会烦闷了。

第三个方子也只有一句话："你总得有一点信心。"我们生当这个不幸的时代，眼中所见，耳中所闻，无非是叫我们悲观失望的。特别是在这个年头毕业的你们，眼见自己的国家民族沉沦到这步田地，眼看世界只是强权的世界，望极天边好像看不见一线的光明，——在这个年头不发狂自杀，已算是万幸了，怎么还能够希望保持一点内心的镇定和理想的信任呢？我要对你们说：这时候正是我们要培养我们的信心的时候！只要我们有信心，我们还有救。古人说："信心可以移山。"又说："只要工夫深，生铁磨成绣花针。"你不信吗？当拿破仑的军队征服普鲁士占据柏林的时候，有一位穷教授叫作菲希特的，天天在讲堂上劝他的国人要有信心，要信仰他们的民族是有世界的特殊使命的，是必定要复兴的。菲希特死的时候（1814），谁也不能预料德意志统一帝国何时可以实现。然而不满五十年，新的统一的德意志帝国居然实现了。

一个国家的强弱盛衰，都不是偶然的，都不能逃出因果的铁律的。我们今日所受的苦痛和耻辱，都只是过去种种恶因种下的恶果。我们要收将来的善果，必须努力种现在的新因。一粒一粒的种，必有满仓满屋的收，这是我们今日应该有的信心。

我们要深信：今日的失败，都由于过去的不努力。

我们要深信：今日的努力，必定有将来的大收成。

佛典里有一句话："福不唐捐[1]。"唐捐就是白白地丢了。我们也应该说："功不唐捐！"没有一点努力是会白白地丢了的。在我们看不见想不到的时候，在我们看不见想不到的方向，你瞧！你下的种子早已生根发叶开花结果了！

朋友们，在你最悲观最失望的时候，那正是你必须鼓起坚强的信心的时候。你要深信：天下没有白费的努力。成功不必在我，而功力必不唐捐。

1932年6月27日

【学习提示】

胡适先生的《赠予今年的大学毕业生》一文对于每一个在校的或已经毕业的大学生来说，都具有很大的启示作用。其中有几个地方很值得同学们细细地研读：

"你们到了实际社会里，往往所用非所学，往往所学全无用处，往往可以完全用不着学问……"这几句话既是当时社会的现状，也是我们今天存在的实际情况。我们每一位同学都应该有这样的认识：在大学学习的真正意义，不在于你学什么专业，学了多少专业知

---

[1] 福不唐捐：指付出不会白费，必然有回报。语出自《法华经·观世音菩萨普门品》："若有众生，恭敬礼拜观世音菩萨，福不唐捐，是故众生皆应受持观世音菩萨名号。"唐捐：虚掷，落空。

识,大学是培养学生自主能力、自立能力、自学能力、创新能力的地方,最重要的是教给学生获取知识的方法和技能。在大学学习的过程,是思想逐渐成熟的过程,也是锻炼我们为人处世能力的过程。大学的学习,可以开阔我们的视野,丰富我们的思想,可以打开我们的人生思路,培养我们的情商。

"少年人初次与冷酷的社会接触,容易感觉理想与事实相去太远,容易发生悲观和失望。"进入大学学习的同学们,大多希望在校期间能学到真本领,将来走上社会时会有用武之地,能有机会凭自己的双手报答父母、报答社会。但走上社会后,你会发现理想与现实有很大的距离,美好的梦想实现起来并不容易。办法只有一个:社会不可能适应你,你要去适应社会。道路是可以选择的:出国、下到基层、去民营企业、自主创业、阶段性就业、先就业后创业……就大学毕业生自己而言,应该摆正位置,做好吃苦的心理准备,勇敢地迎接挑战。切不可因惧怕走上社会,躲在家里当"啃老族",或借继续深造,远离社会。怕和躲都不是办法,只有面对挑战,在挫折中成长,才有可能创造出人生的辉煌。

"离开学校之后,大家总得寻个吃饭的职业。可是你寻得的职业未必就是你所学的,或者未必是你所心喜的,或者是你所学而实在和你的性情不相近的。在这种状况之下,工作就往往成了苦工,就不感觉兴趣了。"专业不对口,这也是大学毕业生所苦恼的。随着大学毕业生数量的逐年递增,专业不对口的现象越来越普遍。对此,作者在文中送给毕业生们三剂药方:一是寻求值得研究的问题,二是发展非职业的兴趣,三是培养坚定的信心。利用闲暇时间培养非职业兴趣,这也是一条通往成功的路。有时可能剑走偏锋,所学专业没有出路,其他感兴趣的专业可能大有发展前途,不必钻死胡同。比尔·盖茨正是凭着对计算机的极大兴趣和热爱,所以才能毅然决然地放弃了在美国著名的哈佛大学的学习,后来取得巨大的成功。

文章的最后,作者强调:"我们要深信:今日的失败,都由于过去的不努力。我们要深信:今日的努力,必定有将来的大收成。""在你最悲观最失望的时候,那正是你必须鼓起坚强的信心的时候。"这几句话同学们要仔细地玩味、认真地思考:消极、悲观于事无补,于己无益,只有时时保持乐观向上的心态,你的生存状况才有可能改变,你才有可能成就事业的辉煌。正如作者所言:"天下没有白费的努力。"

二十三　秋天的况味[1]

看微课
俞秀红讲

林语堂

　　林语堂（1895—1976），原名和乐，后改名玉堂，又语堂，福建龙溪（今漳州）人，现代作家、学者、翻译家。林语堂著作甚多，是一位以英文书写而扬名海内外的中国作家，用英文写的名著有《吾国吾民》《京华烟云》《风声鹤唳》等文化著作和长篇小说。译有萧伯纳的《茶花女》等，并将《老子》《庄子》《论语》《孟子》等译成英语，促进了中外文化交流。辑有《林语堂名著全集》。

　　秋天的黄昏，一人独坐在沙发上抽烟，看烟头白灰之下露出红光，微微透露出暖气，心头的情绪便跟着那蓝烟缭绕而上，一样的轻松，一样的自由。一转眼缥烟变成缕缕的细丝，慢慢不见了，而那霎时，心上的情绪也跟着消沉于大千世界，所以也不讲那时的情绪，而只讲那时的情绪的况味。待要再划一根洋火，再点起那已点过三四次的雪茄，却因白灰已积得太多，点不着，乃轻轻的一弹，烟灰静悄悄的落在铜炉上，其静寂如同我此时用毛笔写在中纸上一样，一点的声息也没有。于是再点起来，一口一口的吞云吐雾，香气扑鼻，宛如偎红倚翠温香在抱的情调。于是想到烟，想到这烟一股温煦的热气，想到室中缭绕暗淡的烟霞，想到秋天的意味。这时才忆起，向来诗文上秋的含义，并不是这样的，使人联想的是肃杀，是凄凉，是秋扇，是红叶，是荒林，是萋草。然而秋确有另一意味，没有春天的阳气勃勃，也没有夏天的炎烈迫人，也不像冬天之全入于枯槁凋零。我所爱的是秋林古气磅礴气象。有人以老气横秋骂人，可见是不懂得秋林古色之滋味。在四时中，我于秋是有偏爱的，所以不妨说说。秋是代表成熟，对于春天之明媚娇艳，夏日之茂密浓深，都是过来人，不足为奇了，所以其色淡，叶多黄，有古色苍茏之概，不单以葱翠争荣了。这是我所谓秋的意味。大概我所爱的不是晚秋，是初秋，那时暄气[2]初消，月正圆，蟹正肥，桂花皎洁，也未陷入懔烈[3]萧瑟气态，这是最值得赏乐的。那时的温和，如我烟上的红灰，只是一股熏熟的温香罢了。或如文人已排脱下笔惊人的格调，而渐趋纯熟炼达，宏毅坚实，其文读来有深长意味。这就是庄子所谓"正得秋而万宝成"结实的意义。在人生上最享乐的就是这一类的事。比如酒以醇以老为佳。烟也有和烈之辨。雪茄之佳者，远胜于香烟，因其气味较和。倘是烧得得法，慢慢的吸完一枝，看那红光炙发，有无穷的意味。鸦片吾不知，然看见人在烟灯上烧，听那微微哗剥的声音，也觉得有一种诗意。大概凡是古老，纯熟，熏黄，熟炼的事物，都使我得到同样的愉快。如一只熏黑的陶锅在烘炉上用慢火炖猪肉时所发出的锅中徐吟的声调，是使我感到同观人烧大烟一样的兴趣。或如一本用过二十年而尚未破烂的字典，或是一张用了半世的书桌，或如看见街上一

---

[1]　本文选自《林语堂散文选集》。况味：境况和情味。
[2]　暄气：温暖之气。
[3]　懔（lǐn）烈：同"凛冽"，刺骨的寒冷。

块熏黑了老气横秋的招牌,或是看见书法大家苍劲雄浑的笔迹,都令人有相同的快乐。人生世上如岁月之有四时,必须要经过这纯熟时期,如女人发育健全遭遇安顺的,亦必有一时徐娘半老的风韵,为二八佳人所绝不可及者。使我最佩服的是邓肯[1]的佳句:"世人只会吟咏春天与恋爱,真无道理。须知秋天的景色,更华丽,更恢奇,而秋天的快乐有万倍的雄壮,惊奇,都丽。我真可怜那些妇女识见褊狭[2],使她们错过爱之秋天的宏大的赠赐。"若邓肯者,可谓识趣之人。

一九四一年一月

【学习提示】

　　这篇散文描写了初秋的温润、丰厚。文中"正得秋而万宝成",一反历代文人墨客的悲秋伤世、哀己怜人,表达了作者豁达坦然的人生态度。

　　此文在选题及语言表达方式上都别具一格。

　　从选题来看,作者所选都是身边琐事。秋被比况为古色苍茫的过来人,是烟上的红灰,是又老又醇的酒;是雪茄、鸦片、二十年的字典、半世的书桌、招牌、徐娘半老的风韵;甚至是一只熏黑的陶锅在烘炉上用慢火炖猪肉时所发出的徐吟的声调;等等。而正是这些生活中的细枝末节被作者写得半雅半俗、亦庄亦谐、入情入理。

　　在语言表达上,作者善用平实、自然的语言和亲切、闲适的聊天方式。从抽烟的情形,联想到秋天的况味,在怡然闲适的气氛中向你漫无边际、深入浅出地娓娓诉说,使你欲删不得、欲罢不忍。

　　林语堂的散文是以闲谈、诙谐的风格作为一种意趣去感化读者的。这一特点在本文中表现得比较突出。

---

〔1〕 邓肯:美国女舞蹈家,现代舞蹈派创始人。著有自传《我的生平》。
〔2〕 褊(biǎn)狭:狭小,狭隘。

二十四　想北平

老　舍

　　老舍（1899—1966），原名舒庆春，字舍予，笔名老舍，满族正红旗人，生于北京。中国现代作家，杰出的语言大师。他是新中国第一位获得"人民艺术家"称号的作家。著有长篇小说《小坡的生日》《猫城记》《牛天赐传》和《骆驼祥子》等。老舍的作品语言通俗平易，朴实无华，具有较浓的北京韵味。

　　设若让我写一本小说，以北平作背景，我不至于害怕，因为我可以捡着我知道的写，而躲开我所不知道的。让我单摆浮搁的讲一套北平，我没办法。北平的地方那么大，事情那么多，我知道的真觉太少了，虽然我生在那里，一直到廿七岁才离开。以名胜说，我没到过陶然亭，这多可笑！以此类推，我所知道的那点只是"我的北平"，而我的北平大概等于牛的一毛。

　　可是，我真爱北平。这个爱几乎是要说而说不出的。我爱我的母亲。怎样爱？我说不出。在我想做一件讨她老人家喜欢的事情的时候，我独自微微地笑着；在我想到她的健康而不放心的时候，我欲落泪。语言是不够表现我的心情的，只有独自微笑或落泪才足以把内心揭露在外面一些来。我之爱北平也近乎这个。夸奖这个古城的某一点是容易的，可是那就把北平看得太小了。我所爱的北平不是枝枝节节的一些什么，而是整个儿与我的心灵相黏合的一段历史，一大块地方，多少风景名胜，从雨后什刹海的蜻蜓一直到我梦里的玉泉山的塔影，都积凑到一块，每一小的事件中有个我，我的每一思念中有个北平，这只有说不出而已。

　　真愿成为诗人，把一切好听好看的字都浸在自己的心血里，像杜鹃似的啼出北平的俊伟。啊！我不是诗人！我将永远道不出我的爱，一种像由音乐与图画所引起的爱。这不但辜负了北平，也对不住我自己，因为我的最初的知识与印象都得自北平，它是在我的血里，我的性格与脾气里有许多地方是这古城所赐给的。我不能爱上海与天津，因为我心中有个北平。可是我说不出来！

　　伦敦，巴黎，罗马与堪司坦丁堡，曾被称为欧洲的四大"历史的都城"。我知道一些伦敦的情形；巴黎与罗马只是到过而已；堪司坦丁堡根本没有去过。就伦敦、巴黎、罗马来说，巴黎更近似北平——虽然"近似"两字要拉扯得很远——不过，假使让我"家住巴黎"，我一定会和没有家一样地感到寂苦。巴黎，据我看，还太热闹。自然，那里也有空旷静寂的地方，可是又未免太旷；不像北平那样既复杂而又有个边际，使我能摸着——那长着红酸枣的老城墙！面向着积水潭，背后是城墙，坐在石上看水中的小蝌蚪或菜叶上的嫩蜻蜓，我可以快乐地坐一天，心中完全安适，无所求也无所怕，像小儿安睡在摇篮里。是的，北平也有热闹的地方，但是它和太极拳相似，动中有静。巴黎有许多地方使人疲乏，所以咖啡与酒是必要的，以便刺激；在北平，有温和的香片茶就够了。

　　论说巴黎的布置已比伦敦罗马匀调得多了，可是比上北平还差点事儿。北平在人为之中显出自然，几乎是什么地方既不挤得慌，又不太僻静：最小的胡同里的房子也有院子与树；最空旷的地方也离买卖街与住宅区不远。这种分配法可以算——在我的经验中——天下第一了。北平的好处不在处处设备得完全，而在它处处有空儿，可以使人自由地喘气；不在有好些美丽的建筑，而在建筑的四周都有空闲的地方，使它们成为美景。每一个城楼，每一个牌楼，都可以从老远就看见。况且在街上还可以看见北山与西山呢！

好学的，爱古物的，人们自然喜欢北平，因为这里书多古物多。我不好学，也没钱买古物。对于物质上，我却喜爱北平的花多菜多果子多。花草是种费钱的玩艺，可是此地的"草花儿"很便宜，而且家家有院子，可以花不多的钱而种一院子花，即使算不了什么，可是到底可爱呀。墙上的牵牛，墙根的靠山竹与草茉莉，是多么省钱省事而也足以招来蝴蝶呀！至于青菜、白菜、扁豆、毛豆角、黄瓜、菠菜等，大多数是直接由城外担来而送到家门口的。雨后，韭菜叶上还往往带着雨时溅起的泥点。青菜摊子上的红红绿绿几乎有诗似的美丽。果子有不少是由西山与北山来的，西山的沙果、海棠，北山的黑枣、柿子，进了城还带着一层白霜儿呀！哼，美国的橘子包着纸，遇到北平的带霜儿的玉李，还不愧杀！

是的，北平是个都城，而能有好多自己产生的花、菜、水果，这就使人更接近了自然。从它里面说，它没有像伦敦的那些成天冒烟的工厂；从外面说，它紧连着园林，菜圃与农村。采菊东篱下，在这里，确是可以悠然见南山的；大概把"南"字变个"西"或"北"，也没有多少不得的吧。像我这样的一个贫寒的人，或者只有在北平能享受一点清福了。

好，不再说了吧；要落泪了，真想念北平呀！

【学习提示】

老舍的《想北平》是一篇抒情散文，其中涉及的事物和景象十分丰富，感情表达自然、真切。

从写作的角度来看，这篇文章具有三个突出的特点：一是作者通过铺垫引入话题，使感情自然地渗透出来，给人以真切之感；二是作者抒发对北平的热爱之情不是直接赞美它，而是通过讲述自己对北平的美好记忆使热爱之情自然地流露出来；三是通过对比凸显北平的好，衬托出作者对北平的热爱之情。在作者的心目中，北平使人"完全安适"，使人"无所怕"；北平"可以使人自由地喘气"；北平"花多菜多果子多"……为什么北平在作者心目中的印象这么好？因为他深爱着北平。

这篇文章的语言通俗浅显，朴实无华，简洁干净，同时又富于音乐美。此文是学习语言的上佳范本。

二十五　雨巷[1]

戴望舒

　　戴望舒（1905—1950），名承，字朝安，浙江杭州人，现代著名诗人。1922年在中学读书期间开始写诗，1926年开始在施蛰存、杜衡等人创办的《璎珞》旬刊上发表诗歌，1928年因在《小说月报》上发表《雨巷》一诗而获得"雨巷诗人"称号。1932年《现代》创刊，他曾在该刊发表许多著、译作，奠定了他现代派代表诗人的地位。1936年10月，与卞之琳、孙大雨等创办《新诗》月刊。中华人民共和国成立后在中央人民政府新闻总署任职，1950年在北京病逝。诗集主要有《我的记忆》《望舒草》《望舒诗稿》《灾难的岁月》。早期诗作多抒写个人哀怨，意象朦胧。后期诗风有明显转变，诗意明朗，不事雕琢。

　　撑着油纸伞，独自
　　彷徨在悠长，悠长
　　又寂寥的雨巷，
　　我希望逢着
　　一个丁香一样的
　　结着愁怨的姑娘。

　　她是有
　　丁香一样的颜色，
　　丁香一样的芬芳，
　　丁香一样的忧愁，
　　在雨中哀怨，
　　哀怨又彷徨；

　　她彷徨在这寂寥的雨巷，
　　撑着油纸伞
　　像我一样，
　　像我一样地
　　默默彳亍着[2]，
　　冷漠，凄清，又惆怅。

　　她默默地走近
　　走近，又投出

---

[1]　本诗原载1928年8月10日《小说月报》。
[2]　彳亍（chìchù）：慢步走，走走停停。

太息[1]一般的眼光，
　　她飘过
　　像梦一般的
　　像梦一般地凄婉迷茫。

　　像梦中飘过
　　一枝丁香的，
　　我身旁飘过这女郎；
　　她静默地远了，远了，
　　到了颓圮[2]的篱墙，
　　走尽这雨巷。

　　在雨的哀曲里，
　　消了她的颜色。
　　散了她的芬芳，
　　消散了，甚至她的
　　太息般的眼光，
　　丁香般的惆怅。

　　撑着油纸伞，独自
　　彷徨在悠长，悠长
　　又寂寥的雨巷，
　　我希望飘过
　　一个丁香一样的
　　结着愁怨的姑娘。

【学习提示】

　　这首诗写于1927年夏天。当时全国处于白色恐怖之中，戴望舒避居于友人施蛰存的家乡松江，在孤寂中咀嚼着大革命失败后的痛苦，心中充满了迷惘的情绪和朦胧的希望。《雨巷》表现的就是诗人的这种心情。

　　《雨巷》运用象征、暗示的手法抒发感情，因而感情隐蔽，诗意朦胧。诗中那寂寥的雨巷、颓圮的篱墙、在雨巷中徘徊的独行者和那个像"丁香一样结着愁怨的姑娘"都是象征性的意象，含蓄地暗示出作者既迷惘感伤又有所期待的情怀。阅读《雨巷》，我们仿佛进入一种梦幻般的朦胧境界。

　　有人认为，诗中的"我"是一位沉醉于感情追求的青年，他常常孤身一人，彷徨在江南悠长的雨巷，等待着一位姣好的姑娘："她是有丁香一样的颜色，丁香一样的芬芳，丁香一样的忧愁。"有人认为，"丁香一样地结着愁怨的姑娘"象征着理想，诗人抒发的是理想破灭后的伤感而又有所期待的复杂感情。也有人认为，这首诗既表达了诗人的爱情追求，也寄寓了诗人的政治理想。可以结合作品内容和有关资料，谈谈你的看法。

---

〔1〕　太息：叹气。
〔2〕　圮 (pǐ)：毁坏，倒塌。

二十六　再别康桥[1]

看微课
张丽娟讲

徐志摩

　　徐志摩（1897—1931），浙江嘉兴海宁人，现代著名诗人、散文家。1921年留学英国，深受西方民主思想的熏陶及欧美浪漫主义和唯美派诗人的影响。1922年回国后在报刊上发表大量诗文。1923年，参与发起成立新月社，加入文学研究会。1926年在北京主编《晨报》副刊《诗镌》，与闻一多、朱湘等人开展新诗格律化运动，影响到新诗艺术的发展。1931年11月19日，由南京乘飞机到北平，飞机因遇雾在济南附近触山，坠机身亡。著有诗集《志摩的诗》《翡冷翠的一夜》《猛虎集》《云游》，散文集《落叶》《巴黎的鳞爪》《自剖》《秋》，日记《爱眉小札》《志摩日记》，译著《曼殊斐尔小说集》，等等。其诗语言清新，韵律和谐，比喻新奇，想象丰富，意境优美，神思飘逸，并追求艺术形式的整饬、华美。他的散文也自成一格，取得了不亚于诗歌的成就，其中《自剖》《想飞》《我所知道的康桥》《翡冷翠山居闲话》等都是传世的名篇。

　　轻轻的我走了，
　　正如我轻轻的来；
　　我轻轻的招手，
　　作别西天的云彩。

　　那河畔的金柳，
　　是夕阳中的新娘；
　　波光里的艳影，
　　在我的心头荡漾。

　　软泥上的青荇[2]，
　　油油的在水底招摇；
　　在康河的柔波里，
　　我甘心做一条水草！

　　那榆阴下的一潭，
　　不是清泉，是天上虹；
　　揉碎在浮藻间，

---

〔1〕 选自《徐志摩诗全编》（浙江文艺出版社，1987年版），稍有改动。康桥：即剑桥。
〔2〕 青荇（xìng）：绿色的水草。

　　　　沉淀着彩虹似的梦[1]。

　　　　寻梦？撑一支长篙，
　　　　向青草更青处漫溯；
　　　　满载一船星辉，
　　　　在星辉斑斓里放歌。

　　　　但我不能放歌，
　　　　悄悄是别离的笙箫；
　　　　夏虫也为我沉默，
　　　　沉默是今晚的康桥！

　　　　悄悄的我走了，
　　　　正如我悄悄的来；
　　　　我挥一挥衣袖，
　　　　不带走一片云彩。

【学习提示】

　　《再别康桥》是一首优美的抒情诗。作品用虚实结合的手法，描绘了一幅幅流动的画面，营造了轻柔美妙的意境，表达了诗人离别康桥时百感交集的心态。

　　诗人通过"河畔的金柳""软泥上的青荇""康河的柔波""榆阴下的一潭""沉默的夏虫"等寻常意象，展现了康桥的秀丽景色。看到如此美丽的景致，诗人的心情怎能平静？于是饱含深情地追忆往昔的康桥生活，重温当年"彩虹似的梦"，少年豪气重回身上，想在"星辉斑斓里放歌"。但一切都成为过去，"彩虹似的梦"已经被"揉碎"，诗人不禁黯然伤神，默默无语。"夏虫也为我沉默，沉默是今晚的康桥！"在沉默的气氛中，我们似乎感受到诗人的离别之痛和怅然若失的伤感。开头连用三个"轻轻的"，结尾连用两个"悄悄的"，进一步强化了感情。在描写眼前景物的同时，诗人驰骋想象，巧妙地把气氛、感情、景象融为一体，创造出了美妙的意境，创造了鲜明、生动的艺术形象。阅读本诗时，请展开想象的翅膀，体会诗歌柔美的意境。

　　这首诗语言清新，节奏柔和，伴随着情感的起伏跳跃，犹如一曲徐缓悦耳的轻音乐，拨动着读者的心弦。该诗结构严谨，错落有致。全诗七节，每节四行，组成两个平行台阶；单行稍短，双行稍长，单行和双行错落排列，既有格律诗的严谨，也有新诗的自由，富于民族化、现代化的形式美。

　　诗人闻一多曾提倡现代诗歌应具有"音乐的美""绘画的美""建筑的美"，《再别康桥》堪称"三美"具备的杰作。

---

[1] 彩虹似的梦：指作者往日的美好愿望与理想。

二十七 《诗经》二首

《诗经》是迄今为止所能见到的我国第一部诗歌总集,共收录了自西周初年至春秋中叶的诗歌共311篇,其中6篇为笙诗(只有标题,没有内容)。这些诗分为《风》《雅》《颂》三大类:《风》包括"十五国风",是周代各地的歌谣;《雅》分《大雅》《小雅》,是周代贵族所作的乐章,《大雅》多为朝会燕享之作,《小雅》多是个人抒情之作;《颂》分为《周颂》《鲁颂》《商颂》,是周王庭和贵族宗庙祭祀的乐歌。

《诗经》在先秦时代通称为"诗"或"诗三百",直到汉代以后被确定为儒家经典才称为《诗经》。

看微课

吕海英讲

(一) 蒹 葭

蒹葭苍苍[1],白露为霜[2]。所谓伊人[3],在水一方[4]。溯洄从之[5],道阻[6]且长;溯游[7]从之,宛[8]在水中央。

蒹葭萋萋[9],白露未晞[10]。所谓伊人,在水之湄[11]。溯洄从之,道阻且跻[12];溯

---

[1] 蒹葭(jiānjiā):芦苇。苍苍:白而泛青的颜色。历来人们大多将"苍苍"解释为"茂盛的样子"。本书认为,"苍苍"一词在这里应当"白而泛青的颜色"来解,因为根据上下文意思,尤其是根据"白露为霜"一句来看,"苍苍"在这里是用来描写深秋时节已枯的芦苇的,当"茂盛的样子"解显然不合适。此外,《诗经》在表现时间的大跨度时,一般先写上年的年末,接着再写下年的年初,如《采薇》一诗就是按"第一年的年末→第二年的春天→第二年的夏天→第二年的秋天→第二年的冬天"这样的顺序来安排层次的。
[2] 白露:露水本来无色,但凝结成霜以后是白颜色的,所以称"白露"。为:凝结成。
[3] 所谓:所念叨的。伊人:那个人。这里指诗人所思念的人。
[4] 一方:那一边,指对岸。
[5] 溯洄(sùhuí):逆流而上。从:追寻。
[6] 阻:险阻。
[7] 溯游:逆流而上。游:流,指直流的水道。
[8] 宛:仿佛,好像。
[9] 萋萋:草木茂盛的样子。
[10] 晞(xī):干。
[11] 湄:岸边。
[12] 跻:地势渐高。

91

游从之,宛在水中坻[1]。

蒹葭采采[2],白露未已,所谓伊人,在水之涘[3]。溯洄从之,道阻且右[4];溯游从之,宛在水中沚[5]。

【学习提示】

文学作品是现实生活的审美反映。只有将作品放在现实生活的大背景上,与人们的生产劳动和日常生活紧密联系起来,才能实现对作品意境的完美再现。欣赏《蒹葭》这首诗,我们首先必须从诗中看到这样三个画面:第一个是深秋时节人们收割芦苇的场面,第二个是仲春时节姑娘们在河岸上挖野菜的情景,第三个是夏初时节姑娘们在河边洗衣、戏水的场面。

《蒹葭》这首诗的第一节描写了深秋季节("蒹葭苍苍,白露为霜")人们收割芦苇的场景——男人们在前边收割,女人们在后面打捆,姑娘们手提陶罐送水,老人们在河边指挥装船,一船船的芦苇被运到河对面去……这其中有一个撑船的小伙子暗恋上了河对面人家的一个姑娘,每次撑船到对面去的时候他都十分激动,因为在那里他可以看见自己的心上人。因为爱得十分深挚,每一次去时小伙子想见姑娘的心情都十分迫切;遇到逆风行船的时候,因为撑船比较费力,所以小伙子有一种"道阻且长"的感觉;遇到顺风行船的时候,因为行船比较轻松,所以小伙子可以一边撑船一边想心事,有时眼前竟然出现幻觉——在清澈如镜的水中看到姑娘的影子。"宛在水中央"一句将爱之深、思之切表现得淋漓尽致。

第二节诗写仲春时节("蒹葭萋萋,白露未晞")姑娘在河岸上挖野菜的情景——姑娘在河岸上挖野菜,小伙子将船泊在岸边,默默地注视着姑娘的一举一动;姑娘挖完野菜后,挎着竹篮、拿着铁铲沿着河岸向河的上游(回家的)方向走,小伙子默默地撑着船尾随其后,目的是为了多看几眼美丽的姑娘:暗恋之痴,可见一斑。当姑娘回了家,小伙子划着船顺流而下的时候,他的眼前又出现了幻觉——自己心爱的姑娘就站在水中的小岛上向自己招手、微笑。

第三节诗写初夏时节("蒹葭采采,白露未已")姑娘们在河边洗衣、戏水的情景——夏季,姑娘们在河边洗衣、戏水,小伙子划船经过时,有意地绕道,使船从姑娘们的身边迂回("道阻且右"),目的是近距离地看一眼他的心上人。这近距离的一眼在小伙子的心中留下了极其深刻的印象,以至于他撑船回来时姑娘们已经回家了,他的眼前依然幻化出姑娘们在河边戏水的情景。

《蒹葭》这首诗以兴句点出季节,层层渲染,将小伙子对姑娘的爱恋之情做了跨时空的完美表现——从时间的角度来讲,由第一年的深秋写到第二年的夏季,凭借时间的大跨度表现爱的坚贞不渝;从空间的角度来讲,不论"伊人"在什么地方,爱恋她的人都紧紧地追随:无处不在爱恋,无时不在思念,痴情与真爱在这里得到了完美的表现。

---

[1] 坻:水中小岛。
[2] 采采:富有生机的样子。
[3] 涘(sì):水边。
[4] 右:迂回。
[5] 沚(zhǐ):水中的小块陆地。

（二）子　衿

青青子衿[1]，悠悠[2]我心。纵我不往，子宁不嗣[3]音？
青青子佩[4]，悠悠我思。纵我不往，子宁不来？
挑兮达兮[5]，在城阙[6]兮。一日不见，如三月兮。

【学习提示】

在生活中，我们都有这样的体验：我们大脑中对于某个人的印象常常定格于某一次所看到的情形。比如说，如果第一次被女友的美陶醉的时候，女友穿的是红衬衣，那么，以后每当想她的时候，大脑中总是浮现出"红衬衣"的样子。在《子衿》这首诗中，男主人公身着"青青"的衣饰时的形象给女主人公留下了极其深刻的印象，这样的形象总在她的心头萦绕。因而女主人公想念恋人时，眼前总浮现出他身穿青色衣服的影子。这里，"衿"和"佩"都指代的是（青色的）衣服。"青青子衿""青青子佩"，是以恋人的衣饰借代恋人。

诗的第一句采用赋的手法，直接抒发女主人公对心上人的思念之情：你知道吗，这些天来我无时不在想你，眼前总浮现出你的影子。既然十分想念，女主人公为什么不去找他呢？"纵我不往，子宁不嗣音"两句背后的隐情又是什么呢？这就要靠我们大胆地想象来补充了。我们完全可以这样看：女主人公的父母管教严格，她出不去。正是因为她出不去，而她十分想见自己的心上人却见不了，所以眼前总浮现出他的影子。思念深切，情郁于衷，无法排解，不禁产生了对心上人的抱怨：我没有去找你，你为什么就不想想到底发生什么事情了呢？你为什么就不想我呢？你若想我，为什么不想办法传个口信来呢？

诗的第二节在第一节直接抒情的基础上再加渲染：这魂牵梦绕的相思太折磨人了。见不到你，我茶不思、饭不想，整夜整夜地睡不着。这些，你知道吗？即使我没有去找你，你为什么不主动来找我？不要对我说你怕我父母撞见，如果你真的很想见我，总会有办法的。

第三节是全诗的高潮部分。女主人公在苦盼苦等自己的心上人来幽会而没有结果的情况下，趁她的父母不注意跑了出来——跑到了他们经常见面的地方，希望在这里能够等到自己的心上人。"挑兮达兮，在城阙兮"两句写焦急地等待：踮起脚尖、伸长脖子，看不见心上人的身影心里很着急，恨不得马上跑到他的家里去找他。"一日不见，如三月兮"两句可以看作两人见面后的谈话，犹如今天恋人们见面后所说的"我好想你"！

这首诗采用"赋"的表现手法，层层渲染，将相思之情表现得淋漓尽致。

---

[1] 衿（jīn）：衣领，衣襟。
[2] 悠悠：忧思不断的样子。
[3] 嗣（yí）：通"贻"，给，寄。
[4] 佩：系于衣服上的饰物。
[5] 挑（tāo）、达（tà）：来回走动的样子。
[6] 城阙：城门楼。

二十八　春江花月夜

张若虚

　　张若虚（约647—约730），江苏扬州人，其字号均不详。他生活于初唐时期，与贺知章、张旭、包融并称"吴中四士"。张若虚的诗只有两首传世，除《春江花月夜》外，还有一首《代答闺梦》。张若虚的作品虽传世不多，但其《春江花月夜》有"孤篇盖全唐"之誉，成为"初唐体"诗歌的代表。闻一多先生称赞《春江花月夜》一诗是"诗中之诗，顶峰上的顶峰"。

春江潮水连海平，海上明月共潮生[1]。滟滟[2]随波千万里，何处春江无月明。
江流宛转绕芳甸[3]，月照花林皆似霰[4]；空里流霜[5]不觉飞，汀上白沙看不见[6]。
江天一色无纤尘，皎皎空中孤月轮[7]。江畔何人初见月？江月何年初照人？
人生代代无穷已[8]，江月年年望相似；不知江月待何人，但见长江送流水。
白云一片去悠悠，青枫浦[9]上不胜愁。谁家今夜扁舟子？何处相思明月楼？[10]
可怜楼上月徘徊[11]，应照离人[12]妆镜台。玉户帘中卷不去，捣衣砧上拂还来[13]。
此时相望不相闻，愿逐月华流照君[14]。鸿雁长飞光不度[15]，鱼龙潜跃水成文[16]。

---

〔1〕"春江"二句：勾画出了海上生明月的壮观景象。连海平：江潮浩瀚无垠，仿佛和大海连成一片。共潮生：明月随着潮水的上涨而冉冉升起。

〔2〕滟滟（yànyàn）：水波摇动的样子。

〔3〕宛转：曲折。芳甸（diàn）：长满花草的原野。

〔4〕霰（xiàn）：雪花。这里用来形容月光下的朵朵小花。

〔5〕空里流霜：像霜一样的月光从空中流泻下来。古人以为霜和雪一样是从天上飞下来的，故云。

〔6〕"汀上"句：月色如霜，笼罩汀州，连白沙都分辨不清了。汀（tīng）：水中或水边的平地。

〔7〕纤尘：细小的尘埃。皎皎：洁白明亮。

〔8〕穷已：穷尽。

〔9〕青枫浦：一名双枫浦，在今湖南浏阳河上。这里是泛指两地相思之一处。

〔10〕扁（piān）舟子：江上客身中思家念亲之人。明月楼：代指明月之夜站在楼上望月思亲的妇女。

〔11〕月徘徊：月亮移动。曹植《七哀》诗中有："明月照高楼，流光正徘徊。上有愁思妇，悲叹有余哀。"

〔12〕离人：指思妇。

〔13〕"玉户"二句：卷不去，拂还来，表面是指月光，实际是指无法排遣的离愁。因月光增人愁思，所以想将它卷去、拂去。这里借月光说愁思难以排遣。玉户：指思妇的居室。捣衣砧（zhēn）：捣衣用的垫石。

〔14〕"愿逐"句：思妇在幻想中希望自己随着月亮的光华去到游子的身边。逐：追逐。月华：月光。

〔15〕"鸿雁"句：虽见鸿雁远去，不见月光相随。这句实际上是对上句"愿逐月华流照君"一句所思所想的否定，意思是说想随月光而去是不可能的。长飞：远飞。光不度：光不动，即未见月光随鸿雁而飞。

〔16〕"鱼龙"句：鱼在水里跃动，也只能激起阵阵波纹而已，并不能传递人间的相思之情。鱼龙：是偏义复词，实指鱼。文：通"纹"。

昨夜闲潭梦落花[1],可怜春半不还家[2]。江水流春去欲尽[3],江潭落月复西斜。斜月沉沉藏海雾,碣石潇湘无限路[4]。不知乘月几人归,落月摇情满江树[5]。

【学习提示】

张若虚的《春江花月夜》紧扣春、江、花、月、夜五种美好的事物,将江水、明月、白云、沙滩、开满鲜花的原野、扁舟上彻夜难眠的游子和阁楼上望月徘徊的思妇等一系列的形象纳于笔端,情由景生,景因情美,描绘出多幅情景交融的绝美画面,意境清新、高远,感情形象饱满,具有长久不衰的艺术魅力。

欣赏这首诗,首先要从意境分析入手。诗的开篇就给我们勾画出了一幅海上生明月的壮丽画面:江潮连海,月共潮生,气势十分壮观。其中一个"生"字,赋予了潮水和明月以鲜活的生命。

"滟滟随波千万里,何处春江无月明。"两句再次给我们渲染了江海相连、一望无际的宏大气势;空中一轮明月照九州,哪一处春江不在明月的朗照之中呢?神州今夜共良宵,离人今宵同相思。境因情美,情由境生。面对着这良宵美景,今夜能有几人共赏,又有几人相思?

"江流宛转绕芳甸,月照花林皆似霰。"两句创造的意境更为高远:一望无际的原野上绕着一江春水,江边开满了鲜花;月光照在花草上,那一朵朵小花就像美丽的雪花。情因境生,境因情变。原野的旷远、江水的澄澈、月光的清纯反衬出了小花的洁净美,因而诗人在视觉上就有了"月照花林皆似霰"的感受。

"空里流霜不觉飞,汀上白沙看不见。江天一色无纤尘,皎皎空中孤月轮。"这四句给我们描绘了一幅清明澄澈、纯净幽美的月夜图。从"不觉"中我们可以真切地感受到月夜的"静",从"无纤尘"可见其"净";"白沙看不见"更显月之"皎皎"。纯净、幽静、月明星稀,江天一色,一幅多么美丽的月夜图画!

"江畔何人初见月?江月何年初照人?"两句意境高远,意蕴深厚。由这两句诗我们可以想象出一系列相思者的形象:站在江畔眺望归舟,急切等待丈夫归来的思妇;因相思难耐而走出家门,在江边徘徊,望月思亲的情人;月照高楼,楼上因相思而垂泪的少妇……相思是美好的,相思之情使人性变得至善至美。这两句诗在前面对月夜景色反复渲染的基础上推出相思者的形象,使诗味顿出,诗意盎然。今夜是谁第一个来到江畔眺望归舟?这撩拨人心的明月又是从什么时候开始催生离人的相思之情的呢?两句诘问,将相思之情推及千里万里、千家万家。

"人生代代无穷已,江月年年望相似;不知江月待何人,但见长江送流水。"变的是日月轮回、人面各异,不变的是相同的情爱和相思。在千年相似的良宵美景之中,演绎着不

---

[1] 闲潭:幽静的潭水。闲:静,安静。梦落花:梦见春花凋谢。
[2] "可怜"句:春已过半,心爱的人儿还没回来。可怜:可爱,心爱。
[3] 江水流春:春光随江水流逝。
[4] "碣石"句:意思是说,游子与思妇一南一北,相距遥远。碣(jié)石:山名,在今河北昌黎。一说已沉入河北乐亭海中。潇湘:水名,在今湖南境内。
[5] "落月"句:一轮残月挂在树梢,枝影轻摇,牵动着相思者的寸心柔肠,摇落了离人的相思之泪。

同的苦恋与相思。这四句诗创造出了纯情、美景与哲理相交融的绝妙意境。"白云一片去悠悠，青枫浦上不胜愁。"这里，我们完全可以将"白云"一句看作局部象征手法的运用。这里的"白云"实指白帆。帆影从视线中消失了，相思情、离别恨都长留在"执手相看泪眼"的"青枫浦"上。

"谁家今夜扁舟子？何处相思明月楼？"江上难眠的游子，楼上徘徊的思妇，尽现两地相思之情。此两句真可谓千古难得的佳句，绝妙之处就在于写出了今夜两地相思的是千家万家，而不是一两个人。

"可怜楼上月徘徊，应照离人妆镜台。玉户帘中卷不去，捣衣砧上拂还来。"这四句描写了相思之苦。在楼上徘徊的不是月光和月影，而是相思难眠的少妇。以月影的移动写人的徘徊，表现手法十分独到。在这里，我们应充分展开想象：因为相思，女主人公睡不着，坐卧不宁，一会儿坐在梳妆台前对镜自怜，一会儿在楼上望月徘徊。相思的愁苦实在无法排解，她又到江边去，在月下洗衣。然而，不管她想什么办法，相思的愁苦始终无法排解。

"此时相望不相闻，愿逐月华流照君。鸿雁长飞光不度，鱼龙潜跃水成文。"这四句描写了相思的无奈。此时此刻，两地相思的人都在望着月亮，思念着对方。情动于衷，他们都出现了幻觉：仿佛在一轮如镜的圆月上看到了对方的影子，遗憾的是谁也听不见对方轻轻的呼唤和深情的问候。于是，他们都有了一个大胆的想法：追逐着月光到月亮上去相会。然而，这是不可能的。

"昨夜闲潭梦落花，可怜春半不还家。"两句在相思之情中又渗入了淡淡的怨恨之情，使得情更加真切、感人。读这两句诗，我们仿佛听到了思妇的怨言："出门这么久了还不回来。你知不知道，现在已是仲春时节了。"这两句将相思之情推向了高潮。

高潮之后，接下来的诗句情更浓烈，可谓高潮迭起。"江水流春去欲尽，江潭落月复西斜。"由月亮西斜、月夜将尽想到春天将尽，于是主人公的怨情再起：我已为你苦苦守候了一夜又一夜，莫非要我为你守候完整个春天？这两句诗将女主人公盼望丈夫快快回来的心情表现得淋漓尽致。"斜月沉沉藏海雾，碣石潇湘无限路。"因为女主人公极度相思、盼夫不归，心情十分郁闷和沉重，所以看月落西海也有了"沉沉"的感觉。责怨并不能减轻相思的痛苦，于是女主人公又自我安慰：也许他已动身往回走了，只是"碣石""潇湘"相隔较远，路上需要些时日。说不准，下一个月夜我就能和他促膝共赏。这样想来，心中又有了一丝甜蜜的感觉。

诗的最后两句将人间团圆的和美与相思的孤苦结合起来，以乐衬悲，意蕴深厚。"不知乘月几人归"一句写女主人公对今夜团圆之家的羡慕之情，反衬其相思之苦和一夜守望无果之痛，加深了诗的悲凉气氛。"落月摇情满江树"一句笔锋又折了回来，将相思之情推到了极致，戛然而止，余味无穷。细品最后两句诗：今夜有几人乘月归来，执手促膝共赏良宵美景。又有多少个家庭情分两地，饱受着相思之苦。那江边树上的晨露就是落月抖下的离人相思之泪！

《春江花月夜》这首诗，紧扣春、江、花、月、夜五种美好的事物，以月为主体、情为主线，创造了旷远、净美、清幽等多个优美的意境，既表现了大自然的奇丽景色，又抒发了人间至善至美的真情，读来沁人心脾，感人肺腑。

二十九　唐诗二首

（一）枫桥夜泊[1]

张　继

看微课

俞秀红讲

张继（生卒年不详），字懿孙，襄州（今湖北襄阳）人。唐天宝十二年（753）进士。曾任洪州（今江西南昌）盐铁判官、检校祠部员外郎等。其诗关切时事，爽利激越，不事雕琢，寄兴遥深。张继流传下的作品很少，仅不到50首，然仅《枫桥夜泊》一首，便已美名千古了。

月落乌啼霜满天，
江枫渔火[2]对愁眠。
姑苏城外寒山寺[3]，
夜半钟声到客船。

【学习提示】

高度凝练、短小精悍是本诗的显著特点。其高度凝练性具体表现在：丰富的情与景浓缩在极少的字词中。本诗只有28个字，但生动、形象地描绘出了枫桥一带夜景的丰富多彩，有远景、有近景。江上清风，舟中渔火，悠扬的夜半钟声，皆触到诗人的一个"愁"字，使全诗情景交融、意境优美，具有十分强烈的感染力量。

诗歌语言的高度凝练，决定了它字里行间有着深厚的意蕴，为读者创造了巨大的想象空间，使读者能够从中获得强烈的美感。如本诗中"江枫渔火对愁眠"一句给我们勾画出了一个因思念亲人而睡不着、站在船头观夜景的旅人形象；"夜半钟声到客船"一句写出了相思者的辗转反侧。前一句写眼里所见，后一句写耳中所闻；前一句轻描相思之情，后一句写思念之切。仅仅十几个字描绘出了两种情形，同时又使所抒之情现出波澜。

诗歌语言的高度凝练性，使情与景浓缩在词句当中，这样就形成了一个个"诗眼"，如本诗中的"对"和"到"。以"诗眼"为基点展开想象，不仅能够实现对诗歌意境的完美再现，而且能够深刻地体验诗歌所抒之情，从而获得强烈的审美体验。

---

[1] 枫桥：桥名，此桥在今江苏省苏州市城西。诗题亦作《夜泊枫桥》。张继这首脍炙人口的名作，使枫桥和寒山寺闻名天下，成为中外游人渴望一游的地方。

[2] 渔火：渔船上的灯火。

[3] 姑苏：苏州的别称。因苏州有姑苏山，所以称苏州为姑苏城。寒山寺：在枫桥附近，苏州名胜之一。此寺最初建于南朝梁时，因初唐诗人寒山和尚曾经住过而得名。

（二）蜀相[1]

杜 甫

杜甫（712—770），字子美，自号少陵野老，世称杜少陵，唐代伟大的现实主义诗人。祖籍湖北襄阳，生于河南巩义市。7岁能作诗，20岁后漫游各地，与诗人李白、高适等结识。公元746年到长安，留滞10年，生活贫困。759年，经秦川、同谷入蜀，在成都建浣花草堂。节度使严武表奏其为节度参谋检校工部员外郎，故世又称杜工部。因严武病死，又移家居夔州。768年，因思乡心切，乘舟出峡。770年，因一路颠沛流离，在由潭州往岳阳的一条小船上去世。

杜甫生逢开元盛世及安史之乱，一生颠沛流离，历尽磨难。他的诗广泛地记载了这一时期的现实生活，被人称为"诗史"。杜甫擅长各种诗体，诗风沉郁顿挫，对后世有很大的影响。许多诗人把杜诗奉为最高典范，并尊称他为"诗圣"。

丞相祠堂[2]何处寻？锦官城外柏森森[3]。
映阶碧草自春色，隔叶黄鹂空好音。
三顾频烦天下计，两朝开济[4]老臣心。
出师未捷身先死，长使英雄泪满襟。

【学习提示】

诗歌虽然篇幅短小、字数有限，但并不影响它思想内容的深度与广度，因为诗歌采用"点睛"的手法，以极少的笔墨刻画艺术形象，剖析和展示人的灵魂，抒发人的真情实感。这首诗，第一、二、四联全是写景抒情，只第三联写武侯，仅仅14个字，就高度概括了诸葛亮的一生功业。这里虽然没有具体描写诸葛亮的一言一行，但从他隆中献策、出山辅刘，到六出祁山、军中病死，一生的功勋事业、全部的赤胆忠心及其与刘备父子的亲密关系，无不包括其中。

诗的第一句，一个"寻"字含义丰富——既表现出杜甫对诸葛亮深深的敬仰之情，又表现了诗人到丞相祠堂去祭奠的迫切心情。后一句中的"柏森森"三个字渲染环境的庄严与肃穆，景中含情，情景交融，使作者对诸葛亮的敬仰之情得以深化。

诗的三、四两句由远及近，视角从置身祠外的远观转移到进入祠堂后的近看。其中"自""空"二字的巧妙运用收到了笔力千钧的效果，既表现出了作者感时伤怀却无可奈何的心情，又寄托了诗人对诸葛亮身后凄凉的哀婉，同时还夹杂有作者的自我安慰之意——诸葛亮雄才大略，一生赤胆忠心，鞠躬尽瘁，不也留下了身后的遗憾吗？杜甫写

---

[1] 此诗作于唐上元元年（760）杜甫初到成都之时。蜀相是指三国时蜀国丞相诸葛亮。

[2] 丞相祠堂：即武侯祠，西晋末年李雄为纪念蜀汉丞相诸葛亮而建，在今成都市内，与刘备合庙而祀。

[3] 锦官城：指成都。柏森森：高大而茂密的柏树。

[4] 开济：开创基业，匡济危难。

《蜀相》这首诗的时候，安史之乱还没有平息，目睹国势艰危、生灵涂炭，而自身又请缨无路、报国无门，因此对开创基业、挽救时局的诸葛亮无限仰慕，倍加敬重。

"三顾频烦天下计，两朝开济老臣心。"两句是全诗的重点和核心，既生动地表现了诸葛武侯的雄才大略、报国无门和生平业绩，又表现了他忠贞不渝、坚韧不拔的精神品格。这两句诗打破了诗歌创作的常规，以议论句入诗，不仅没有冲淡诗的抒情气氛和完整形象，反而使诗的抒情气氛更为浓厚，形象更加丰满。

诗的最后两句是点题句，表达了诗人对诸葛亮崇高精神的敬仰和对其事业未竟的痛惜之情，同时也表现了自己报国无门的哀伤。这两句诗叙事和抒情结合，情真意挚，具有很强的感染力。在前面六句铺垫的基础上，这两句诗收束得既有精神，又有余味。

三十　宋词二首

（一）蝶恋花

晏　殊

晏殊（991—1055），字同叔，抚州临川（今属江西）人，北宋著名文学家、政治家。晏殊历任要职，更兼提拔后进，如范仲淹、孔道辅、王安石等，皆出其门。他以词著于文坛，尤擅小令，多表现诗酒生活和悠闲情致，语言婉丽，颇受南唐冯延巳的影响，有《珠玉词》一百三十余首。其代表作为《浣溪沙》《蝶恋花》《踏莎行》《破阵子》《鹊踏枝》等，其中《浣溪沙》中的"无可奈何花落去，似曾相识燕归来"为千古传诵的名句。

槛[1]菊愁烟兰泣露，罗幕[2]轻寒，燕子双飞去。明月不谙离别苦，斜光到晓穿朱户。昨夜西风凋碧树，独上高楼，望尽天涯路。欲寄彩笺兼尺素[3]，山长水阔知何处？

【学习提示】

这是一首表现离愁的词。上片"槛菊愁烟兰泣露"一句写景：轻淡的雾气在菊上缭绕，兰花上点点露珠，仿佛是兰花在哭泣。"愁"和"泣"把菊花和兰花人格化，借以表现主人公触景而生的愁情。"罗幕轻寒，燕子双飞去"二句以双燕衬托人的孤独。"明月不谙离别苦，斜光到晓穿朱户"：皎洁的明月不知道闺中人的相思之苦，破窗而入，点燃人的思情，让人的心里痛如汤煮。"到晓"二字暗示人的彻夜未眠。对明月的埋怨，正表露了人无可奈何的心境。

下片写登楼望远、聊寄相思之情。"昨夜西风凋碧树，独上高楼，望尽天涯路"：秋来风急，昨夜一场大风，树叶全凋落了，睹之满目凄凉。此刻，女主人公想到了远在天涯的丈夫——天凉了，他可有御寒的衣服？出去这么久了，想必这几天就应该回来了吧。这样想着，她登上高楼，翘望着远方，幻想着能够看到丈夫归来。"独上高楼"，正面点出"独"字，与上片的"双飞"遥相照应。"望尽天涯路"，既表明其眺望之远，也见出其凝眸之久，从两个方面拓展了词境。"山长水阔知何处"一句，以无可奈何的怅问作结，给人情也悠悠、恨也悠悠之感。

---

[1] 槛：栏杆。

[2] 罗幕：丝罗的帷幕。

[3] 彩笺、尺素：皆为书信之代称。古人写信用素绢，通常长约一尺，故称尺素。彩笺、尺素二词重叠使用，一则是表示寄书意愿之殷切，二则是表示欲书内容之多。

（二）鹊桥仙

秦 观

秦观（1049—1100），字少游，号太虚，学者称其淮海居士，高邮（今属江苏）人，北宋词人。曾任秘书省正字，兼国史院编修官等职。文辞为苏轼所赏识，是"苏门四学士"之一。工诗词，词多写男女情爱，也颇有感伤身世之作，风格委婉含蓄、清丽雅淡。诗风与词风相近，有《淮海集》《淮海居士长短句》。

纤云弄巧[1]，飞星[2]传恨，银汉迢迢暗度[3]。金风玉露[4]一相逢，便胜却、人间无数。柔情似水，佳期如梦，忍顾[5]鹊桥归路。两情若是久长时，又岂在、朝朝暮暮[6]。

【学习提示】

这首词写牛郎与织女之间纯洁的爱情。他俩之间尽管隔着迢迢银河，只有一年一度的七夕佳节的短暂相会，平时靠流星传递着心中的愁和恨，但是在作者看来，只要两人感情深厚，难道不比那些朝朝暮暮形影不离的夫妻好吗？这里，作者把男女爱情升华为美好的情操，表现了作者对纯洁的爱情的追求与向往。

"纤云弄巧，飞星传恨"二句写景，渲染良宵气氛。轻盈的云彩在天空中幻化出各种美丽的图案，那瞬间划过的流星是他们传信的使者。"金风玉露一相逢，便胜却、人间无数"二句以富有感情色彩的议论赞叹：虽然他们难得见上一面，但他们却始终心心相印、息息相通。就是这短暂的相会，也足以使他们互诉衷肠，倾吐心声。这岂不是远远胜过尘世间那些长相厮守却貌合神离的夫妻？

"柔情似水，佳期如梦"：两情相悦，感情缠绵，只可惜这美好的一聚太短暂，像梦幻般倏然而逝。才相见又分离，怎不令人心碎？"忍顾鹊桥归路"：刚刚鹊桥相会，转瞬间又要分别，回头看一眼鹊桥两端的归路，心中顿觉凄然。怎忍看鹊桥归路，婉转语意中含有无限惜别之情。"两情若是久长时，又岂在、朝朝暮暮"：只要两情至死不渝，不一定要卿卿我我地朝欢暮乐。换句话说，只要能彼此真诚相爱，即使终年天各一方，也比朝夕相伴的庸俗情趣可贵得多。这一惊世骇俗之笔，使全词升华到新的思想高度。显然，作者否定的是朝欢暮乐的庸俗生活，歌颂的是天长地久的忠贞爱情。

这首词将画龙点睛的议论、散文句法与优美的形象、深沉的情感结合起来，讴歌了人间美好的爱情。此词的结尾两句，是爱情颂歌当中的千古绝唱。

---

[1] 纤云：纤薄的云彩。弄巧：指云彩在空中幻化成各种美丽的图案。
[2] 飞星：流星。一说指牵牛、织女二星。
[3] 银汉：银河。迢迢：遥远的样子。暗度：悄悄渡过。
[4] 金风玉露：指秋风白露。李商隐《辛未七夕》中有："由来碧落银河畔，可要金风玉露时。"
[5] 忍顾：怎忍回视。
[6] 朝朝暮暮：指朝夕相聚。语出宋玉《高唐赋》。

三十一　元曲二首

（一）天净沙·秋思[1]
马致远

马致远（约1251—约1324），字千里，号东篱，大都（今北京）人，元代散曲家、戏曲家。与关汉卿、郑光祖、白朴并称"元曲四大家"，被尊称为"曲状元"，在元代的文学史上具有极高的声誉。马致远著有杂剧15种，存世的有《江州司马青衫泪》《破幽梦孤雁汉宫秋》和《西华山陈抟高卧》等7种。马致远的散曲作品现存辑本《东篱乐府》一卷，收其小令104首，套数17套。

> 枯藤老树昏鸦，
> 小桥流水人家，
> 古道西风瘦马。
> 夕阳西下，
> 断肠人在天涯。

【学习提示】

形象和意境是文学作品的两大内容要素。阅读文学作品，关键是对文学形象和文学意境进行分析。这首小令虽然只有28个字，但成功地推出了11个形象、描绘了8种景象。"枯藤老树昏鸦"一句6个字、3个形象、2种情景：枯萎的藤蔓缠绕着老树，找到了自己的归宿；黄昏的乌鸦回到了自己的巢边，在消解着飞奔的倦意。"小桥流水人家"一句也是6个字、3个形象、2种情景：小桥下的流水奔向它们的归宿；流水旁的人家里传出了欢声笑语。这两句所写的形象、所描绘的景象都易于触发游子思念家乡、思念亲人之情，同时会引起游子对漂泊生活的感伤。在前两句铺垫和渲染的基础上，后面三句将主人公漂泊的凄苦和思念的伤感和盘托出。

这首小令语言简洁，形象鲜明，景象特点突出，用极省俭的文字表现了丰富的思想感情。

欣赏这首小令时，要充分地展开想象和联想。这样不仅能够将文章理解得透彻，而且易于对其写作技法有所感悟。

（二）南吕·一枝花·杭州景[2]
关汉卿

关汉卿（1219—1301），汉族，解州人（今山西运城），元代戏剧作家，元代杂

---

[1] 天净沙：曲牌名。秋思：曲题。
[2] 本篇选自《全元散曲》，属南吕宫。一枝花：北曲牌名。

剧奠基人,名列"元曲四大家"之首,被誉为"曲圣"。其所作杂剧最著名的是《窦娥冤》。他的散曲作品今存小令40多首、套数10多首。

关汉卿的散曲,内容丰富多彩,格调清新刚劲,具有很高的艺术价值。

普天下锦绣乡,环海内风流地。[1]大元朝新附国,亡宋家旧华夷。水秀山奇,一到处堪游戏[2]。这答儿忒富贵,满城中绣幕风帘,一哄地[3]人烟凑集。

[梁州第七]百十里街衢整齐,万余家楼阁参差,并无半答儿[4]闲田地。松轩竹径[5],药圃花蹊,茶园稻陌,竹坞[6]梅溪。一陀儿一句诗题,一步儿一扇屏帏[7]。西盐场便似一带琼瑶,吴山色千叠翡翠[8]。兀良[9],望钱塘江万顷玻璃。更有清溪、绿水,画船儿来往闲游戏。浙江亭紧相对,相对着险岭高峰长怪石,堪羡堪题。

[尾]家家掩映渠流水,楼阁峥嵘出翠微[10],遥望西湖暮山势。看了这壁,觑了那壁,纵有丹青[11]下不得笔。

【学习提示】

这篇文章是写杭州的绮丽风光和都市繁华景象的。文章开篇两句"普天下锦绣乡,环海内风流地"概括杭州之美,说这里是天下美丽的地方、人间富诗情画意之地。为什么要这样讲呢?作者说,这里"水秀山奇""满城中绣幕风帘"。

[梁州第七]部分具体描写杭州美丽的风光。先写"街衢整齐""楼阁参差"的繁华景象,再写"松轩竹径""茶园稻陌"等自然景色,将一个美丽的杭州展现在读者眼前。

[尾]这一部分写在自然景象的衬托之下,江南人家依波偎翠的诗情画意之美。

这篇文章以清新优美的语言,描绘了杭州"堪羡堪题"的美丽风光,以及"楼阁参差""人烟凑集"的繁华景象。字里行间饱含着作者热爱生活、热爱大自然的感情。

---

[1] 锦绣:比喻美丽。风流:风雅。
[2] 一到处:所到之处,处处。堪:可以。
[3] 一哄地:形容热闹的样子。
[4] 半答儿:半片,半块。
[5] 松轩:松下的长廊。轩:有窗的廊。
[6] 坞:周围高而中央凹的地方。
[7] "一陀儿"二句:意为每到一处,都有作诗的题目;每走一步,都有如画的景致。一陀儿:一块,一处。屏帏:指有图画的屏风。
[8] 琼瑶、翡翠:均指美玉。
[9] 兀良:表示惊叹的语气词。
[10] 峥嵘:这里是形容楼阁的高俊突出。翠微:青绿的山色。这里指青翠的山峰。
[11] 丹青:红色和青色的颜料。这里指丹青手,即画家。

三十二　科学史上的东方与西方（节选）

乔治·萨顿

乔治·萨顿（1884—1956），生于比利时的根特，科学史学科的创立者，科学史专家。在大学期间，学习过哲学、化学、数学、结晶学等专业，1911年获博士学位。1912年创办国际性科学史杂志 Isis，担任该杂志主编近40年，并发起成立国际科学史学会，他为科学史研究做出了重要贡献。一生著述甚丰，出版著作15部，发表论文300余篇，代表作是《科学史导论》。

乔治·萨顿通过一生的努力，以其业绩奠定了科学史学科的基础：他创办了重要的科学史刊物；他为科学史领域提供必要的参考资料、一般性的综述、高级的专著以及教学手册，并建立起科学史的教学体系。总之，人们经常把萨顿看作当代科学史学科的重要奠基者之一。

从实验科学的角度（特别是在其发展的现阶段）来看，东方和西方是极端对立的。然而，我们必须记住两件事。

第一件事，实际上科学的种子，包括实验科学和数学，科学全部形式的种子是来自东方的。在中世纪，这些方法又被东方人民大大发展了。因此，在很大程度上，实验科学不只是西方的子孙，也是东方的后代，东方是母亲，西方是父亲。

第二件事，我完全确信正如东方需要西方一样，今日的西方仍需要东方。当东方人民像我们在16世纪那样，一旦抛弃了他们经院式的、论辩的方法，当他们一旦真正被实验精神所鼓舞的时候，谁知道他们能为我们做什么，谁又知道他们为反对我们而做什么呢？当然，就科学研究领域来说，他们只能是与我们一起工作的，但是他们的应用可以是大不相同的。我们不要重蹈希腊人的覆辙，他们认为希腊精神是绝无仅有的，他们还忽视犹太精神，把外国人一律视为野蛮人，他们最后衰亡，一落千丈，就像他们的胜利顶峰曾高耸入云一样。不要忘记东西方之间曾经有过协调，不要忘记我们的灵感多次来自东方。为什么这样的事情不会再次发生？伟大的思想很可能有机会悄悄地从东方来到我们这里，我们必须伸开两臂欢迎它。

对于东方科学采取粗暴态度的人，对于西方文明言过其实的人，大概不是科学家。他们大多数既无知识又不懂科学，也就是说，他们丝毫也不应享有那种被他们吹嘘得天花乱坠的优越性，而且如果听其自便，他们关于这种优越性的支离破碎的向往，要不了多久就要消灭。

我们有理由为我们的美国文明而骄傲，但是它的历史记载至今还是很短的。只有300年！和人类经验的整体相比是何等渺小，简直就是一会儿，一瞬间。它会持久吗？它将进步，将衰退，抑或灭亡？我们的文明中有许多不健康的因素，如果我们想在疾病蔓延起来以前根除它们，必须毫不留情地揭露它们，但这不是我们的任务。如果我们希望我们的文明能为自己辩护，我们必须尽最大力量去净化它。实现这项任务的最好办法之一是发展不谋私利的科学；热爱真理——像科学家那样热爱真理，热爱真理的全部，愉快和不愉快的、有实际用途的和没有实际用途的；热爱真理而不是害怕真理；憎恨迷信，不管迷信的伪装是多么美丽。我们文明的长寿至少还没有得到证明，其延续与否，还不一定。因此，我们必须谦虚。归根结底，主要的考验是经历沧桑而存活下来，这一点我们还没有经历过。

新的鼓舞可能仍然，而且确确实实仍然来自东方，如果我们觉察到了这一点，我们会聪明一些。尽管科学方法取得了巨大胜利，但它也还不是十全十美的。当科学方法能够被利用，并且是很好地被利用的时候，它是至高无上的。但是，若不承认这种利用也会产生两种局限，则是愚蠢的。第一，这种方法不能永远使用，有许多思想领域（艺术、宗教、道德）不能使用它。也许永远不能应用于这些领域。第二，这种方法很容易被错误地应用，而滥用这取之不竭的资源的可能性是骇人听闻的。

十分清楚，科学精神不能控制它本身的应用。首先，科学的应用常常掌握在那些没有任何科学知识的人手中，例如，为要驾驶一辆能导致各种破坏的大马力汽车并不需要教育和训练。而即使是科学家，在一种强烈的感情影响下，也可能滥用他们的知识。科学精神应该以其他不同的力量对自身给予辅助——以宗教和道德的力量来给予帮助。无论如何，科学不应傲慢，不应气势汹汹，因为和其他人间事物一样，科学本质上也是不完满的。

人类的统一包括东方和西方。东方和西方正像一个人的不同神态，代表着人类经验的基本和互相补充的两个方面。东方和西方的科学真理是一样的，美丽和博爱也是如此。人，到处都是一样的，只不过是这种特点稍稍显著一些或是那种特点突出一些罢了。

东方和西方，谁说二者永不碰头？它们在伟大的艺术家的灵魂中相聚，伟大的艺术家不仅是艺术家，他们所热爱的不局限于美；它们在伟大科学家的头脑中相会，伟大的科学家已经认识到，真理，不论是多么珍贵的真理，也不是生活的全部东西——犹太的道德热忱，黄金规则，我们引以为荣的科学的基础——这是巨大的恩惠。没有什么理由说它在将来不该无限增加。我们不应该太自信，我们的科学是伟大的，但是我们的无知之处更多。总之，让我们发展我们的方法，改进我们的智力训练，继续我们的科学工作，慢慢地、坚定地，以谦虚的态度从事这一切。同时，让我们更加博爱，永远留意周围的美，永远留意我们人类同胞或者我们自己身上的美德。让我们摧毁那些恶的东西，那些损坏我们居住环境的丑的事物，那些我们对别人做的不公正的事情，尤其是那些掩盖各种罪恶的谎言；但是，让我们谨防摧残或伤害那许多善良、天真事物中最弱小的东西。让我们捍卫我们的传统，我们对往昔的怀念，这些是我们最珍贵的遗产。

按照事物的本来面目认识事物——当然如此，但是我的灵魂的最高意向，我对那看不见的事物的怀恋之情，我对于美与公正的渴求，这些也都是真实的和珍贵的东西。那些我所不能理解的东西并不一定是不真实的。我们必须准备经常去探求这些感觉不到的真实，正是它赋予我们的生活以高尚的情操和最根本的方向。

光明从东方来，法则从西方来。让我们训练我们的灵魂，忠于客观真理，并处处留心现实生活的每一个侧面。那不太骄傲的、不采取盛气凌人的"西方"态度而记得自己最高思想的东方来源的、无愧于自己理想的科学家——不一定会更有能力，但他将更富有个性，更好地为真理服务，更完满地实现人类的使命，也将是一个更高尚的人。

【学习提示】

　　这篇文章通过讲述东方在人类科学史上的地位与贡献，提醒人们：在科学发展的道路上，虽然东方和西方有着截然不同的发展轨迹，但两者在推动人类历史发展方面的作用是相同的。要发展科学，东方和西方必须紧密结合、取长补短，才能取得辉煌成果。要做一个"无愧于自己理想的科学家"，首先要有辩证的科学思想，不仅要看到西方科学方法的先进性，还要看到其"很容易被错误地应用"的危险性，特别重要的是要看到"伟大的思想""悄悄地从东方"注入西方的科学方法中来，赋予西方科学以灵魂。

　　这篇文章虽然谈的是如何看待西方科学与东方科学的关系问题，但对我们树立正确的文化观具有很大的启示作用——尽管中国传统文化中的人本思想超越了西方古代文化中的神学思想，但是近代西方文化通过对东方优秀文化的吸收与兼容迅速走向完善的经验确实值得我们借鉴。一切先进文化都是人类的共同财富，西方文化中好的东西，只要对我们有益，我们就应该吸收。在这一问题上，妄自尊大或盲目崇拜都是极其错误的。

三十三　想象力：大学存在的理由

阿弗烈·诺夫·怀特海

> 阿弗烈·诺夫·怀特海（1861—1947），英国数学家、哲学家，曾先后任教于剑桥大学和哈佛大学。1927 年，怀特海受邀在爱丁堡大学发表演说，1929 年其讲稿出版，书名为《历程与实在》，此书为历程哲学奠基，是对西方哲学的重大贡献。1933 年出版的《观念之历险》对怀特海形而上学的主要见解做了摘要，是他最后一部，也是最值得一读的著作。此书对美、真理、艺术、冒险与和平做了独特的定义。

大学是教育机构，也是研究机构，但大学存在的主要原因既不能从它向学生传授纯粹知识方面，也不能从它为院系成员提供纯粹研究机会方面去寻找。因为，这两种职能也可以在花费巨额开支的学校之外的地方，以较低的费用得以实行。书本的费用不高，学徒制也为人熟知。就传授纯粹的知识而言，由于 15 世纪印刷术的普及，大学已不再有存在的理由了。然而，建立大学的主要推动力却正是自那以后产生的，而近来这种推动力还更为增强了。

大学存在的理由在于，它联合青年人和老年人共同对学问进行富有想象的研究，以保持知识和火热的生活之间的联系。大学传授知识，但它是富有想象力地传授知识。至少，这就是大学对社会应履行的职责。一所大学若做不到这一点，它就没有理由存在下去。充满活力的气氛产生于富有想象的思考和知识的改造。在此，一件事实将不再是纯粹的事实，因为它被赋予了全部的可能性。记忆不再是一种负担，因为它如同我们梦境中的诗人和我们的目标设计师一样富有生机。

想象与事实不能分离。想象是探明事实的一种方式，它的作用在于，引出适应于事实的一般原则（正如事实的存在一样），并对符合这些原则的各种可能性进行理智考察。它能使人建构一种新世界的理智的远见，并以提出令人满意的目标来永葆生活的热情。

青年人是富于想象的，如果通过训练使想象力得到增强，这种想象的活力大都能保持终生。世界的悲剧在于，那些富于想象力的人经验不足，而那些富有经验的人又贫于想象。蠢人们凭想象行事而缺乏知识，学究们又凭知识行事而缺乏想象。大学的任务就是要将想象力和经验融为一体。

在想象充满青春活力的时期，对想象力的最初训练无须考虑当前行为的后果。不偏不倚的思维习惯，是不可能在细致入微、因循守旧的日常工作中获得的，而正是靠这种习惯，我们得以从一般原则的派生物中看到各种范例性观念的变化。不管是对，还是错，你尽可能自由思考，自由地去欣赏大自然的千姿百态，而不必害怕冒险。

大学造就我们文明的知识先驱：牧师、律师、政治家、医生、科学家和文人学者。大学一直是引导人们面对他们时代的混乱的思想之家。清教徒的先辈离开英格兰，按其宗教信念建立了一个社会：他们较早的行动之一就是在以其母国观念命名的坎布里奇建立了哈佛大学，很多清教徒都在这所大学得到了培养。今天的商业活动正如以往其他职业的活动所有过的那样，需要同样的富有理智的想象力。大学就是这种曾为欧洲民族的进步提供这种智慧的机构。

在中世纪早期，大学的起源是不清楚的，几乎不引人注目。它们是逐渐而自然地发展起来的。但大学的存在是欧洲人在许多活动领域的生活持续、飞速发展的原因。由于大学的作用，行动的探险与思想的探险得以统一。我们不可能预测这种机构必然会取得成功。即使现在，有时，对它们是如何在令人困惑的人类一切事务中成功地发挥作用的，仍感到难以理解。当然，大学的工作也有许多失败，但是，如果以一种深远的历史观点来看，大学的成就是明显的，而且几乎是一贯的。意大利、法国、德国、荷兰、苏格兰、英格兰和美国的文化史都证明了大学的这种影响。"文化史"一词，我主要不是用来指学者们的生活，我是以此来显示那些给法国、德国和其他国家带来了各种类型的人类成就的那些人的生命活力，这种成就加上他们对生活的激情，构成了我们爱国主义的基础。我们是乐意成为这种社会的一个成员的。

人类更深入一步的各种努力遇到了极大的困难。这一困境，在现时代，恶化的可能性已大为增加。在一个大机构中，作为新手的年轻人，必须服从命令，照章行事……这样的工作就是一种强化训练，它传授知识，造就忍耐的性格，并且，这是处于新手阶段的年轻人仅有的工作。其结果是职业后期所需的重要素质很容易在早期被践踏。这仅是更多的一般事实的一个事例，即所需的良好技术只能通过那些易于摧残心智活力的训练去获得，而这种心智活动本应是要指导技术性技能的。这是教育中重要的事实，也是大多数困难的症结所在。

大学为诸如现代商业或传统一类的智力化职业做准备的方式在于增进对作为职业基础的各种一般原则的富于想象的思考。这样，学生才能带着他们在将具体事务与一般原则相联系的过程中已经践行过的想象，进入其技术学徒制阶段。具体事务也就获得了意义，并例证了被赋予的那种意义的原则。因此，一个人要受到适当的训练，应期望通过具体的事例和必需的习惯去获得想象的训练，而不是单凭经验去做苦工。

为此，一所大学的特有功能就是运用想象力去获得知识。若不是为了这种重要的想象力，也就没有理由说为什么商业人员和其他职业的人不应该随心所欲地一点一滴地收集事实。大学是富有想象力的，否则就不是大学（至少毫无用处）。

想象力是一种"传染病"。它不可能用尺量，用秤称，然后，再由大学教师分发给学生。它只有通过其成员自身也具有丰富想象力的大学进行交流传递。讲到这一点，我无非在重复一个最古老的观点。两千多年前，古人就用一枝代代相传的火炬来象征学问。这个燃烧的火炬就是我所讲的想象力。组织大学的全部艺术在于提供教育的是由其学问闪耀着想象力的大学教师，这是大学教育的问题之一；除非我们小心谨慎，否则，我们如此引以为豪的大学近来在学生数量和活动的多样化方面的巨大发展，都将由于我们对这一问题的错误处置而未能产生正确的结果。

想象力和学问的结合需要悠闲自在、无拘无束、无忧无虑的气氛，需要多种多样的经验，需要同那些在观点上和智力训练上不相同的心智相互激发。还需要在促进知识的发展时，为周围社会的成就而自豪的兴奋和自信。想象力不可能一劳永逸地获得，然后永远保存在冰柜里让其以固定的数量定期增长。学习和富有想象的生活是一种生存方式，而不是一件商品。

你要教师有想象力吗？那么让他们对正处在一生中最有朝气、最富有想象力时期的青年人产生思想上的共鸣，此时理智正进入这些青年人成熟的训练中。让研究人员在可塑、开放、富有活力的心智面前展示自己，让青年学生在与充满智力探险的心智的接触中，圆满地通过他们的理智获取阶段。教育是对生活的探险的训练，研究就是智力的探险，而大学应该成为年轻人和年长者共同进行探险的故乡。成功的教育在其所传授的知识中必须具有一定的新颖性。要么知识本身是新的，要么具有某些适用于新时代新世界的新颖性。知识并不比活鱼更好保存。你可以讲古老的真理、传授古老的知识，但你必须设法使知识（如它本来那样）像刚从海里抓上来的鲜鱼，带着它即时的新鲜，呈现给学生。

学者的职责是唤醒智慧和美的生活，这种生活若不是学者们的苦心孤诣，在过去就丧失了。一个进步的社会有赖于三个群体：学者、发现者和发明者。社会的进步也基于以下的事实：受过教育的人是由每一个都略有学问、略有发现和略有发明的人构成。我这里所用的"发现"一词，是指有关高度概括之真理这一类知识的增长；"发明"一词指有关一般真理按即时需要以特定方式加以运用而形成的这一类知识的增长。很明显，这三个群体是融为一体的，那些从事实际事务的人，就他们为社会的进步做出贡献而言也可以称为发明者。不过，任何人都有其自身职能和自身特定需要的局限性。对一个国家来说，重要的是各种进步因素要紧密联合在一起。这种联合可以使学习影响市场，而市场又可调整学习。大学是将各种进步因素融合起来以形成有效发展之工具的主要机构，当然，它并不是唯一的机构。不过，今天进步快的国家都是那些大学兴旺发达的国家，这是事实。

【学习提示】

这篇文章使我们明白一个道理：大学教育的根本不是传授知识和培养技能，因为知识也好，技能也罢，都不是一个人的事业能否取得辉煌的首要条件。一个人有没有创造才能，关键在于他的想象力与联想能力，因为想象力与联想能力是创造能力的核心因素。一个人的想象力不丰富，他就缺少创造的灵感，就很难能有所发明和创造。一个人能不能成大器、成大业，主要取决于他有没有远见卓识，有没有坚韧不拔的毅力和勇于向困难挑战的精神。因此，每一个走进大学校门的人，都应该树立这样一个思想：大学并非只是学知识、学技能的地方，更是长思想、长见识、开阔视野、培养想象和联想能力的地方。一所大学的好坏，不在于它有多少高楼，有多少现代化的设备，而在于它有没有思想大师，有没有培养学生想象力的意识。

三十四　读书与书籍

亚瑟·叔本华

　　亚瑟·叔本华（1788—1860），德国著名哲学家，唯意志论的创始人和主要代表之一。曾在哥廷根大学、柏林大学就读，1813年获耶拿大学哲学博士学位。他致力于柏拉图、康德哲学的研究，接受康德先验唯心主义的观点，认为现象即观念，但主张"自在之物"，即"意志"。他认为，自然界只是现象，"意志"才是宇宙的本质。人是宇宙的一部分，因此人的本质也就是意志。他强调所有的人都是利己主义者，但人们利己的生活意志在现实世界中是无法满足的，故人生充满着痛苦。其主要著作有《作为意志和表象的世界》《伦理学的两个基本问题》等。

（一）

　　富翁阔佬在显露出他的愚昧无知时，常会格外令人鄙视。而穷人终日操劳，没有深思幽想的余闲，显出无知是不足为奇的。我们常常可以见到富裕阶层中的粗俗愚蠢者醉生梦死，恣情享乐，像禽兽一样活着。如果他们善于利用自己的财富和时间的话，本来可以做出一些很有价值的事情。

（二）

　　读书时，作者在代我们思想，我们不过在遵循着他的思绪，好像一个习字的学生在依着先生的笔记描画。我们自己的思维在读书时大部分停止了，因此会有轻松的感觉。但就在读书的时候，我们的头脑实际上成了他人思绪驰骋的运动场了。所以读书甚多，或几乎整天在读书的人，虽然可以借此宽松脑筋，却渐渐失去了自行思想的能力，就像时常骑马的人渐渐失去步行的能力一样。有许多学者就是这样，读书太多反而变得愚蠢。经常读书，稍有空闲就读书，这种做法比体力劳动更容易令人思维麻痹，因为我们在干体力活时还可以沉湎于自己的遐想。一条弹簧在久受外力的压迫之后，会失去弹性，同样，我们的头脑如果经常处在他人的思维影响之下，也会失去自己的活力。又譬如，食物能够滋养身体，但吃得过多，反使胃肠受累，损害健康；而我们的精神生活，如果向外摄取过多，也是有害无益的。读书越多，使你的头脑就像一块重重叠叠书写的黑板，每一篇读过的东西能够留存的越少。读书而不思考，就不可能心领神会，得到的浅薄印象往往稍纵即逝。就像我们所摄入的食物只有五十分之一能够被身体吸收，精神食粮也只有小部分真正能成为大脑的营养。

　　况且记录在纸上的思想，就好像沙上行走的足迹：我们也许能看到它所走过的路径，但如果要知道他在路上究竟看见了什么，则必须用我们自己的眼睛。

（三）

　　作家们各有自己的风格特点，例如雄辩、豪放、华丽、优雅、简洁、纯朴、轻快、诙谐、精辟等等，并非阅读他们的作品就可以学到这些优点。但如果我们生来具有这方面的天赋，也许可因读书而受到启迪。看到别人的榜样而善于学习运用，我们才能获得同样的才干。这样的读书，能引导我们发挥自己的特长，培养写作的能力，但具有这方面的天赋是一个先决条件。否则我们在读书中除了学到一些陈词滥调，别无益处，只能成为浅薄的模仿者而已。

（四）

如同地层依次保存着古代的生物一样，图书馆的书架上也保存着历代的古书，后者与前者一样，在其当时，都是生气勃勃，大有作为的，现在则成为化石，死气沉沉，只有考古学家还有兴致玩赏。

（五）

据赫鲁多特斯说，色尔泽克斯在望着自己漫无边际的庞大军队时掉下了眼泪，因为他想到百年之后，这些人将荡然无存。如果想到堆积如山的流行图书在十年之后没有一本被人阅读，不也应该落几滴眼泪吗？

（六）

文艺界的情况与人世间相同：无论你向社会的哪一个角落望去，都会看到无数愚民像苍蝇似的攒动，追污逐垢。在文艺界中也有无数坏书，像蓬勃滋生的野草伤害五谷。这些书原是为贪图金钱、乞求官职而写作的，却使读者浪费时间、金钱和精力。因此，它们不但无益，而且为害甚大。现在的图书泛滥成灾，十分之九是以骗钱为目的，作者、评论家和出版商同流合污，朋比为奸。

许多文人非常狡猾，不是引导读者追求高尚的趣味和修养，而是引诱他们以读新书为时髦，好在交际场中卖弄学识。诸如斯平德勒、布尔沃、尤金·休等人，都因善于投机而名噪一时。无论何时，都会出现很多这样的通俗作品，却使读者倒了霉，他们把阅读这些庸俗作家的最新著作当作自己的义务，而不去阅读古今中外为数不多的杰作——其中那些每天出版的通俗刊物尤为缺德，偷偷夺去了世人宝贵的光阴，使他们无暇顾及真正有益于修养的作品。

因此，对于善于读书的人，绝不滥读是件很重要的事情，即使是时下正享盛名、大受欢迎的书，如一年数版的政治、宗教小册子、小说、诗歌等，也切勿贸然拿来就读。要知道，为愚民而写作的人反而常会大受欢迎，不如把宝贵的时间用来专心一致的阅读古今中外出类拔萃的名著，这些书才使人开卷有益。

坏书是灵魂的毒药，读得越少越好，而好书则多多益善。因为一般人通常只读最新的出版物，而不读各个时代最杰出的作品，所以作家也就拘囿[1]在流行思潮的小范围中，时代也就在自己的泥泞中越陷越深了。

不读坏书，是读好书的一个条件：因为人生短促，时间和精力都是有限的。

（七）

一般人都喜欢读那些介绍或评论古今大思想家的书，却不去阅读原著，因为他们习惯

---

[1] 拘囿（jūyòu）：拘泥、局限。

于阅读新出版的东西,又因为物以类聚,人以群分,他们觉得现今庸人的浅薄平淡的语言比伟人的思想更容易理解。我很幸运,在童年时就读到了施莱格尔美妙的警句,并把它奉为圭臬[1]:

"你要常读古书,读古人的原著,今人对他们的论述没有多大意义。"

平凡的人,好像都是从一个模子里铸出来的,彼此多么相似。他们在同一个时期产生的思想几乎完全一样,而他们的意见又是同样的鄙俗。庸人所写的劣作,只要是新出版的,自会有愚蠢的人们爱读,而宁愿把大思想家的名著束之高阁。

平凡的作品像苍蝇一样每天在繁衍,人们只因为它油墨未干而争先阅读,真是愚不可及的事情。这些无价值的东西在几年后必然被淘汰,实际上它一出世就应该被遗弃,只能作为后人助谈的笑料。

无论什么时代,都存在着互不相干的两种文艺:一种是真实的,另一种虚有其表。前者是由为科学或文学而生活的人所创造的不朽之作,他们的工作是严肃而深刻的,然而非常缓慢。欧洲在一个世纪中所产生的这样的作品不超过十部。另一种是靠科学或文学而谋生的人编造出来的,他们振笔疾书,在鼓噪颂扬声中每年有无数作品上市。可是数年之后,不免产生疑问:它们显赫的声誉如今安在?

它们本身又消失到哪里去了?因此我们可以把前者称为不朽的文艺,而后者是应景之作。

(八)

买书后又能一丝不苟地阅读,是很好的;然而一般人往往买而不读,读而不精。

要求读书人记住他所读过的一切东西,就像要求一个人把他所吃过的东西都储存在体内是一样的荒谬。人靠进食维持物质生活,又通过阅读过着精神生活。然而身体只吸收能够同化的食物,同样,读者也只能记住他所感兴趣的东西,也就是符合他的思想体系或生活目标的东西。当然,任何人都有自己的生活目标,但只有很少人形成了自己的思想体系。没有思想体系就不能对事物做出明智的评价,他们读书也必然徒劳无益,毫无主见。

"温习乃研究之母",任何重要的书都应该立即再读一遍。一方面因为再次阅读能使你更清楚地了解书中发生的各种事情之间的联系,知其结尾,才能更深刻地理解开端;另一方面,第二次阅读时你会有不同的心情,得到不同的印象,就像在不同的照明中观察同一件东西。

作品是作者思想活动的精华,如果作者是一个伟人,那么他的作品能大致体现他的生活,并常常能比实际生活包含更丰富的内容。二流作家的著作也可能是有益的,因为这也是他思想活动的精华,是他全部思维和研究的成果,我们也不妨阅读一些。崇高的精神生活使我渐渐达到一种境界,不再从与他人的应酬交往中寻求乐趣,而几乎完全潜心于书本之中。

没有别的事情能比阅读古人的名著给我们带来更多的精神上的乐趣,这样的书即使只读半小时,也会令人愉快、清醒、高尚、刚强,仿佛清澈的泉水沁人心脾。这是由于古代语言的优美,还是因为伟人的品性使其作品经常常新?或者两者兼而有之。

文艺界有两种历史:一种是政治的,另一种是文学和艺术的。前者是意志的历史,其

---

[1] 圭臬(guīniè):古代测日影、正四时和测度土地的仪器,比喻准则或法度。

内容是可怕的，无非是恐怖、受难、欺诈和杀戮等等。后者是睿智的历史，其内容是欢愉明快的，即使在描写人类的迷误时也令人神往。哲学是这种文艺的重要分支，又是其基础，它的影响广泛，但又是缓慢地产生作用。

（九）

我很希望有人来写一部悲剧性的文学史，揭示出许多国家对自己民族的大文豪和大艺术家虽然无不引以为荣，但在他们活着时，却百般残害虐待他们；揭示出在所有国家和任何时代里，真和善对邪恶进行着不知疲倦的无休止的斗争；它要揭示出在艺术的各个领域里，除了少数幸运者，人类的英华巨擘几乎都得遭灾罹难，他们贫寒困苦，命乖运蹇[1]，而荣华富贵则为庸碌鄙俗者所享有。他们就像《创世记》中的以扫，以扫外出为父亲打猎时，雅各却穿了以扫的衣服，在家里接受父亲的祝福。然而人类的巨匠大师们不屈不挠，继续奋斗，终能完成其事业，光耀史册。

【学习提示】

叔本华在《论读书》中围绕着为什么读书、读什么书、怎么读、对读书的错误认识等一系列问题，详细地展开论述，对我们每一个人都有很大的启示作用。

为什么读书？不是像有的同学理解的那样——读书是为了找个好工作；也不是像另一些同学认为的那样——读书是为了混时间、解闷、好玩儿。读书的目的是为了增长知识、丰富思想、陶冶情操、净化心灵。正如作者所说："没有别的事情能比阅读古人的名著给我们带来更多的精神上的乐趣，这样的书即使只读半小时，也会令人愉快、清醒、高尚、刚强，仿佛清澈的泉水沁人心脾。"

读什么书？作者引用了施莱格尔的一句话："你要常读古书，读古人的原著，今人对他们的论述没有多大意义。"这就是要同学们尽量读原著，不要让对原著的介绍和评论文字左右我们的思想。当然，在你读过原著后有了自己的看法和认识时，可以与那些介绍和评论相比对，在对比中得到提高，这样才能使读书有质的飞跃。

怎么读？作者指出："读书而不思考，就不可能心领神会，得到的浅薄印象往往稍纵即逝。"读书必须思考，而且要反复地思考：作者为什么要写、他所处的时代背景、他的思想和主张、他的写作风格、你从中得到什么启示等，不思考就没有大的收益。

作者还告诉我们："'温习乃研究之母'，任何重要的书都应该立即再读一遍。"要想使读过的一切东西都记住，那是不可能的。因此对经典书籍，只有反复地读，才能真正领悟到书中的深刻内涵。每读一次都会有不同的感受、不同的认识。读书时，还应避免读死书、死读书。"死书"是指那些已"成为化石，死气沉沉，只有考古学家还有兴致玩赏"的书，而真正的经典是超越时空的，至今仍为读者所津津乐道。

有的同学对读书有错误的认识，以为读书只要多就会有收获，但他们不知道现在的图书市场鱼龙混杂。某些作者和出版商缺乏良知、追求名利，误导读者去读一些毫无思想意义、毫无品位的书籍，使读者浪费时间、金钱和精力。"坏书是灵魂的毒药，读得越少越好，而好书则多多益善。"

---

[1] 蹇（jiǎn）：指不顺利。

专题训练：怎样有效地阅读

大量的阅读能够使我们站在一个全新的视角看世界，以更加灵活多样的方法解决实际问题。与此同时，借助于阅读这一积极的消遣方式来修身养性，能够使我们始终保持生活的激情，使我们的人生更加精彩、更加辉煌。

一、阅读的科学原理与阅读能力的培养

怎么培养阅读能力？仅仅靠字、词、句的积累、推敲与玩味是远远不够的，抛开对文章的解剖性研究而津津乐道阅读的方式、方法也是不行的。培养阅读能力首先必须遵循阅读的科学原理。

写作过程是作者通过观察、体验和感受，将鲜活的现实生活通过大脑的形象思维用文字描绘出来，而阅读就是读者通过大脑的想象和联想将抽象的文字还原到生活，即在大脑中浮现出活生生的生活场景，这是科学阅读的第一原理。因此，要提高阅读能力，首先必须加强想象与联想能力的训练，提高自己对作品所写生活情境的再现能力。

作者对社会生活中人、事、物、景的描写无一不渗透着作者自己的思想和情感。对文章思想内容的理解过程，实际上就是借助于自己的思想来消融作者在作品中渗入的思想的过程，这是科学阅读的第二原理。如果把阅读比作一个特殊的"溶解"过程，那么读者的思想是"溶剂"，作者渗透在作品中的思想是"溶质"。大家知道：在"溶质"不变的情况下，"溶剂"越多，"溶解"能力越强。这就是说，读者的思想越丰富，阅读文章的能力就越强；读者的思想境界越高，评价作品的能力就越强。因此，丰富和提升自己的思想是全面提高阅读能力的一条有效途径。

为了增强语言的表现力，使其能够更好地表达思想、抒发感情，给人以更强烈的审美享受，作者总是注重语言的锤炼和表现技法的运用。读者阅读文章，必须通过对语言的感知和理解才能进入情境，即"披文以入情"，这是科学阅读的第三原理。这就要求我们必须有良好的语感，具备相关的语文基础知识。因此，加强诵读，掌握语法、修辞和写作知识是提高阅读能力的重要途径。

二、导致阅读能力提高缓慢的几个误区

由于对"多读"二字的片面认识，许多人在阅读上走入了误区，其结果是虽然读的书很多，但阅读理解能力却没有大的提高。

（一）误区一：泛泛而读　不求甚解

现在绝大多数同学把"多读"仅仅理解为大量的阅读，因而一味地追求阅读的数量和速度，结果是泛泛而读，不求甚解。这样读书，语文能力自然无法提高。为什么呢？阅读理解能力实际上是对文章思想的消化、吸收能力，自己的思想很浅薄，怎么能消化文章的思想呢？这个道理正如大海与溪流。大海因为它的博大深广而能容天下溪流，而溪流因其浅薄而难纳海之万一。只有当我们的思想十分丰富时，我们消化、吸收文章思想的能力才强，即阅读理解能力才能增强。每读一篇文章，将其读深、读透，化其思想为我们自己的思想，这样日积月累，我们的思想就会变得博大精深，理解和消化别人思想的能力就会大

大增强，阅读理解能力就自然而然地增强了。

阅读能力的强弱，不能用阅读的数量和速度来衡量。阅读的真正收获也不在于你读了多少，而在于你能领会多少。所以，我们强调要多读，最根本的一点是对同一文本采用不同的阅读方式和方法进行多遍阅读，反复感知、理解和分析，从中获得最大的收益。

（二）误区二：拈轻怕重

可供人们阅读的文本有两种：一种是一看就懂，也能给人以审美享受，或能使人轻而易举获得知识的；另一种是比较艰深，需要努力钻研才能弄懂的。在这两种文本之中，后一种更有利于人们丰富知识、提升思想和提高阅读能力。然而，在实际阅读时，人们往往选择前者，这是阅读的一大误区。轻松的担子磨不出铁肩。在文本选择上拈轻怕重，就会使大脑缺乏真正的磨炼，思维水平不能得到提高，阅读能力自然就不能得到很好的培养。

内容浅显的文本虽然也能带给我们一定的乐趣，丰富我们的见闻，增加我们的知识积累，但对于提高我们的理解能力并没有多大的帮助。真正能够快速提高我们的思想水平和理解能力的是那些内容艰深的文本，因为这些文本的内容超越了我们现有的水平，我们必须通过查阅资料、认真思考才能完全理解。这样一来，我们的知识积累就增加了，理解能力就增强了。

（三）误区三：猎奇和追求刺激

任何一个时代，都会有一些无良商人为迎合人们的低级趣味，出版一些类似于毒品的坏书。这些书通过给人的大脑带来刺激而腐蚀人的灵魂，消磨人的意志，使人不分善恶，思想堕落。还有一些文本，虽然不能用一个"坏"字去描述，但不能给人以知识上的增益和思想上的濡养，它们实际上是一种文学的麻醉剂。比如，现在有相当多的网络小说、鬼怪故事等，看起来热热闹闹，可其中不仅没有思想养分，还含有大量的毒素。这样的书读得多了，不仅语文能力培养不起来，而且还会降低人的思想免疫力。

三、有效阅读的几个要素

真正有效的阅读是在钻研文本时学会独立思考，弄懂那些先前不懂的东西，由知之甚少到懂得较多，由思想狭隘到心胸宽广，由思维呆滞到脑子灵活……那么，怎样才能做到有效阅读呢？一般来讲，有效阅读必须具备以下几个要素。

（一）要带着自己的思想去读书

阅读的目的是为了丰富和完善思想，活跃思维，增长才干。就丰富思想来讲，阅读实际上就是通过与作者的心灵对话，从作者的思想中汲取一些有益的东西，并将其转化成我们自己思想的一部分。在这一过程中，转化是最为关键的——不经过转化，作品的思想与我们自己的思想不能得以全面的兼容，有时还可能吞噬掉我们的思想。这样一来，我们的思想不仅没有得到丰富和提高，反而会变得愈加单薄。要将从文本中获得的思想转化为我们自己的思想，最根本的做法是借助于我们自己的思想去分析、鉴别和取舍，在此基础上以我们的思想作为溶剂来"溶解"从作品中汲取的思想，使其真正成为我们思想的有机组成部分。这就需要我们带着自己的思想去阅读。

就增长才干来讲，如果一味地按书本办事，我们就会变成偏执的书呆子。关于这一点，叶圣陶先生说："死读书，读死书，最后就要读书死，这是培养不出人才的。"只有带着自己的思想去读书，以审视的眼光来看书中所写，才能真正把书读活，从中获得最大的收益。

（二）要注意阅读文本的选择

在浩如烟海的书籍世界中，我们很容易迷失方向。仅就思想内容健康的文本来看，其中大多为供人消遣而作，其思想浅薄、知识含量低。读这样的书不仅不能丰富和提升我们的思想，而且不能增长我们的才干，徒劳而无益。道理很简单：我们只有从比我们高明的人那里才能学到东西。同样，只有读学识和见解都超过自己的书才可能有较大的收获。因此，文本的正确选择是有效阅读的前提。

1. 要读思想厚重的书

有许多人读了很多书却依然思想贫乏、见识浅陋，其根本原因是因为他们读的书本身思想十分贫乏，不能丰富和提升人的思想。因此，我们应该读那些在知识方面和思想上都超出我们现有水平的书。这样的书不仅能够增加我们的情趣，唤起我们的生活激情，而且能够使我们思想充满活力，提升我们的思维水平与想象力，强化我们的创造与创新能力。

2. 要读能够增加才干的书

阅读是获得和积累知识的主要途径。通过阅读，我们可以在短时间内获得前人千百年来摸索出来的成功经验，使自己变得聪明起来；通过阅读，我们对自然和社会的认知不断增加，视野变得开阔，思维变得活跃，创造能力大大增强。要真正获得这么多的收益，有一个十分重要的前提，那就是必须阅读那些能够使人增长才干的书。因为不是每一本书都能够给人正确的知识，所以，阅读首先必须从自己的实际出发做好文本的选择工作。

3. 要读能够陶冶情操的书

从学做人的角度讲，阅读就是接受灵魂的洗礼。文学是人类灵魂的净化剂，其中渗透着人类至真至美的情感，寄托着人们的精神追求，昭示着人们立身行事的准则；倡导以天下为己任的道义担当，褒扬舍生取义的气节操守；激发人的生活热情，使人更加热爱生活；鼓舞人奋发向上，培养人坚强的意志力。这些，是那些庸俗作品所无法企及的。

多读能够陶冶情操的文学作品，不仅能够在人的心灵深处播下善良的种子，使人富有同情心、宽容心和仁爱心，而且能够使人具有一双善眼，从审美的角度看人生，使人更加热爱生活。

4. 要读语言规范的书

从语文学习的角度讲，要培养良好的语感，必须阅读语言规范的文本，这样才能在大脑中形成正确的语言潜规则，即形成正确的语言感受力。只有大脑中形成的语言潜规则是规范的、正确的，才有可能正确理解词句的意思，也才能把文章写得文从字顺。

（三）要选择与文本内容相适应的阅读方式

要提高阅读效果，必须根据所阅读的文本的内容选择相应的阅读方式。阅读方式主要有以下几种：

1. 朗读和默读

朗读是眼、耳、口、脑多器官并用的阅读方式，其基本特征是出声。其原理是文字信息通过眼睛传输到大脑，大脑中枢对语言信息进行处理后指令嘴巴发声，声音信息再通过耳朵传回到大脑，由大脑进行再分析。在这一过程当中，多种感觉器官协同作用，对表达同一内容的语言信息进行反复的感知，从而在大脑中留下深刻的印象。采用这种阅读方式，不仅能够深刻地理解文章所表达的思想，体会文章所表达的感情，而且能够有效地培养语言感受力。

默读是眼、脑两种器官协同作用的阅读方式，其特征是不出声。语言信息通过眼睛进入大脑后，大脑对其进行一次性的分析和处理。采用这种阅读方式，便于对文本内容进行琢磨、咀嚼，利于对文本进行透彻的分析。

2. 精读和泛读

精读是对文本进行逐字逐句的深入钻研，通过对重要的语句和章节的透彻理解，来全面消化文本的一种阅读方式。精读最基本的一个特征是"细嚼慢咽"，必要时对同一文本进行多遍地读、反复地读。在读的过程中，对不理解的字词借助工具书进行正确的理解，有疑惑处查阅资料搞清楚；可以采用朗读、背诵和摘抄等多种方法加深对文章内容的理解和记忆。精读是积累知识和培养能力最有效的一种阅读方式。

泛读是一种浏览式的阅读方式，其特点是不强求弄清每一个字词的意思，只求理解文章的主要内容，抓住文章的要点，把握文章的主旨，理清作者的思路，弄清文章的写作特点，以获得对文章的整体认识即可。泛读是扩大阅读量、开阔视野、活跃思维和增长知识的一种重要的阅读方式，其要点是阅读时要有侧重、有取舍，不能面面俱到。

关于精读与略读的关系，叶圣陶先生说："精读是准备，略读才是应用。"对于同学们来讲，要把精力放在精读上，因为只有通过精读，我们的语文能力才能培养起来。说明白一点就是，精读是培养阅读能力的一种阅读方式，泛读是应用已经形成的阅读能力获取知识的一种阅读方式。

3. 速读

速读是快速阅读的简称，指在有限的时间内尽快地、有目的地、有效地阅读文字材料，并获得所需信息的方式。速读强调快速，其主要原理是采用科学的视读法，减少眼停的次数、时间和回视，扩大视读广度，达到提高速度的目的。这种阅读方式适用于资料查阅和信息浏览。

速读是近年来人们十分热衷的一个话题，有人将其作用强调到了夸张的程度，这是一种认识上的误区。作为一种阅读方式，速读的有效使用面很窄，仅适用于资料查阅、信息浏览和消遣性阅读。

四、阅读的几种类型

任何人读书都有一个明确的目的，或为积累知识，或为丰富思想，或为开阔视野，或为愉悦身心……依据阅读目的的不同，阅读可以分为以下几类：

（一）积累性阅读

任何一种能力的形成都要依赖坚实的知识基础。拿语文能力的形成来讲，没有字、词、句的大量积累，语言的理解和运用能力就难以形成。积累性阅读就是为夯实知识基础而进行的阅读。一般来讲，积累性阅读有两种：一种是无特定目标的自由阅读。其特点是事先没有确定的阅读范围，只要是有益的、自己感兴趣的，都可以读；阅读的时间也没有限定，茶余饭后，课间休息，旅途等车……所有零碎时间都可以利用；没有明确的阅读要求，读多读少，读深读浅，都以自己的实际情况而定。这种积累性的阅读，只要长期坚持，也能有较大的收获，但积累缓慢，不利于能力的迅速培养与提高。另一种是有明确的阅读目的、对文本有所选择的阅读。其最大特点是根据自己的需要和目的有针对性地选择阅读材料。比如说为了培养阅读能力，就选择那些词汇丰富、语言优美的文本来读，以增加自己的语言积累，为阅读能力的形成奠定基础。这种积累性阅读目标明确，重点突出，收效较大，有利于能力的迅速形成和提高。

（二）理解性阅读

理解性阅读是借助于已经积累的知识对文本的内容进行感知和消化，使知识转化为能力的阅读。其特点是以增长才干、改善思维品质和丰富思想为主要目的。因为任何一种能力的形成都是建立在对相关知识的深透理解之上的，所以理解性阅读是同学们学习各门功课都必须用到的。理解性阅读的要点是在正确理解字、词、句意思的基础上，反复阅读文本，对其所承载的内容进行彻底的消化、有选择的吸收，从而丰富自己的知识，提升自己的思维水平，培养和提高自己的创造和创新能力，或者丰富自己的思想，提高自己认识问题、分析问题和解决问题的能力。

（三）鉴赏性阅读

鉴赏性阅读主要是就文学作品的阅读与欣赏而言的。其作用主要有三个方面：一是能够提高语言感受力。文学是语言的艺术，文学作品的鉴赏首先是对其语言的感知和理解，从而感受到语言的魅力。在这一过程中，语言感受力就自然而然地得到培养和提高。二是提高想象与联想能力。文学作品的欣赏过程始终伴随着想象与联想，因为只有充分地展开想象和联想，作品所塑造的形象和所描绘的情境才能在读者的脑海中浮现出来，才能被读者感知和认识。因此，鉴赏性阅读能够丰富想象力、增强联想能力。三是净化人的灵魂。文学作品能够唤起人的情感体验，触及人的内心深处，使人的灵魂得到净化。

除以上几种阅读类型外，还有评价性阅读、探究性阅读等，由于同学们在校学习期间用得较少，这里就不一一介绍了。

五、几种有效的阅读方法

阅读犹如在知识的海洋里游泳，要想顺利地到达理想的彼岸，必须掌握正确的方法。下面介绍几种有效的阅读方法。

（一）批注笔记法

批注笔记法就是在阅读时将自己对文本内容的见解、质疑和心得体会等写在书中的空白处。其形式有三种：一是"眉批"，即批在书头上；二是"旁批"，即批在句子或一段话的旁边；三是"尾批"，即批在一段话或整篇文章之后。

批注的内容主要有三个方面：一是注释。读书时遇到不认识的字、不理解的词和不懂的概念，立刻查字典、翻资料将其弄清楚，并且注释在旁边。这样，既能帮助理解，又有助于记忆，同时也为下次阅读扫清了障碍。二是批语。将阅读过程中产生的各种感想、见解、疑问等写在书的空白处。三是警语。对于文本中十分重要或再读时需要注意的地方，标注上"注意""重要"等字样，为今后阅读提供帮助。

批注笔记法具有这几个作用：一是可以使人的思想高度集中，能够提高阅读效果；二是能够使人从书中获得更多的感悟，使人的思想水平得以提升；三是能够提高分析、评价事物的能力；四是可以培养和提高表达自己思想的能力。

（二）符号标记法

符号标记法是指用各种符号在书中重要的地方做标记，以便于应用时查阅和再阅读时注意的一种阅读方法。其要点是：① 在重要的句子下画横线；② 在重要的段落旁画竖线；③ 将关键性的词或短语圈出来；④ 在有疑惑处画问号；⑤ 在有感悟的地方画感叹号。马克思读书就喜欢采用这一方法。保尔·拉法格在《忆马克思》一文中写道："他常折叠书角，画线，用铅笔在页边空白处做满记号。他不在书里写批注，但当他发现作者有错误的时候，他就常常忍不住要打上一个问号或一个惊叹号。画横线的方法使他能够非常容易地在书中找到需要的东西。他有这么一种习惯，隔一些时候就要重读一次他的笔记和书中做上记号的地方，来巩固他非常强而且精确的记忆。"

采用这种方法的好处是：便于应用时查找，有利于对重点内容的记忆，便于利用有限的时间对重点内容的再阅读。

（三）强记阅读法

这是一种侧重记忆的阅读方法。其要点是：① 读完文章后，立即回忆一遍主要内容，力求记住。② 重复阅读同一文本时，每次间隔的时间应尽可能地长一些。③ 记忆应尽可能准确。如果内容不太多，要尽力一次记住；如果内容较多，可以采取分段记忆法。鲁迅先生在给曹白的一封信中写道："学外国文须每日不放下，记生字和文法是不够的，要硬看。比如一本书，拿来硬看，一面翻生字，记文法；到看完，自然不大懂，便放下，再看别的。数月或半年之后，再看前一本，一定比第一次懂得多。这是小儿学语一样的方法。"

采用这种阅读方法的好处是：能够迅速地增加知识积累，有利于能力的培养与提高。

（四）咬碎骨头法

咬碎骨头法就是对文本的内容进行反复的琢磨、咀嚼，直到烂熟于心。数学家张广厚有一次看到一篇关于亏值的论文，觉得对自己的研究工作有好处，就一遍又一遍地读。他说："这篇论文一共二十多面，我反反复复地念了半年多。因为老用手摸这几页，白白的书边上留下了一条明显的黑印。这样的反复学习对我的研究工作有很大的促进作用。我的爱人开玩笑说：'这哪叫念书啊，简直像吃书一样。'"

采用这种阅读方法的好处是：有利于对文章内容的消化和吸收，缩短知识向能力转化的过程。

（五）探究阅读法

书中的真理大多不是通过文字的解读就能获得的，而必须通过深入而细致地钻研与思考。探究式阅读的特点就是将思维的触觉深入到文字的背后，对其所承载的思想内容进行深层次的理解。数学家华罗庚在《学·思·锲而不舍》中写道："应该怎样学会读书呢？我觉得，在学习书本上的每一个问题、每一章节的时候，首先应该不只看到书面上，而且还要看到书背后的东西。这就是说，对书本的某些原理、定律、公式，我们在学习的时候，不仅应该记住它的结论，懂得它的道理，而且还应该设想一下人家是怎样想出来的，经过多少曲折，攻破多少关键，才得出这个结论的。……我在青年时，看书就犯过急躁的毛病，手拿一本书几下就看完了。最初看来似乎有成绩，而一旦应用时，却是一锅夹生饭，不能运用自如了。好在我当时仅有很少的几本书，我接受了教训，又将原书不断深入地学习，才真正有所进益。"

  采用这种阅读方法的好处是：对文本内容进行深层次的理解，能够使认识上升到理性的高度，有利于知识向能力的转化。

  阅读不仅要有正确的方法，还需有孜孜不倦、持之以恒的精神，更要有对书籍的判断与识别能力。阅读好书，不仅能使人长智慧、长才干、长精神、长思想，而且能够使人品尝到人生的乐趣，感受到求知的快乐。

第三单元　书面表达

语言是人类用以表达思想、进行交流的最基本的工具。语言表达能力是人们生活和工作必不可少的一项核心技能——交流思想、表达感情、传递信息、传授知识……时时处处都需要表达能力。美国哈佛大学有这样一种理念：思考能力是你的第三只眼，创造能力是你的第二本能，表达能力是你的第一亮点。美国大学董事会全国写作委员会在2004年9月发布的《写作：通向工作的门票》中称，通过对120家美国大公司的调查发现：当今美国职场，写作能力已成为求职者获得聘任与在职者得以提升的"敲门砖"。在我国，"具备良好的表达能力"已经成为绝大多数用人单位衡量应聘者素质的一项重要标准。

良好的书面表达能力，不仅能够使自己的思想和观点影响更加深远，使自己获得的有用信息在更大的范围内传递，使自己的发现和发明更好地服务于社会，而且还能够密切人际关系，使彼此和谐相处。

在高效率、快节奏的现代社会中，信息传递和思想交流更加重要、更为频繁，人人必须具备良好的书面表达能力。培养和提高自己的书面表达能力，可以从这几个方面入手：一是丰富人文知识积累，加强思想修养，提高辨别是非的能力；二是加强语言的感性积累，培养和提高语感；三是通过对文学作品的鉴赏，活跃思维，改善思维品质，提高想象与联想能力。

三十五　寓言四则

看微课
陆国琴讲

要把一个道理讲给人听，让人从心里接受，必须将其具体化、生动化。寓言是用假托的故事或拟人化的自然物来讲述某个道理，给人以劝谕或警示等的文学作品，它能够把抽象的道理故事化，使抽象的东西变得形象、生动，易于为人所接受和理解。阅读中外寓言，不仅可以从中获得丰富的思想养分，而且可以学会深入浅出的说事论理，迅速增强写作能力。

（一）小犬复仇

龟山村民赵五家，犬生子方两月，后随母行。[1]忽为虎噬，五呼邻里数壮夫持矛逐之。[2]虎捷驰不可及，稚犬奔衔虎尾，虎带之以走。[3]稚犬为棘刺挂胃，皮毛殆尽，终不肯脱。[4]虎由此系累稍迟[5]，追及，毙刃下。

选自《贤弈编·观物》

【学习提示】

一只小狗，根本无力对抗一只猛虎，但其对母亲的感恩之心使它无所畏惧，即使在被荆棘挂住、皮毛几乎掉光的情况下依然忍着剧痛咬着老虎尾巴不肯松口。这是怎样的一种精神？这则寓言告诉人们：真爱与感恩，可以使人无所畏惧，能给人一种强大的力量。

（二）牧竖[6]

两牧竖入山至狼穴，穴有小狼二，谋分捉之[7]。各登一树，相去[8]数十步。少顷，大狼至，入穴失子，意甚仓皇。[9]

竖于树上扭小狼蹄耳，故令嗥[10]；大狼闻声仰视，怒奔树下，号[11]且爬抓。

---

[1]　龟山村：村子名。方：才、刚刚。后随母行：（小狗）跟在母狗后行走。
[2]　忽：忽然。噬（shì）：咬。五：指赵五。邻里：古代五家为邻，五邻为里，这里泛指邻居们。矛：用于刺杀的长柄武器。逐：追赶。
[3]　捷：敏捷、迅速。驰：奔跑、快跑。及：追赶上、抓住。稚：这里指小狗。衔：含着、用嘴叼。
[4]　棘刺：泛指荆棘。胃（juàn）：缠绕。殆尽：几乎完尽。脱：离开，这里指松口。
[5]　由此：因此。系累：拘囿、牵缠。
[6]　牧竖：牧童。竖：童仆。
[7]　谋分捉之：商量好每人捉一只小狼。谋：商量。
[8]　去：距离。
[9]　少顷：不久，一会儿。入穴失子：进到窝里，发现两只小狼丢了。意：神情、神态。仓皇：匆促慌张的样子。
[10]　故：故意。嗥（háo）：吼叫。
[11]　号（háo）：大叫。

其一竖又在彼树致小狼鸣急[1]。狼辍声四顾,始望见之,乃舍此趋彼,跑号如前状。[2]

前树又鸣[3],又转奔之。口无停声,足无停趾,数十往复,奔渐迟,声渐弱;[4]既而奄奄僵卧[5],久之不动。竖下视之,气已绝矣。[6]

选自《聊斋志异》

【学习提示】

狼是凶残的,以牧童之力是难以战胜的,但两个牧童能够扬长避短,不与狼斗力,而是与其斗智,最终,凶恶的老狼被两个小牧童消灭了。这则寓言告诉人们:与野蛮的家伙斗力是下策,斗智才是上策。这则寓言还告诉人们:做事要动脑筋、讲方法。

(三) 黠儿窃李

西邻母有好李,苦窥园者,设阱墙下,置污秽其中。[7]黠竖子呼类窃李,登垣,陷阱间,秽及其衣领。[8][9]犹仰首呼其曹:"来,来!此有佳李。"其一人复坠,方发口,黠竖子遽掩其两唇,呼"来,来"不已。[10]

俄一人又坠,二子相与诟病。[11]黠竖子曰:"假令三子者有一人不坠阱中,其笑我终无已时。[12]"

嗟!不善者之妒善人类如此,彼惟恐善人之笑之也。[13]而为善者又奈何[14]怀贪李之私,卒中于其所诱也哉。

选自《贤弈编·警喻》

【学习提示】

自己掉进了陷阱,就一定要同伴也掉进陷阱,不为别的,就为了大家都有这么一个不

---

[1] 彼:另外的。致:使。
[2] 辍(chuò):停止。四顾:四面张望。始:才。舍此趋彼:离开这只小狼奔向那只小狼。趋:快走,这里是"跑向"的意思。跑(páo):同"刨",指兽用前爪刨地。
[3] 前树又鸣:之前那棵树上的小狼又叫。
[4] "口无"二句:嘴里不停地吼叫,脚不停地奔跑。趾:通"止",停止。迟:迟缓、缓慢。弱:微弱。
[5] 既而:不久。奄奄:气息微弱的样子。僵:僵硬。
[6] 竖:指牧童。之:代词,文中代指母狼。绝:断。矣:语气词,表示语气"了"。
[7] 西邻:西边的邻居。母:指妇女。李:李子树。苦:作动词,被……困扰,因……痛苦。窥:伺机图谋。阱:陷阱。置:放置。污秽(huì):粪便。
[8] 竖子:小子,这里指小孩。类:族类,这里指同伴、伙伴。垣(yuán):墙。秽:污秽、脏秽。
[9] 犹:仍然。
[10] 发口:张嘴(呼喊)。遽(jù):就。掩:捂住、遮挡。
[11] 俄:一会儿、不久。相与:共同、一道。诟(gòu)病:辱骂,这里指埋怨。
[12] 假:假如。已:完、结束。
[13] 善:善良。妒:嫉妒。如此:像这样。彼:那、那个。
[14] 奈何:怎么会。

光彩的事情，免得他们笑话自己，这是一种病态心理。这件事情说明了一个道理：凡是要你一起去干偷鸡摸狗的事情的人，不会是你真正的朋友，当大难临头时也绝不会替你考虑。因此，人生交友，一定要慎重。

（四）更渡一遭[1]

昔有人得一鳖，欲烹而食之，不忍当杀生之名，乃炽火使釜水百沸，横筱为桥。[2]与鳖约曰："能渡此则活[3]汝。"

鳖知主人以计取之，勉力爬沙[4]，仅能一渡。

主人曰："汝能渡桥，甚善！更为我渡一遭，我欲观之。"

选自《桯史》

【学习提示】

鳖为了求生，使出了全身的气力爬过了那根细竹子，没想到主人言而无信，要它再爬一次。这时，鳖要是真的再爬一次，必死无疑。这则寓言告诫人们：要善于识破那些伪君子的伎俩，防止进入他们所设的圈套。

---

[1] 更：再。一遭：一次。

[2] 得：抓到。不忍：不愿意。当：担当、承担。炽（chì）火：把炉火烧得很旺。炽：火旺。釜（fǔ）：炊具，用途同今日的锅。百沸：（水）沸腾。筱（xiǎo）：小竹子。

[3] 活：使……活下去。

[4] 勉力：努力、尽力。爬沙：蟹行谓之爬沙，这里指鳖艰难地爬行。

三十六　神话三则

看微课
陆国琴讲

　　写作过程始终伴随着形象思维活动。形象思维能力是构成写作能力的核心要素，加强想象与联想能力的培养是提高写作能力的捷径。神话不仅大多产生于想象，而且其想象十分大胆、自由和具有穿越时空的巨大魅力，它能够将人的想象与联想引入无穷的空间，使人思接千载，神通万里，从而磨砺人的思维，快速而有效地提高人的想象能力。

（一）　飞卫学射[1]

　　飞卫学射于甘蝇，诸法并善，唯啮法[2]不教。卫密将矢以射蝇，蝇啮得镞矢射卫，卫绕树而走，矢亦绕树而射。

选自《太平御览》卷三五十

【学习提示】

　　这则寓言讲：飞卫向甘蝇学习射箭，各种技能都学了，并且掌握得很好，唯独啮镞法甘蝇没教他。当飞卫暗地里用箭射向甘蝇时，甘蝇啮得镞矢又反射向了飞卫，飞卫绕树而跑，箭亦绕树而追射飞卫。

　　箭能绕树而飞，在当时那个时代来讲，想象可谓十分大胆。今天，导弹在人的遥控之下绕着目标飞已成事实。这也就是说，人的想象常常为科学发明和创造提供了思路，甚至成为科技创造的先导。

（二）　女娲造人

　　俗说天地开辟，未有人民，女娲抟[3]黄土作人。剧务[4]，力不暇供[5]，乃引[6]绳于泥中，举以为人。故富贵者，黄土人也；贫贱者，绠[7]人也。

选自《太平御览》卷七八

【学习提示】

　　最早的人是从哪里来的？在这则神话中，女娲最初是抟捏黄土造人。后来她干脆和了一大池子的泥浆，拿了绳子投入泥浆中蘸一蘸，然后举起绳子一甩，泥浆洒落在地上，就

---

[1] 射：射箭。
[2] 啮法：用牙齿咬接箭镞的方法。
[3] 抟（tuán）：把东西揉成圆形。
[4] 剧务：工作剧烈繁重。
[5] 力不暇供：用上所有的力量还来不及供应。
[6] 引：牵、拉。
[7] 绠（gěng）：粗绳索。

变成了一个个人。古人能想象出这种大批量的"造人"方法,真是十分大胆。由此可见,想象力在创造活动中显得多么重要。

（三）夸父逐日

夸父与日逐走,入[1]日。渴,欲得饮,饮于河、渭[2];河、渭不足,北饮大泽[3]。未至,道渴而死。弃其杖,化为邓林[4]。

选自《山海经·海外北经》

【学习提示】

《夸父逐日》是一首英雄赞歌。文中的夸父是一位勇于牺牲自己而为大众谋永福的人。他为什么要追赶太阳?我们可以想象一下:远古的时候,没有水利设施,人们从事农耕纯粹靠天吃饭,一遇到大旱之年,赤地千里,饿殍遍野。在这种情况下,人们渴望着风调雨顺,于是就有了种种幻想,幻想着人要是能够指挥太阳该多好。夸父就是在这种情况下产生于人们想象中的英雄。

关于夸父逐日的原因,我们可以做这样大胆的想象——

想象一:当初,太阳一直是挂在天上的,庄稼全部被旱死,民众一批批被饿死,在这种情况下,夸父抱定了牺牲自己、拯救人类的信念,勇敢地站出来和太阳决斗,一直把太阳追得躲到了山后面。后来,虽然夸父牺牲了,可太阳自从受了那次惊吓,一听到夸父的名字就吓得躲到山后去了。从此,世间有了日月轮回,人们能够休养生息。

想象二:当初,太阳自恃强大,肆虐人类,民不聊生。于是,人们推举夸父去和太阳谈判。夸父对太阳说:"你总对着大地晒,谁受得了呀？请你一半时间待在天上,一半时间待在山后,行吗？"太阳对夸父说:"我凭什么听你的？"夸父说:"咱俩比赛,如果你输了,你就得听我的。"于是就有了那一场惊心动魄的赛跑,比赛的结果是夸父赢了。虽然夸父牺牲了,但他的精神感动了太阳,从此,太阳在人们需要的时候出来,在人们不需要的时候就躲到山后去。

《夸父逐日》一文的想象真正称得上神奇而大胆。从文中我们可以看到,夸父喝干了黄河和渭水都未能止渴,还要去饮大泽的水,夸张手法运用到了极致;夸父牺牲时,将自己手中的棍子扔出去,竟然能化成一片树林。想象得多好!

---

[1] 入：《说文解字》对其解释是"象从上俱下也",意思是整体向下,在这里应当是使动用法,意为"使……落下"。
[2] 河、渭：黄河和渭水。渭水是黄河最大的支流。
[3] 大泽：大湖。
[4] 邓林：古代神话传说中的树林。

三十七　古典名著精彩片段

（一）

　　众头领席散，却待上山，只见黑旋风李逵就关下放声大哭起来。宋江连忙问道："兄弟，你如何烦恼？"李逵哭道："干鸟气么！这个也去取爷，那个也去望娘，偏铁牛是土掘坑里钻出来的！"……宋江便道："使不得。李家兄弟生性不好，回乡去必然有失。若是教人和他去，亦是不好……"李逵焦躁，叫道："哥哥，你也是个不平心的人！你的爷便要取上山来快活，我的娘由他在村里受苦。兀的不是气破了铁牛的肚子！"

摘自《水浒》第四十二回

（二）

　　这富家姓甚名谁？听我道来：这富家姓张名富，家住东京开封府，积祖开质库，有名唤做张员外。这员外有件毛病，要去那——

　　虱子背上抽筋，鹭鸶腿上割股，古佛脸上剥金，

　　黑豆皮上刮漆，痰唾留着点灯，捋松将来炒菜。

　　这个员外平日发下四条大愿：一愿衣裳不破，二愿吃食不消，三愿拾得物事，四愿夜梦鬼交。

　　这是个一文不使的真苦人。他还地上拾得一文钱，把来磨做镜儿，擀做磬儿，掐做锯儿，叫声"我儿"，做个嘴儿，放入箧儿。人见他一文不使，起他一个异名，唤做"禁魂张员外"。

摘自《古今小说·宋四公大闹禁魂张》

（三）

　　扑的只一拳，正打在鼻子上，打得鲜血迸流、鼻子歪在半边，却便似开了个油酱铺，咸的、酸的、辣的，一发都滚出来。郑屠挣不起来，那把尖刀也丢在一边，口里只叫："打得好！"鲁达骂道："直娘贼，还敢应口！"提起拳头来，就眼眶际眉梢只一拳，打得眼棱缝裂，乌珠迸出，也似开了个彩帛铺的，红的、黑的、绛的，都绽将出来。……郑屠当不过，讨饶。鲁达喝道："……对俺讨饶，洒家偏不饶你。"又只一拳，太阳上正着，却似做了一个全堂水陆的道场，磬儿、钹儿、铙儿，一齐响。

摘自《水浒》第三回

（四）

　　正望间，忽见徐庶拍马而回。玄德曰："元直复回，莫非无去意乎？"遂欣然拍马向前迎问曰："先生此回，必有主意。"庶勒马谓玄德曰："某因心绪如麻，忘却一语：此间有一奇士，只在襄阳城外二十里隆中。使君何不求之？"玄德曰："敢烦元直为备请来相

见。"庶曰:"此人不可屈致,使君可亲往求之。若得此人,无异周得吕望、汉得张良也。"玄德曰:"此人比先生才德何如?"庶曰:"以某比之,譬犹驽马并麒麟、寒鸦配鸾凤耳。此人每尝自比管仲、乐毅,以吾观之,管、乐殆不及此人。此人有经天纬地之才,盖天下一人也!"

摘自《三国演义》第三十六回

(五)

众人先还发怔,后来一听,上上下下都哈哈的大笑起来。史湘云掌不住,一口饭都喷了出来;林黛玉笑岔了气,伏着桌子"嗳哟";宝玉早滚到贾母怀里,贾母笑的搂着宝玉叫"心肝";王夫人笑的用手指着凤姐,只说不出话来;薛姨妈也掌不住,口里茶喷了探春一裙子;探春手里的饭碗都合在迎春身上;惜春离了坐位,拉着他奶母叫揉一揉肠子。地下的无一个不弯腰屈背,也有躲出去蹲着笑去的,也有忍住笑上来替他姐妹换衣裳的,独有凤姐、鸳鸯二人掌着,还只管让刘姥姥。

摘自《红楼梦》第四十回

(六)

且说申公豹被仙鹤衔去了头,不得还体。心内焦躁,过一时三刻,血出即死,左难右难。且说子牙恳求仙翁,仙翁把手一招,只见白鹤童子把嘴一张,放下申公豹的头落将下来。不意落忙了,把脸落得朝着脊背。申公豹忙把手端着耳朵一磨,才磨正了。

摘自《封神演义》关于申公豹的一段描写

(七)

君臣二人,正在假山上,指手画脚地看,不料单雄信恰在城上巡察,望见御果园假山上,立着二人。一个身穿道袍,一个头戴金冠,身穿大红蟒服,坐下银鬃马,料是秦王,心中大喜,即提槊上马出城,吩咐军士快报大将史仁、薛化前来接应,自己先跑到御果园假山下,大叫:"唐童,俺来取你首级!"这一声喊,犹如晴空起个霹雳。秦王、茂公吃了一惊,回头一看,见是单雄信。茂公道:"主公快走,难星来了!"忙下假山,雄信赶到,举枣阳槊就打。秦王忙往假山背后就跑。

茂公飞奔向前,一把扯住雄信的战袍,大叫道:"单二哥,看小弟薄面,饶了我主公吧!"雄信道:"茂公兄,你说那里话来?他父杀俺亲兄,大仇未报,日夜在念。今日狭路相逢,怎教俺饶了他?决难从命。"茂公死命把雄信的战袍扯住,叫声:"单二哥,可念贾柳店结义之情,饶俺主公吧!"雄信听了,叫声:"徐勣,俺今日若不念旧情,就把你砍为两段。也罢,今日与你割袍断义了吧。"遂拔出佩剑,将袍袂割断,纵马去追秦王。

徐茂公知不能挽回,只得飞马跑出园门,加鞭纵马,要寻救驾将官。忽见面前澄清涧边有一将,赤身在涧中洗马,却是尉迟恭。他见众人都去闲耍,独自一个,到此涧边,见涧水澄清,遂除下乌金盔,卸下乌金甲,把衣服脱得精光,只留得一条裤子,把马卸了鞍辔,正在涧中洗得高兴,只见军师飞马前来,大叫:"敬德兄,主公有难,快快救驾!"尉迟恭闻言,吃了一惊,慌忙走上岸来,一时间心忙意乱,人不及穿甲,马不及披鞍,只得歪带头盔,单鞭上马,同茂公跑到御果园。尉迟恭大叫道:"勿伤我主公!"那雄信追赶秦王，秦王只往假山后团团走转，又向一株大梅树下躲了进去。雄信一槊打去，却被树枝抓住，雄信忙把槊抽拔出来，那秦王已飞逃出园门，雄信随后追来。正在危急，忽见尉迟恭赶来，雄信倒吃一惊，大骂："黑脸贼！今日俺与你拼了命吧。"就把槊打来。尉迟恭举鞭相迎。秦王遇见茂公，先回营去了。这单雄信那里是尉迟恭的对手？战不上三合，雄信一槊打来，被尉迟恭一把接住，回手一鞭打来，单雄信把槊一放，空手逃走。尉迟恭一手举鞭，一手拿槊，飞马紧紧追来，这唤做"尉迟恭单鞭夺槊"。未知单雄信性命如何，且听下回分解。

摘自《说唐》

（八）

鲁智深入得寺来，便投知客寮去。只见知客寮门前大门也没了，四围壁落全无。智深寻思道："这个大寺，如何败落的恁地？"直入方丈前看时，只见满地都是燕子粪，门上一把锁锁着，锁上尽是蜘蛛网。智深把禅杖就地下搠着，叫道："过往僧人来投斋。"叫了半日，没一个答应。回到香积厨下看时，锅也没了，灶头都塌损。智深把包裹解下，放在监斋使者面前，提了禅杖，到处寻去。寻到厨房后面一间小屋，见几个老和尚坐地，一个个面黄肌瘦。智深喝一声道："你们这和尚，好没道理！由洒家叫唤，没一个应。"那和尚摇手道："不要高声。"智深道："俺是过往僧人，讨顿饭吃，有甚利害。"老和尚道："我们三日不曾有饭落肚，那里讨饭与你吃？"……

摘自《水浒》第六回

（九）

且表楼上呼三喝四，吃得热闹，咬金暗想："我当初贫穷，衣食不足，今日大鱼大肉，这般富贵，又且结交众英雄，十分荣耀。"想到此处，欢喜之极，不觉把脚在楼上当的一登。恰好底下是鲁家兄弟的坐处，把那灰尘落在酒中，好似下了一阵花椒末。鲁明星大怒，骂道："楼上入娘贼的，你登什么？"咬金在上面听见，心头火发，跑下楼来，骂一声："入娘贼，焉敢骂我？"就一拳往鲁明星打来，早被明星举手接住。咬金摆不脱，就举右手一拳打来，鲁明月又上前接住。兄弟两个，两手扯住咬金两只手，这两只空手，尽力在咬金背上如擂鼓一般打下。……

摘自《说唐》第二十四回

（十）

峥嵘倚汉，突兀凌空。正唤做五色琉璃塔，千金舍利峰。梯转如穿窟，门开似出笼。宝瓶影射天边月，金铎声传海上风。但见那虚檐拱斗，绝顶留云。虚檐拱斗，作成巧石穿花凤；绝顶留云，造就浮屠绕雾龙。远眺可观千里外，高登似在九霄中。层层门上琉璃灯，有尘无火；步步檐前白玉栏，积垢飞虫。塔心里，佛座上，香烟尽绝；窗棂外，神面前，蛛网牵蒙。炉中多鼠粪，盏内少油镕。只因暗失中间宝，苦杀僧人命落空。三藏发心将塔扫，管教重建旧时容。

摘自《西游记》第六十二回

【学习提示】

从本课所选的精彩片段我们可以得到启示——要培养和提高写作能力，必须从以下几个方面入手：

一是要注意观察生活、熟悉生活和积极地体验生活，只有这样才能很好地表现生活。以第五段文字关于"笑"的场面描写为例，作者之所以能够生动地表现出不同人物的不同情态，关键在于其对生活的细致观察。

二是要加强想象和联想能力的培养。想象与联想能力是构成写作能力的核心因素，加强想象与联想能力的培养是提高写作能力的根本途径。就本课来讲，（六）、（十）两段文字的形成都要依赖良好的想象与联想能力。

三是要加强语感训练，培养语言组织能力。其中包括遣词造句能力、组句成段能力、语言的修饰与灵活运用能力等。如本课的（一）、（三）、（九）三段文字借助于人物语言对人物性格的塑造和（三）、（十）两段文字中语言的灵活运用，这些都需要良好的语感。

四是要掌握一些写作技法。在实际写作过程中，仅仅做到准确的表情达意是远远不够的，还必须表现得生动、形象、富于感染力。这就要求写作者必须掌握一些写作技法。如本课的（二）这段文字就用了夸张的表现手法来塑造和凸显人物的性格。

三十八　精美短章

看微课
崔艳荣讲

（一）爱莲说[1]

周敦颐

周敦颐（1017—1073），字茂叔，北宋道州营道楼田堡（今湖南道县）人，北宋文学家、哲学家。周敦颐是宋明理学的开山祖师，他的理学思想在中国哲学史上起到了承前启后的作用。

水陆草木之花，可爱者甚蕃[2]。晋陶渊明独爱菊[3]。自李唐[4]来，世人甚爱牡丹；予独爱莲之出淤泥[5]而不染[6]，濯清涟而不妖[7]，中通外直，不蔓不枝[8]，香远益清[9]，亭亭净植[10]，可远观而不可亵玩[11]焉。

予谓菊，花之隐逸[12]者也；牡丹，花之富贵者也；[13]莲，花之君子[14]者也。噫[15]！菊之爱[16]，陶后鲜有闻[17]。莲之爱，同予者何人[18]？牡丹之爱，宜[19]乎众矣！

【学习提示】

将物人格化是"托物言志"类文章最常用的表现手法。本文对莲花的描写和歌颂紧扣

---

〔1〕本文选自《周元公集》。"说"是古代论说文的一种体裁，可以说明事物，也可以论述道理。
〔2〕蕃（fán）：多。
〔3〕"晋陶渊明"句：陶渊明（365—427），一名潜，字元亮，东晋浔阳（今江西九江）人，东晋著名诗人。他独爱菊花，常在诗里咏菊，如《饮酒》诗里的"采菊东篱下，悠然见南山"。
〔4〕李唐：指唐朝。唐朝的皇帝姓李，所以称为"李唐"。
〔5〕淤泥：河沟或池塘里积存的污泥。
〔6〕染：沾染（污秽）。
〔7〕"濯（zhuó）清涟"句：在清水里洗涤过，而不显得妖媚。濯：洗涤。清涟：水清而有微波，这里指清水。妖：美丽但不端庄。
〔8〕不蔓（màn）不枝：不生枝蔓，不长枝节。
〔9〕香远益清：香气越远越清。益：更，更加。
〔10〕亭亭净植：笔直地、洁净地立在那里。亭亭：耸立的样子。植：立。
〔11〕亵（xiè）玩：玩弄。亵：亲近但不尊重。
〔12〕隐逸：隐居的人。
〔13〕"牡丹"句：牡丹是花中富贵的（花）。因为牡丹看起来十分浓艳，所以这样说。
〔14〕君子：指道德高尚的人。
〔15〕噫（yī）：叹词，相当于现代汉语的"唉"。
〔16〕菊之爱：对菊花的喜爱。
〔17〕鲜（xiǎn）有闻：很少听到。鲜：少。
〔18〕同予者何人：像我一样的还有什么人呢？
〔19〕宜：应当，这里和"乎"连用，有"当然"的意思。

与君子气质相似之处着墨，借莲"出淤泥而不染，濯清涟而不妖，中通外直，不蔓不枝，香远益清，亭亭净植"的美好形象，喻君子表里如一、行为端正、不阿谀谄媚的品德，表达作者不慕名利、洁身自好的人生观。

除以物喻人外，衬托手法的运用是本文的另一个突出特点。在这篇短文中，作者先用众多可爱的花做一般的映衬，再以菊和牡丹做重点映衬。菊，从正面映衬；牡丹，从反面映衬。描写莲时，浓墨重彩，工笔细刻，卓然超群的"莲"的形象，在"草木之花"的背景上，在"菊""牡丹"二花的陪衬下，于画面上凸现出来，使人心驰神往。另外，本文还用隐逸者、富贵者映衬君子，用菊之爱、牡丹之爱映衬莲之爱，以此表明作者与众不同，含蓄而突出地表达了文章的主旨，表达了自己的思想感情。

这篇文章比喻、拟人、排比修辞手法的运用，衬托、对比手法的运用，陈述、疑问、感叹句式的变化，记叙、议论、抒情的有机结合，都值得我们借鉴。

（二）陋室铭[1]

刘禹锡

刘禹锡（772—842），字梦得，籍贯河南洛阳。唐朝文学家、哲学家，唐代中晚期著名诗人，有"诗豪"之称。

山不在高，有仙则名[2]；水不在深，有龙则灵[3]。斯是陋室[4]，惟吾德馨[5]。苔痕上阶绿，草色入帘青。谈笑有鸿儒[6]，往来无白丁[7]。可以调素琴[8]，阅金经[9]。无丝竹之乱耳[10]，无案牍之劳形[11]。南阳诸葛庐[12]，西蜀子云亭[13]。孔子云：何陋之有[14]？

---

[1] 铭：是古代刻在器物上用来警诫自己或称述功德的文字，后来发展成一种文体。
[2] 名：在这里用作动词，意为"出名"。
[3] 灵：显灵，有灵气。
[4] 斯：这。陋室：陈设简单而狭小的房屋。
[5] 惟：只。馨：传播得很远的香气，这里指品德高尚。
[6] 鸿儒：这里泛指博学之士。
[7] 白丁：未得功名的平民。这里借指没有学问之人。
[8] 素琴：不加雕绘装饰的琴。素：不加装饰的。
[9] 金经：即《金刚经》。唐代《金刚经》流传甚广，这里泛指佛经。
[10] 丝竹：琴瑟，箫管，这里指的是奏乐的声音。此处泛指乐器。乱：使……烦乱。
[11] 案牍：指官府的公文。劳形：使身体劳累。劳：使……劳累。
[12] 南阳：地名，今湖北省襄阳市西。诸葛亮在出山之前，曾在南阳庐中隐居躬耕。
[13] 子云：指汉代的扬雄（前53—公元18），子云是他的字。他是西蜀（今四川成都）人，其住所称"扬子宅"。据传他在扬子宅中写成《太玄经》，故又称"草玄堂"。文中子云亭即指其住所。
[14] 何陋之有：全句意为"有何陋？"语见《论语·子罕》："子欲居九夷，或曰：'陋，如之何？'子曰：'君子居之，何陋之有？'"孔子认为，九夷虽然偏远闭塞，但是有君子住在那里，就不偏远闭塞了。之：表宾语提前。

【学习提示】

这篇文章虽短,但思想意蕴深厚。起手"山不在高,有仙则名;水不在深,有龙则灵"两句富含哲理。从表面来看,"仙"与"龙"是为山、水增色彩,实则是喻陋室之主。陋室主人身居陋室,而精神思想却那般富有充实:"鸿儒""金经""素琴",不单从交往、学习、愉悦几个方面描写出陋室之主追求之不陋,就是"鸿""金""素"三字内涵之丰富,也是与"陋"无缘的。正如他自己所言"斯是陋室,惟吾德馨",用芬芳四溢的香气形容其高尚的思想品德,这就突出了陋室之主追求的不是功名利禄(无案牍之劳形),也不是荣华富贵(无丝竹之乱耳),而是心之洁,趣之雅,德之馨。作者将其陋室比作"诸葛庐""子云亭",我们说这不但不过分,更突出了陋室主人"安贫乐道"之心,所以说"何陋之有"。

从表达方式看,《陋室铭》融描写、抒情、议论于一体,通过具体描写"陋室"恬静、雅致的环境和主人高雅的风度来表述自己高洁隐逸的情怀。文章借助陋室说理,以抒情的笔调表明作者高洁的品格,事中见理,景中显情,诚可谓"情因景而显,景因情而生"。这样就把作者的闲情逸致、居室美景写得含蓄,生动而意蕴悠远。

(三) 弈喻[1]

钱大昕

钱大昕(1728—1804),字及之、晓徵,号辛楣、竹汀,嘉定(今属上海)人。清乾隆十九年(1754)进士,官至少詹事。乾隆四十年(1775)以后,历任钟山、娄东、紫阳书院主讲。学识渊博,精通经史百家、音韵训诂,擅长金石考证。著有《潜研堂文集》《廿二史考异》等。近代史学家陈寅恪称钱大昕为"清代史家第一人"。

予观弈[2]于友人所,一客数[3]败,嗤其失算,辄欲易置之,以为不逮[4]己也。顷之,客请与予对局,予颇易[5]之。甫下数子,客已得先手,[6]局将半,予思益苦,而客之智尚有余。竟局数之[7],客胜予十三子。予赧[8]甚,不能出一言。后有招予观弈者,终日默坐而已。

今之学者读古人书,多訾[9]古人之失;与今人居[10],亦乐称人失。人固不能无失,然试易地以处,平心而度[11]之,吾果无一失乎?吾能知人之失,而不能见吾之失;吾能

---

[1] 本文选自《潜研堂文集》卷十七。
[2] 弈:下棋。
[3] 数(shuò):屡次。
[4] 逮:及,赶上。
[5] 易:轻视。
[6] 甫:刚刚。得先手:一本作"先得手"。
[7] 竟局:终局。数(shǔ):计算。
[8] 赧(nǎn):因羞愧而脸红。
[9] 訾(zǐ):诋毁。
[10] 居:相处。
[11] 度(duó):推测,估计。

指人之小失，而不能见吾之大失。吾求吾失且不暇，何暇论人哉！

弈之优劣，有定也。一著[1]之失，人皆见之；虽护前[2]者，不能讳[3]也。理之所在，各是其所是，各非其所非。世无孔子，谁能定是非之真[4]？然则人之失者，未必非得也；吾之无失者，未必非大失也；而彼此相嗤无有已时，曾观弈者之不若已[5]！

【学习提示】

以弈为喻，并不少见，如"世事如棋""常恨人生不如棋"等，孟子也曾以弈为喻，指出"不专心致志不得也"。钱大昕的《弈喻》或许更能引起我们的深思。

全文共三段。第一段写一次观弈、对弈的经历。观弈时，予对客是"嗤其失算""欲易置之""以为不逮己"；对弈时苦思冥想竟局惨败，最后落得个"赧甚，不能出一言"。这些引起了作者的深思，以后观棋终日默坐。第二段联系现实，以"弈"喻"学"，写出弈棋后的感想：观人之失，易；观己之失，难。其原因就在于不能"易地以处""平心而度之"。第三段将对弈和治学进一步联系起来看：弈易见，理难定，不要一味地"各是其所是，各非其所非"。

作者以自己下棋的亲身体会设喻，由"观弈"而"喻"己，又"喻"人，现身说法，生动地说明了生活中一个司空见惯却不被人们留意的道理：人贵在有自知之明，也贵在有知人之明，不要妄自尊大，也不要轻视别人。

在现实生活中，每个人都不可避免地要犯一些错误。正如观弈一样，人们往往只看到别人身上存在的过失，却"忽视"了自己的缺点。只有"易地以处，平心而度之"，把注意力放到检查自己的缺点和错误上，才会发现自己身上可能存在着更大的"错误"。

全文依事取譬说明事理，短小精悍，议论风生，给我们以深刻的启示。

---

[1] 著："着"的本字。这里读"着"（zhāo），即下棋落子。
[2] 前：指前此之失。别本或改为"短"。
[3] 讳：隐瞒不说。
[4] 是非之真：真正的是非。
[5] 已：同"矣"。

三十九　敌戒

看微课
段刚霞讲

柳宗元

柳宗元（773—819），字子厚，河东（今山西运城永济一带）人。唐代文学家、哲学家，唐宋八大家之一。与韩愈共同倡导唐代古文运动，并称"韩柳"。因为他是河东人，终于柳州刺史任上，所以人称"柳河东"或"柳柳州"。

柳宗元重视文章的内容，主张文以明道，认为"道"应于国于民有利，切实可行。他注重文学的社会功能，强调文须有益于世。他提倡思想内容与艺术形式的完美结合，指出写作必须持认真、严肃的态度，强调作家道德修养的重要性。他推崇先秦两汉文章，提出要向儒家经典及《庄子》《老子》《离骚》《史记》等学习借鉴，博观约取，以为我用，但又不能厚古薄今。他的诗文理论，代表着当时文学运动的进步倾向。

柳宗元一生留诗文作品达六百余篇，其文的成就大于诗。骈文有近百篇；散文论说性强，笔锋犀利，讽刺辛辣，富于战斗性；游记写景状物，多有寄托；哲学著作有《天说》《天时》《封建论》等。有《柳河东集》。

皆知敌之仇，而不知为益之尤；[1]皆知敌之害，而不知为利之大。秦有六国，兢兢以强；[2]六国既除，訑訑乃亡。[3]晋败楚鄢，范文为患；[4]厉之不图，举国造怨。[5]孟孙恶臧，孟死臧恤："药石去矣，吾亡无日。"[6]智能知之，犹卒以危，[7]矧今之人，曾

---

[1]　"皆知"二句：都知道敌人与"我"为仇，却不知道敌人的存在对我们有很多助益。尤：甚。

[2]　六国：指战国时期的齐、楚、燕、韩、赵、魏。兢兢（jīng）：小心谨慎和恐惧的样子。

[3]　六国既除：指秦始皇先后灭了六国，统一了天下。訑訑（yí）：傲慢自满的样子。

[4]　晋败楚鄢：《左传·成公十六年》记载，公元前575年，晋国在鄢陵之战中打败了楚国。鄢：鄢陵，今河南鄢陵县。这里用作处所补语，意为"于鄢"。范文：范文子，名燮（xiè），晋国的卿。鄢陵之战前，范文子主张不与楚国交战，说"盍（何不）释楚以为外惧乎"，即留下楚国作为使晋国警惕自强的敌对势力。他的意见没被采纳。战后，范文子对晋厉公说："君幼，诸臣不佞（不才），何以及此（指胜楚之事）？君其戒之。"为患：这里是"以为患"的意思。

[5]　厉：指晋厉公。不图：不考虑，指不听范文子的劝谏。举国造怨：鄢陵之战以后，晋厉公"乏智而多力，怠教而重敛"，杀戮大臣，重用宠臣，结果引起内乱，两年后被大臣栾书等杀死。造怨：产生怨恨。

[6]　孟孙：指孟孙遬（sù），又称孟庄子，春秋时鲁国大夫。臧：指臧纥（hé），亦称臧孙纥，也是鲁国大夫。臧纥很得鲁国大贵族季武子的欢心，为孟庄子所厌恶。孟死臧恤：孟庄子死后，臧纥去吊丧，哭得很伤心。别人问他为什么这样伤心，他回答说："季孙之爱我，疾疢（chèn）也；孟孙之恶我，药石也……孟孙死，吾亡无日矣。"（见《左传·襄公二十三年》）药石：药物和砭石。旧说砭石是一种治病的石针。无日：不日，不久。

[7]　"智能"二句：意思是，聪明的人知道这个道理，最后还是难免祸殃。《左传·襄公二十三年》记载，臧纥哭孟孙后不久，因事被人谗害，出奔他国。

不是思[1]。敌存而惧,敌去而舞,废备自盈,祇益为瘉。[2]敌存灭祸,敌去召过。有能知此,道大名播[3]。惩病克寿,矜壮死暴;[4]纵欲不戒,匪愚伊耄。[5]我作戒诗,思者无咎[6]。

【学习提示】

柳宗元的《敌戒》通过历史事实揭示了一个普遍的道理——敌对势力的存在不仅是一种压力,而且是一种鞭策力。将这一道理推而广之,对于我们的人格塑造和学业、事业的发展都具有十分重要的启示意义。推想之一:就业压力的加大无形之中成为我们学习的一种鞭策力,促使我们每一个同学发奋努力,将自己锻造成对社会有用之才。推想之二:当我们被别人瞧不起时,我们就应当像臧纥那样想:别人之所以瞧不起我,是因为我没有让人瞧得上的地方。只有这样想,我们才能不断地完善自己,最终成为被人敬仰的人。

本文开门见山地提出论点,接着以历史事实加以论证,最后得出结论。文章层次清晰,论证透彻,说服力强,堪称议论文写作的典范。

---

[1] 矧(shěn):况且。曾:副词,用来加强语气,有"竟然"的意思。不是思:不想想这个道理。在否定句中指示代词"是"作动词"思"的前置宾语。

[2] "废备"二句:意思是,放下戒备而自满,只能给自己带来灾难。废备:放弃戒备。自盈:自满。祇(zhī):只,仅仅。瘉(yù):病。

[3] 道大:前途远大。名播:声名远扬。

[4] "惩病"二句:意思是,对疾病小心的人能够长寿,自恃强壮的人往往死得很突然。惩:警戒。病:用作"惩"的补语。克:能。寿:长寿。矜:自恃。暴:这里有突然、意外的意思,用作不及物动词"死"的补语。

[5] 欲:欲望。匪愚伊耄:不是傻子,就是老糊涂了。匪:副词,非,不是。伊:通"亦"。另一说,伊:句首句中语气词,与"维"的意思相近。耄(mào):昏惑。

[6] 咎:过失,祸害。

四十　秋声赋

看微课
李艳讲

欧阳修

　　欧阳修（1007—1072），字永叔，号醉翁，晚年号六一居士，庐陵（今江西吉安）人。北宋文学家、史学家。因支持范仲淹，要求在政治上有所改良，被贬为夷陵县令（治所在今湖北宜昌）。官至翰林学士、枢密副使、参知政事、兵部尚书。王安石推行新法时，对青苗法有所批评。主张文章应"明道""致用"，对宋初以来靡丽、险怪的文风表示不满，并积极培养后进，是北宋古文运动的领袖。其散文说理畅达，抒情委婉，为"唐宋八大家"之一；其诗颇受李白、韩愈影响，重气势而流畅自然；其词婉丽，承袭南唐余风。曾与宋祁合修《新唐书》，并独撰《新五代史》。又喜收集金石文字，编为《集古录》，对宋代金石学颇有影响。有《欧阳文忠公文集》。

　　欧阳子方夜读书，闻有声自西南来者，悚然[1]而听之，曰："异哉！"初淅沥以萧飒[2]，忽奔腾而砰湃[3]，如波涛夜惊，风雨骤至。其触于物也，鏦鏦铮铮[4]，金铁皆鸣，又如赴敌[5]之兵，衔枚[6]疾走，不闻号令，但闻人马之行声。予谓童子："此何声也？汝出视之。"童子曰："星月皎洁，明河[7]在天，四无人声，声在树间。"

　　予曰："噫嘻，悲哉！此秋声也，胡为[8]而来哉？盖夫秋之为状[9]也，其色惨淡[10]，烟霏云敛[11]；其容清明，天高日晶[12]；其气栗冽[13]，砭[14]人肌骨；其意萧条，山川寂寥。故其为声也，凄凄切切，呼号奋发。丰草绿缛[15]而争茂，佳木葱茏[16]而可悦；

---

[1] 悚（sǒng）然：惊惧的样子。
[2] 淅（xī）沥：细雨声。此处"淅沥""萧飒"均形容风声。以：而。
[3] 砰湃：同澎湃，波涛声，此处状风声。
[4] 鏦（cōng）鏦铮铮：金属撞击声。
[5] 赴敌：出击敌人。
[6] 衔枚：古代行军时，士兵口衔枚，以防喧哗。枚：筷状小棒。
[7] 明河：众星灿烂，组成的银河。
[8] 胡为：何为，即为何。
[9] 秋之为状：秋天所呈的情状，指下文所述的秋色、秋容、秋气、秋意等。
[10] 其色惨淡：指秋天草木枯黄，其色暗淡。
[11] 烟霏云敛：烟气飘飞，云雾消失。霏：飞散。敛：敛藏。
[12] 日晶：阳光灿烂。
[13] 栗冽（lìliè）：寒冷。
[14] 砭（biān）：刺。
[15] 缛（rù）：稠密。
[16] 葱茏：草木青翠茂盛的样子。

草拂之〔1〕而色变，木遭之而叶脱。其所以摧败零落者，乃其一气之余烈〔2〕。

"夫秋，刑官也，〔3〕于时为阴〔4〕；又兵象也〔5〕，于行用金〔6〕。是谓天地之义气，常以肃杀而为心。〔7〕天之于物，春生秋实。故其在乐也，商声主西方之音，夷则为七月之律。〔8〕商，伤也，物既老而悲伤；夷，戮也，物过盛而当杀〔9〕。

"嗟夫！草木无情，有时飘零。人为动物，惟物之灵〔10〕。百忧感其心，万事劳其形，有动于中，必摇其精〔11〕。而况思其力之所不及，忧其智之所不能，宜其渥然丹者为槁木，黟然黑者为星星〔12〕。奈何以非金石之质〔13〕，欲与草木而争荣？念谁为之戕贼〔14〕，亦何恨乎秋声〔15〕！"

童子莫对，垂头而睡。但闻四壁虫声唧唧，如助余之叹息。

【学习提示】

《秋声赋》是宋代著名散文家欧阳修的代表作之一。这篇文章，文笔清秀，描述精妙，艺术价值很高。全文一开始，作者描绘了秋夜听秋声的情景，着意于意境的描绘，幽美且深邃。接着的一段精妙绝伦的文字，作者以"淅沥"的雨声喻萧萧秋声，把难以捉摸的风

---

〔1〕 草拂之：草被掠过。

〔2〕 一气之余烈：秋气的余威、余力。

〔3〕 "夫秋"二句：秋季是自然界的刑官。《周礼》把官职按天、地、春、夏、秋、冬分为六类。因为秋有肃杀之气，所以执掌刑法、狱讼的刑官分属于秋。

〔4〕 于时为阴：秋季在时令上属阴。古人以阴阳配合四时，把春夏分属于阳，秋冬分属于阴。《汉书·律历志》："春为阳中，万物以生，秋为阴中，万物以成。"

〔5〕 兵象：战争的象征。因战争是肃杀之事，古代多在秋季用兵，所以说秋是兵象。

〔6〕 于行用金：在金、木、水、火、土五行之中，秋属金。《汉书·五行志》："金，西方，万物既成，杀气之始也。"用：一作"为"。

〔7〕 "是谓"二句：古人以秋天为决狱讼、征不义、诛暴慢、张扬义的季节。义：是仁、义、礼、智、信五行之一，与金、木、水、火、土五行中的"金"相配，指秋季。《汉书·天文志》："太白曰西方秋金，义也。"又《礼记·乡饮酒义》："天地严凝之气，始于西南，而盛于西北，此天地之尊严气也，此天地之义气也。"肃杀：酷烈萧索。

〔8〕 "故其"三句：所以就音乐而论，商声代表西方的声音。七月初秋，正值夷则之律。按我国古代乐理，乐分宫、商、角、徵（zhǐ）、羽五音。《礼记·月令》："孟秋之月，其音商，律中夷则。"古代以五音与四方、四时相配，以西方商声属秋。夷则：古代十二律之一。每律分属一月。《史记·律书》："七月也，律中夷则。夷则，言阴气之贼万物也。"

〔9〕 杀：削减。

〔10〕 惟物之灵：是万物的灵长。惟：为，是。《尚书·泰誓》："惟人，万物之灵。"

〔11〕 必摇其精：一定会损耗精神。《庄子·在宥》："必静必清，无劳汝形；无摇汝精，乃可以长生。"摇：摇落，损耗。

〔12〕 "宜其"二句：自然会使他红润的面色变得苍老枯槁，乌黑的头发变得鬓发花白。宜：该，当。渥（wò）然：润泽的样子。丹：朱红色。《诗·秦风·终南》："颜如渥丹。"槁木：枯木。黟（yōu）然黑者：谓乌黑的头发。一本"黟"作"黝"。黟然：黑的样子。星星：头发斑白的样子。谢灵运《游南亭》诗："戚戚感物叹，星星白发垂。"

〔13〕 奈何：怎么。非金石之质：指人的身体没有金石那样坚实的质地。

〔14〕 "念谁"句：寻思是谁伤害自己而致衰老的。戕（qiāng）贼：摧残，伤害。

〔15〕 "亦何"句：又何必怨恨秋声的凄切呢？意谓忧思催老。

声，用可以感触的雨声加以名状，显得别出心裁，使境界为之一转，奔腾不息，澎湃有声。秋声穿云渡林而来，掠过了天地间的万物，金铁为之发声，铿锵和鸣，可见秋声的作用之大。作者闻声感慨，不绝如缕。这里的"此秋声也"，方点出题来，一旦点题，便丰富了秋声的艺术表现内容。先写"色"，秋天降临，草木摇落，一片昏黄，是为"惨淡"。烟气飘飞，云雾消失，概括了秋色的特征。继写"容"，作者把秋天作为一个艺术形象来描绘，写出它的特有容姿，清明爽洁，天气高远，阳光灿烂。再写"气"，凛冽是概写秋气之寒，将秋气进一步予以突出。后写"意"，山瘦水寒，草木凋零，当然显得萧条冷落。最后写"声"，渲染了秋声的特征、秋声的威力，呼号而至，奋发而起。

秋天的到来，正反映了天地运转的客观规律，欧阳修在一定程度上揭示了自然的运动法则。随后由议论秋色，转而议论人生。"嗟乎!"一声，我们仿佛听到作者的喟然之声。人生在世，触万物而忧百事，万事俱至，劳其形骸，他们"有动于中"，内心受到触动，必然感情激荡。人非金石，怎么能和草木争荣呢？人的衰老是忧虑愁思折磨的结果，又怎么能怨恨秋声呢？作者在描述秋声时，虽有一定的叹老嗟悲、飘零之感，但对人生，基本上是持乐观主义态度的。

《秋声赋》意境和谐，秋夜的情思和秋夜的风光，在作者笔下得到完美的统一。作者成功地运用动静相宜的艺术手法，以秋声来烘托秋思。情和景有机交融，获得言尽旨远的艺术效果。这篇散文用词、用语，至为精练、简约，达到铺张扬厉和精约的有机统一。欧阳修独特的文学风格，开一代文学新风，《秋声赋》就是证明。

四十一　豁然堂记

徐　渭

徐渭（1521—1593），字文长，别号天池山人、青藤道士等，绍兴府山阴（今浙江绍兴）人。书画、诗文俱佳，自谓："吾书第一、诗二、文三、画四"。著有中国第一部评论南戏的著作《南词叙录》。徐渭在37岁时入浙江总督胡宗宪幕府，参与机要。后胡因事治罪，徐亦精神失常，引锥刺耳，自杀未遂。又因杀续妻入狱，经人施救赦免。从此绝意功名，放浪形骸，寄情山水，卖诗画度日，穷困以终。其文学思想可以说上继"唐宋派"之余绪，下开"公安派"的先声。徐渭的诗，被袁宏道尊为"明代第一"。郑板桥曾刻一印，自称"青藤门下走狗"。著有《徐文长集》等。

越[1]中山之大者，若禹穴、香炉、峨眉、秦望之属[2]，以十数，而小者至不可计。至于湖，则总之称鉴湖[3]，而支流之别出者，益不可胜计矣。郡城隍祠，在卧龙山[4]之臂，其西有堂，当湖山环会处。语其似，大约缭青萦白，髻峙带澄。而近俯雉堞[5]，远问村落。其间林莽田隰[6]之布错，人禽宫室之亏蔽，稻黍菱蒲莲芡之产，耕渔犁楫之具，纷披于坻洼；烟云雪月之变，倏忽于昏旦。数十百里间，巨丽纤华，无不毕集人衿带上。或至游舫冶尊，歌笑互答，若当时龟龄[7]所称"莲女""渔郎"者，时亦点缀其中。于是登斯堂，不问其人，即有外感[8]中攻，抑郁无聊之事，每一流瞩，烦虑顿消。而官斯土者，每当宴集过客，亦往往寓庖[9]于此。独规制[10]无法，四蒙以辟[11]，西面凿牖[12]，仅容两躯。客主座必东，而既背湖山，起座一观，还则随失。是为坐斥旷明，而自取晦塞。予病其然，悉取西南牖之，直辟其东一面，令客座东而西向，倚几以临即湖山，终席不去。而后向之所云诸景，若舍塞而就旷，却晦而即明。工既讫，拟其名，以为莫"豁

---

[1] 越：古国名，此处指今浙江绍兴地区。
[2] 禹穴：在绍兴的会稽山，相传为夏禹葬地。香炉、峨眉：均是绍兴附近的山峰，以其形状而得名。秦望：即秦望山，在绍兴东南。《水经注》引《史记》云：秦始皇登之以望南海，故名。
[3] 鉴湖：亦称镜湖等名，在今绍兴西南。
[4] 卧龙山：旧名种山，原越大夫文种所葬处。因山势盘绕回抱若卧龙状，故又名卧龙。今称府山，在绍兴市内。
[5] 雉堞（zhì dié）：指城墙。
[6] 隰（xí）：低下的湿地。
[7] 龟龄：即王十朋（1112—1171），字龟龄，宋代政治家、文学家。作有《会稽风俗赋》，其中有"有菱歌兮声峭，有莲女兮貌都。日出兮烟销，渔郎兮啸呼"之句。
[8] 外感：由外界事物所引起的感触。
[9] 寓庖：聘请厨师。
[10] 规制：规划设置。
[11] 辟：通"壁"。
[12] 牖（yǒu）：窗户。

然"宜。

既名矣,复思其义曰:"嗟乎,人之心一耳。当其为私所障时,仅仅知有我七尺躯,即同室之亲,痛痒当前,而盲然若一无所见者,不犹向之湖山,虽近在目前,而蒙以辟者耶?及其所障既彻,即四海之疏,痛痒未必当吾前也,而燦然若无一而不婴[1]于吾之见者,不犹今之湖山虽远在百里,而通以牖者耶?由此观之,其豁与不豁,一间耳。而私一己、公万物之几系焉。此名斯堂者与登斯堂者,不可不交相勉者也,而直为一湖山也哉?"既以名于是义,将以共于人也,次而为之记。

【学习提示】

徐渭的《豁然堂记》从谈山说水起笔,托物言志,讲述了一个深刻的生活道理,具有启人心智的作用。文章一开篇,作者以细腻的笔触给我们描绘了一幅美丽的绍兴山水画——山水相间,林田交错,农舍若隐若现;采莲女脆生生的笑声,湖面上传来的渔歌;薄雾笼罩山间田野,人们挑担荷锄。景与人相融合,自然、清新、优美。置身在如此美妙的景色中,"烦虑顿消"。

接下来,作者写"斯堂"设计不合理给人们赏景带来的不便,以及自己对其进行改造所获得的感悟,以小见大,托物言志,指出了人们"当其为私所障时,仅仅知有我七尺躯"的狭隘,揭示了人只有不被私欲所障,才能视野开阔、心胸旷达,才能尽享自然之趣、生活之美的深刻道理。

文章构思巧妙,文笔生动,写景、言情、论理浑然一体,既给人以美的享受,又给人以生活的启示与人生的启迪。

---

[1] 婴:通"撄",接触。

四十二　书信二札

看微课

李艳讲

（一）答谢中书书

陶弘景

陶弘景（456—536），南朝梁时丹阳秣陵（今江苏南京）人。著名的医药家、炼丹家、文学家，人称"山中宰相"。作品有《本草经集注》《集金丹黄白方》《二牛图》等。

山川之美，古来共谈。高峰入云，清流见底。两岸石壁，五色交辉。青林翠竹，四时俱备。晓雾将歇，猿鸟乱鸣；夕日欲颓[1]，沈鳞[2]竞跃，实是欲界之仙都[3]，自康乐[4]以来，未复有能与[5]其奇者。

选自明刻《汉魏六朝百三家集》本《陶弘景集》

【学习提示】

《答谢中书书》这篇山水小品，描绘了江南自然山水之美。全文仅68个字，就概括了古今，包罗了四时，兼顾了晨昏，山川草木、飞禽走兽、抒情议论等各类皆备，可谓尺幅容千军、片言阅百意，为六朝山水小品名作，与吴均的《与朱元思书》堪称"骈体双璧"。这封短信不论是语言，还是写作技法都很值得我们借鉴。

（二）与朱元思书

吴　均

吴均（469—520），字叔庠，吴兴故鄣（今浙江安吉）人。南朝梁时文学家、史学家。诗文自成一家，常描写山水景物，称为"吴均体"，开创一代诗风。

风烟俱净，天山共色。从流飘荡，任意东西。自富阳至桐庐一百许里[6]，奇山异水，天下独绝。水皆缥碧[7]，千丈见底；游鱼细石，直视无碍。急湍甚箭，猛浪若奔。夹峰

---

[1] 颓：坠落。
[2] 沈鳞：潜游水中的鱼。沈：同"沉"。
[3] 欲界之仙都：即人间仙境之意。欲界：佛教中三界之一，即指人间。三界为：欲界（有淫欲、食欲）；色界（无淫欲、食欲，但仍有形色之好和物质牵挂）；无色界（摆脱一切形色、物质羁绊）。
[4] 康乐：指谢灵运。谢灵运袭封康乐公，性耽山水，故云。
[5] 与：参与其间。这里指欣赏。
[6] 富阳：今浙江杭州富阳区。桐庐：今浙江桐庐。两地相隔百余里，均在富春江边。
[7] 缥（piǎo）碧：青苍色。

高山，皆生寒树，负势竞上，互相轩邈[1]，争高直指，千百成峰。泉水激石，泠泠[2]作响；好鸟相鸣，嘤嘤[3]成韵。蝉则千转[4]不穷，猿则百叫无绝。鸢飞戾天者[5]，望峰息心；经纶[6]世务者，窥谷忘反。横柯[7]上蔽，在昼犹昏；疏条交映，有时见日。

选自明刻《汉魏六朝百三家集》本《吴均集》

【学习提示】

本篇以书信短札的形式，描写了富阳至桐庐一带秀丽的山水景物。文体骈散相间，笔致清新隽永，历历如绘，是六朝山水小品中的佳作。本文在写景状物、语言运用等方面都值得借鉴。

文章先总叙富春江奇特秀丽的景色。"风烟俱净，天山共色"，富春江的美景就是在这样天朗气清的壮丽背景中展开。"从流飘荡，任意东西"，不仅写出了江流宛转，随山形而变，江上小舟，顺流而下、随流飘荡的情形，更表现了作者陶醉于美好大自然的闲适随意心情。"奇山异水，天下独绝"，既是作者在百里富春江上的所见所感的概括，也可以说是本文所写山光水色的一个总体特点。下文自然就转入对山之奇、水之异的描写了。

平静的江面，水之澄澈，游鱼、细石都能看得清清楚楚。湍急的河段，水流又如疾箭、奔马，势不可挡。在夸张、比喻中，水之异尽现。两岸峭壁，皆生寒树，层峦叠嶂，争相竞高，直入云天。在动态比拟中，山之奇毕呈。然后从听觉写泉音、鸟鸣、蝉嘶、猿叫，生机盎然的大自然交响曲，令人神往。于是，作者不禁触景生情，自然流露出对追求利禄之徒的蔑视，含蓄传达出爱慕美好自然、避世退隐的高洁志趣。最后四句，仍落在写景上，清幽淡雅，余音缭绕。

---

[1] 互相轩邈（miǎo）：即互相比高、比远。轩：高。邈：远。
[2] 泠（líng）泠：流水清脆声。
[3] 嘤嘤：鸟鸣声。
[4] 转：同"啭"。原指鸟婉转地啼鸣，此指蝉鸣。
[5] "鸢飞"句：此喻在仕途上飞黄腾达追求功名的人。语出《诗经·大雅·旱麓》："鸢飞戾天，鱼跃于渊。"鸢（yuān）：鹞鹰。戾（lì）：至。
[6] 经纶：原指整理丝缕，引申为筹划、治理之意。
[7] 柯：树枝。

四十三 《人间词话》二则

王国维

王国维（1877—1927），字静安、伯隅，浙江嘉兴海宁人，清末秀才。我国近现代在文学、美学、史学、哲学、古文字、考古学等各方面成就卓著的学术巨子，国学大师。

（一）

有有我之境，有无我之境。"泪眼问花花不语，乱红飞过秋千去。"[1]"可堪孤馆闭春寒，杜鹃声里斜阳暮。"[2]有我之境也。"采菊东篱下，悠然见南山。"[3]"寒波澹澹起，白鸟悠悠下。"[4]无我之境也。有我之境，以我观物，故物皆著我之色彩。无我之境，以物观物，故不知何者为我，何者为物。古人为词，写有我之境者为多，然未始不能写无我之境，此在豪杰之士能自树立耳。

（二）

古今之成大事业、大学问者，必经过三种之境界："昨夜西风凋碧树，独上高楼，望尽天涯路。"[5]此第一境也。"衣带渐宽终不悔，为伊消得人憔悴。"[6]此第二境也。"众里寻他千百度，蓦然回首，那人却在灯火阑珊处。"[7]此第三境也。

---

[1] "泪眼"二句出自北宋欧阳修的《蝶恋花》："庭院深深深几许？杨柳堆烟，帘幕无重数。玉勒雕鞍游冶处，楼高不见章台路。　雨横风狂三月暮。门掩黄昏，无计留春住。泪眼问花花不语，乱红飞过秋千去。"

[2] "可堪"二句出自北宋秦观的《踏莎行》："雾失楼台，月迷津渡，桃源望断无寻处。可堪孤馆闭春寒，杜鹃声里斜阳暮。　驿寄梅花，鱼传尺素，砌成此恨无重数。郴江幸自绕郴山，为谁流下潇湘去？"

[3] "采菊"二句出自东晋陶渊明的《饮酒（其五）》："结庐在人境，而无车马喧。问君何能尔，心远地自偏。采菊东篱下，悠然见南山。山气日夕佳，飞鸟相与还。此中有真意，欲辨已忘言。"

[4] "寒波"二句出自金朝元好问的《颖亭留别》："故人重分携，临江驻归驾。乾坤展清眺，万景若相借。北风三日雪，太素秉元化。九山郁峥嵘，了不受陵跨。寒波澹澹起，白鸟悠悠下。怀归人自急，物态本闲暇。壶觞负吟啸，尘土足悲咤。回首亭中人，平林澹如画。"

[5] "昨夜"三句出自于晏殊《蝶恋花》："槛菊愁烟兰泣露，罗幕轻寒，燕子双飞去。明月不谙别离苦，斜光到晓穿朱户。　昨夜西风凋碧树，独上高楼，望尽天涯路。欲寄彩笺兼尺素，山长水阔知何处。"

[6] "衣带"二句出自于柳永《凤栖梧》："伫倚危楼风细细，望极春愁，黯黯生天际。草色烟光残照里，无言谁会凭栏意。　拟把疏狂图一醉，对酒当歌，强乐还无味。衣带渐宽终不悔，为伊消得人憔悴。"

[7] "众里"三句出自于辛弃疾《青玉案·元夕》："东风夜放花千树。更吹落、星如雨。宝马雕车香满路。凤箫声动，玉壶光转，一夜鱼龙舞。　蛾儿雪柳黄金缕，笑语盈盈暗香去。众里寻它千百度，蓦然回首，那人却在，灯火阑珊处。"

【学习提示】

关于文学作品的境界和意境问题，自唐代以来很多文学理论批评家都有过论述。王国维是对意境理论论述得最全面、最充分、最深刻的一位文学理论批评家。他是从文学创作的本质和特征来认识和理解意境的美学内容的。他在《文学小言》中说："文学中有二原质焉：曰景，曰情。前者以描写自然及人生之事实为主，后者则吾人对此种事实之精神的态度也。故前者客观的也，后者主观的也；前者知识的也，后者感情的也。"从王国维的这段话我们可以认识到，意境不是什么不可捉摸的神秘之物。所谓"意"，就是诗人的思想感情；所谓"境"，就是诗人所描绘的人、事、景、物。所谓意境，就是作者在作品中所描绘的生活场景与作者的思想感情有机融合而形成的一种艺术境界。在《人间词话》中，作者讲得最多的是境界，有时也讲意境。其实，作者在书中所讲的境界和意境的基本含义是一致的。

本文所选的第一则词话，从作品中物我关系的角度，将意境分为"有我之境"和"无我之境"。"有我之境"是指作家带着浓厚的主观感情去描写客观事物，故物皆含有明显的作家的主观感情色彩，也就是说物"人化"了。"无我之境"是指作家在对客观事物的描写中，把自己的情志隐藏于对客观事物的描写之中，表面上看不出有作家主观的感情色彩，也就是说人"物化"了。

王国维说的"有我之境"，实际就是我们平时所讲的借景抒情，也就是作者本有强烈的感情需要抒发，借助一定的景物形象来表现这种情感。景是受情制约、为情服务的。若诗人的情是喜情，见到的景色自然就洋溢喜的气氛；若诗人的情是哀情，所写的景就蒙上哀的色彩。"春风得意马蹄疾，一日看尽长安花"，正因为情是得意的情，所以处处是美丽的花；"云横秦岭家何在，雪拥蓝关马不前"，正因为被贬谪，仕途坎坷，所以云横雪拥，景是障碍重生的景。

王国维说的"无我之境"，实际就是我们平时说的触景生情。诗人本来没有情感，或者本无强烈的情感，现在身在一定的环境，或因景的秀丽而喜欢，或因景的萧瑟而伤愁。这种情是由景而激发的，是受制于景的，是景决定了情。如因鸟语花香而怡然，因狂风暴雨而忧伤。如："迟日江山丽，春风花草香。泥融飞燕子，沙暖睡鸳鸯。"这是诗人在春天所感受到的由衷的快乐，自然是触景生情。

本文所选的第二则词话，借用古诗词中的名句来论述要成就大事业、大学问必须经历的三种境界。作者论述第一种境界引用晏殊《蝶恋花》中写相思之切的词句，说明要成就大事业、大学问首先要有一种向往和追求，同时要忍受孤独和寂寞；论述第二种境界引用柳永《凤栖梧》中描写苦苦相思、痴心不改的词句，说明成就大事业、大学问要有一种坚持不懈、矢志不渝的精神；论述第三种境界引用辛弃疾《青玉案·元夕》中写千辛万苦追寻之后突然相见之惊喜的词句，说明功到自然成的道理。

四十四　我的一位国文老师

梁实秋

梁实秋（1903—1987），原名梁治华，字实秋，笔名子佳、秋郎等，浙江杭县（今浙江杭州）人。中国著名的现当代散文家、学者、文学批评家、翻译家，国内第一个研究莎士比亚的权威。梁实秋一生给中国文坛留下了两千多万字的著作，其散文集创造了中国现代散文著作出版的最高纪录。代表作有《莎士比亚全集》（译作）等。

我在十八九岁的时候，遇见一位国文先生，他给我的印象最深，使我受益也最多，我至今不能忘记他。

先生姓徐，名锦澄，我们给他取的绰号是"徐老虎"，因为他凶，他的相貌很古怪，他的脑袋的轮廓是有棱有角的，很容易成为漫画的对象。头很尖，秃秃的，亮亮的，脸型却是方方的，扁扁的，有些像《聊斋志异》绘图中的夜叉的模样。他的鼻子眼睛嘴好像是过分地集中在脸上很小的一块区域里。他戴一副墨晶眼镜，银丝小镜框，这两块黑色便成了他脸上最显著的特征。我常给他漫画，勾一个轮廓，中间点上两块椭圆形的黑块，便惟妙惟肖。他的身材高大，但是两肩总是耸得高高，鼻尖有一些红，像酒糟的，鼻孔里常藏着两筒清水鼻涕，不时地吸溜着，说一句话就要用力的吸溜一声，有板有眼有节奏，也有时忘了吸溜，走了板眼，上唇便亮晶晶地吊出两根玉箸，他用手背一抹。他常穿的是一件灰布长袍，好像是在给谁穿孝，袍子在整洁的阶段时我没有赶得上看见，余生也晚，我看见那袍子的时候即已油渍斑斓。他经常是仰着头，迈着八字步，两眼望青天，嘴撇的瓢儿似的。我很难得看见他笑，如果笑起来，是狞笑，样子更凶。

我的学校是很特殊的。上午的课全是用英语讲授，下午的课全是国语讲授。上午的课很严，三日一问，五日一考，不用功便被淘汰，下午的课稀松，成绩与毕业无关。所以每天下午上国文之类的课程，学生们便不踊跃，课堂上常是稀稀拉拉的不大上座，但教员用拿毛笔的姿势举着铅笔点名的时候，学生却个个都到了，因为一个学生不只答一声到。真到了的学生，一部分从事午睡，微发鼾声，一部分看小说如《官场现形记》[1]《玉梨魂》[2]之类，一部分写"父母亲大人膝下"式的家书，一部分干脆瞪着大眼发呆，神游八表[3]。有时候逗先生开玩笑。国文先生呢，大部分都是年高有德的，不是榜眼，就是探花，再不就是举人。他们授课不过是奉行公事，乐得敷敷衍衍。在这种糟糕的情形之下，徐老先生之所以凶，老是绷着脸，老是开口就骂人，我想大概是由于正当防卫吧。

有一天，先生大概是多喝了两盅，摇摇摆摆地进了课堂。这一堂是作文，他老先生拿

---

[1]《官场现形记》：长篇小说，清末李伯元（1867—1907）著，以谴责晚清官场的黑暗为主题。

[2]《玉梨魂》：是小说家徐枕亚于1912年所著的文言哀情小说。

[3] 八表：八方之外，指极远的地方。

起粉笔在黑板上写了两个字,题目尚未写完,当然照例要吸溜一下鼻涕,就在这吸溜之际,一位性急的同学发问了:"这题目怎样讲呀?"老先生转过身来,冷笑两声,勃然大怒:"题目还没有写完,写完了当然还要讲,没写完你为什么就要问?——"滔滔不绝地吼叫起来,大家都为之愕然。这时候我可按捺不住了。我一向是个上午捣乱下午安分的学生,我觉得现在受了无理的侮辱,我便挺身分辩了几句。这一下我可惹了祸,老先生把他的怒火都泼在我的头上了。他在讲台上来回地踱着,吸溜一下鼻涕,骂我一句,足足骂了我一个钟头,其中警句甚多,我至今还记得这样的一句:

"×××!你是什么东西?我一眼把你望到底!"

这一句颇为同学们传诵。谁和我有点争论遇到纠缠不清的时候,都会引用这一句"你是什么东西?我把你一眼望到底!"当时我看形势不妙,也就没有再多说,让下课铃结束了先生的怒骂。

但是从这一次起,徐先生算是认识我了。酒醒之后,他给我批改作文特别详尽。批改之不足,还特别的当面加以解释,我这一个"一眼望到底"的学生,居然成为一个受益最多的学生了。

徐先生自己选辑教材,有古文,有白话,油印分发给大家。《林琴南致蔡孑民书》是他讲得最为眉飞色舞的一篇。此外如吴敬恒的《上下古今谈》,梁启超的《欧游心影录》,以及张东荪的时事新报社论,他也选了不少。这样新旧兼收的教材,在当时还是很难得的开通的榜样。我对于国文的兴趣因此而提高了不少。徐先生讲国文之前,先要介绍作者,而且介绍得很亲切,例如他讲张东荪的文字时,便说:"张东荪这个人,我倒和他一桌上吃过饭……"这样的话是相当的可以使学生们吃惊的,吃惊的是,我们的国文先生也许不是一个平凡的人吧,否则怎样能够和张东荪一桌上吃过饭!

徐先生于介绍作者之后,朗诵全文一遍。这一遍朗诵可很有意思。他打着江北的官腔,咬牙切齿地大声读一遍,不论是古文或白话,一字不苟地吟咏一番,好像是演员在背台词,他把文字里蕴藏着的意义好像都给宣泄出来了。他念得有腔有调,有板有眼,有情感,有气势,有抑扬顿挫,我们听了之后,好像是已经理会到原文的意义的一半了。好文章掷地作金石声,那也许是过分夸张,但必须可以琅琅上口,那却是真的。

徐先生之最独到的地方是改作文。普通的批语"清通""尚可""气盛言宜",他是不用的。他最擅长的是用大墨杠子大勾大抹,一行一行地抹,整页整页地勾;洋洋千余言的文章,经他勾抹之后,所余无几了。我初次经此打击,很灰心,很觉得气短,我掏心挖肝地好容易诌出来的句子,轻轻地被他几杠子就给抹了。但是他郑重地给我解释一会,他说:"你拿了去细细地体味,你的原文是软爬爬的,冗长,懈啦光唧[1]的,我给你勾掉了一大半,你再读读看,原来的意思并没有失,但是笔笔都立起来了,虎虎有生气了。"我仔细一揣摩,果然。他的大墨杠子打得是地方,把虚泡囊肿的地方全削去了,剩下的全是筋骨。在这删削之间见出他的工夫。如果我以后写文章还能不多说废话,还能有一点点硬朗挺拔之气,还知道一点"割爱"的道理,就不能不归功于我这位老师的教诲。

徐先生教我许多作文的技巧。他告诉我:"作文忌用过多的虚字。"该转的地方,硬转;该接的地方,硬接。文章便显着朴拙而有力。他告诉我,文章的起笔最难,要突兀矫健,要开门见山,要一针见血,才能引人入胜,不必兜圈子,不必说套语。他又告诉我,

---

[1] 懈啦光唧:北京方言,指精神不紧张,随随便便,马马虎虎。

说理说至难解难分处，来一个譬喻，则一切纠缠不清的论难都迎刃而解了，何等经济，何等手腕！诸如此类的心得，他传授我不少，我至今受用。

我离开先生已将近五十年了，未曾与先生一通音讯，不知他云游何处，听说他已早归道山[1]了。同学们偶尔还谈起"徐老虎"，我于回忆他的音容之余，不禁的还怀着怅惘敬慕之意。

【学习提示】

这篇文章采用欲扬先抑的表现手法记叙了给作者"印象最深"、使作者"受益也最多"的一位国文教师的事迹，表达了作者对这位老师的怀念与敬慕之情。文中的这位老师相貌平平，但其治学严谨、对学生很负责，因而深得作者的尊重。

这篇课文除了在表现手法和思想内容两个方面给我们以启示之外，还使我们在语文学习方面受到较大的启示。如文中所讲：他的朗读"有腔有调，有板有眼，有情感，有气势，有抑扬顿挫，我们听了之后，好像是已经理会到原文的意义的一半了"。"大墨杠子打得是地方，把虚泡囊肿的地方全削去了，剩下的全是筋骨。在这删削之间见出他的工夫。如果我以后写文章还能不多说废话，还能有一点点硬朗挺拔之气，还知道一点'割爱'的道理，就不能不归功于我这位老师的教诲。"前一段文字使我们感悟到了诵读在语文能力培养方面的作用，后一段文字使我们明白写作时锤词炼句的要点。

梁实秋的散文凝练、雅洁，机智闪烁，生动传神，韵味浓郁，常常令人为之陶醉。

---

[1] 归道山：旧时称人死为归道山。道山：传说中的仙山。

四十五　读雪心得

黄高才

> 黄高才，1962年2月出生于陕西泾阳，笔名净心、伯阳，祖籍山西稷山。当代语言学家、学者、作家、书画家。先后担任汉语学术期刊主编、中央机关报副刊执行主编和大学文学院院长等职。近年来，主编、独著大学人文学科教材24部，出版专著19部，发表各类作品三百多篇。其代表著作有《中国文化概论》《国学概论》和《现代应用写作全书》等。

打小就喜欢雪，直到现在。小时候虽然对雪没有多少认识和理解，但每逢下雪总是莫名地兴奋。曾经站在大雪纷飞的小院中，仰着小脸，伸着舌头，盼着雪花落在舌上、飘进口中；有时还特意张着小口，蹦跳着捕食雪花，滑倒了，起来接着蹦。至于平伸着两只小手，任雪落在掌中，那是很平常的事了。

有时候，晚上下了大雪，第二天一大早起来，兴奋地在雪地中走，一边走一边回头看自己留下的脚印。还记得，曾经用小手在厚厚的积雪上抓取最上面的送进嘴里品尝，也曾提着水壶，拿着小铲，铲取一壶洁白的雪放到火炉上烧开了喝——小的时候，我就认为雪是最纯洁、最干净的。

有一年冬天，连续下了好几场雪，几双棉鞋全因为踏雪湿透，冰冷得没法再穿了。没鞋子穿，不能到雪地中去玩，便趴在窗户上面，静静地看雪花从空中纷纷落下的情景。

少年时代，堆过雪人，打过雪仗；在平地上滑过雪，到小土坡上溜过雪。那时候，从雪中感受到了很多乐趣。

成年以后，对雪的认识多了，赏雪的心境与小时候已大不相同。那年初春，校园里的几树梅花刚刚绽放时，上天恩赐了一场大雪。

那天午后，我站在屋檐下，看雪花漫天而来的景象，在壮观的背景上读出了诗意。雪花虽然都是带着兆丰年的使命而来，但它们亲吻大地的方式却各有不同——那些拥抱大地心情迫切的，在空中不绕弯子，径直而下，但在落地的一刹那似乎又放慢了脚步，与大地亲吻的动作是那样的轻柔，也许，它们是怕撞伤了小草的嫩芽吧；因将要投身大地而兴奋的，在空中左飘右荡，曼舞着下来，但在投身大地的瞬间又显得那样乖巧。

可能是从天而降的时候就有分工吧，雪花不全是直接投入大地的怀抱，有的降到屋瓦上，有的栖于树枝上，有的落在电线上……最幸运的也许是落在梅花上的那些了，它们不仅可以近观梅的风采，品梅的清香，悉听梅花绽放的声音，而且可以读梅的风骨，感受梅的精神。

当天夜里，我做了一个梦，梦中是儿时踏雪的情景。第二天，我起了个大早。那时候，学生们还没有到校，住校的老师也没有起床，屋檐下栖息的鸟儿还没有醒来。

雪早已停了，积雪覆盖下的校园一派宁静，被雪净化的空气十分清爽。我在校园中踏雪漫步，品读着雪写的篇章。雪积得很厚，花园中的菱草败叶已不见踪迹，屋瓦上枯干的苔藓也看不见了，满目洁白，处处干净。

　　雪覆盖了很多人们不喜欢看的东西，又把人们所中意的一些事物装点得更美。披雪挺立的松树比平日显得厚重了许多，下部平伸的枝干上堆满了积雪，看起来沉甸甸的；墙角的一丛竹子上也挂满了雪，有几株枝繁叶茂的还被厚厚的积雪压弯了；还没有吐翠的樱花树枝上落的雪很厚，呈现出了岑参笔下所写的景象……这时候最耐看的要数梅花了，梅枝上虽然压了很厚的雪，但依旧傲然挺立着，丝毫没有屈服的意思，梅花在雪的映衬下，显得更加娇媚，又十分的纯贞。

　　人到中年之后，每逢下雪，总要细细地品读一番。读得多了，对雪便有了深透的理解——雪之大美，并不在它的纯洁和清雅，而在于它强大的感染力量。

　　每一片雪花落下时，都显得那么轻柔，轻柔得看似无力。然而，雪花一片片聚集，竟能凝成染山山秀、浸水水清的强大感染力。世间万物，只要亲雪，都会被它的纯洁所感染。松柏亲雪，更显高洁，梅花亲雪，更加纯贞，竹子亲雪，更见风骨……就连有思想的人也不例外，每一个人亲雪，都会感到神清气爽。

　　雪，真的很美！

【学习提示】

　　这是一篇富有哲理性的抒情散文。文中既有作者踏雪、赏雪和读雪等情形的讲述，也有对飞雪、积雪等景象的描绘，文风清新质朴，语言纯净优美。

　　从遣词造句的角度看，这篇文章采用了多种语言美化的方法。一是动词和形容词恰到好处的使用加强了语言的生动性和表现力。例如，"它们不仅可以近观梅的风采，品梅的清香，悉听梅花绽放的声音，而且可以读梅的风骨，感受梅的精神"中的"观""品""听""读""感受"等。二是丰富的句式变化使语言显得灵动而富于魅力。三是拟人化手法的运用使语言富有形象性。例如，"拥抱大地""与大地亲吻"等。四是排比句的使用加强了语言气势，增强了语言的表现力。例如，"松柏亲雪，更显高洁，梅花亲雪，更加纯贞，竹子亲雪，更见风骨"。

　　除了以上四种美化语言的方法外，这篇散文中还较多地使用了对句、铺排等加强语言的美感。

四十六　麦琪的礼物[1]

欧·亨利

欧·亨利（1862—1910），美国著名短篇小说家。出生于美国北卡罗来纳州格林斯波罗镇一个医师家庭。15岁在叔父的药房里当学徒，之后当过放牧人、会计员、土地局办事员和银行出纳员。1896年因就职的银行账目不清，他被指控盗用公款而被捕入狱。在狱中开始创作。1902年，因"行为良好"提前获释，到纽约专事写作。他与契诃夫、莫泊桑被誉为世界三大短篇小说巨匠。他创作的短篇小说共有三百多篇，代表作有《麦琪的礼物》《警察和赞美诗》《最后的藤叶》等。

欧·亨利的作品构思新颖、语言诙谐，结局常常出人意料；文字生动活泼、妙趣横生，以"含泪的微笑"著称，被誉为"美国生活的幽默百科全书"。同时他的作品以描写纽约曼哈顿市民生活最为著名，故有"曼哈顿的桂冠诗人"和"美国现代短篇小说之父"之称。

一块八角七分钱。全在这儿了。其中六角还是零钱凑起来的。这些小钱是每次一个两个向杂货店、菜贩和肉店的老板硬扣下来的；人家虽然没有明说，自己总觉得这种掂斤播两的交易未免落个吝啬的恶名，当时羞得脸红。德拉数了三遍。数来数去还是一块八角七分钱。而第二天就是圣诞节了。

除了倒在那张破旧的小榻上大哭一场之外，显然没有别的办法。德拉就这么办了。这就使一种精神上的感慨油然而生，认为人生是由啜泣、抽噎和微笑组成的，其中抽噎占主导地位。

趁这家的女主人的悲伤逐渐地由第一级降到第二级的时候，让我们看一看她的家吧！一套备有家具的公寓，租金每周八元钱。虽然不能说绝对的难以形容，实际上，确实与贫民窟也相差无几了。

楼下的甬道里有一个信箱，但是永远不会有信件投进去；还有一个电铃，鬼才能把它按响。那里还贴着一张名片，上面写着"杰姆斯·狄林汉·杨先生"几个字。

"狄林汉"这个名号是主人先前富裕时，也就是每周赚三十元时，一时高兴，加在姓名之间的，现在进款减缩到达二十元了，"狄林汉"几个字看起来有些模糊，仿佛它们正在慎重地考虑是否缩成一个质朴而谦虚的"狄"字为妙。但是每逢杰姆斯·狄林汉·杨先生回家上楼，走进房门时，杰姆斯·狄林汉·杨太太——就是前面已经介绍过的德拉——总是把他叫作"杰姆"，并且热烈地拥抱他。这当然是很好的。

德拉哭泣完了以后，小心地用破粉扑在面颊上扑了些粉。她站在窗前，呆呆地看着外面灰蒙蒙的后院里有一只灰色的猫在一个灰色篱笆上走着。明天就是圣诞节了，而她只能

---

[1] 麦琪：据《圣经》记载，麦琪是指耶稣初生时，从东方来耶路撒冷给他送礼物的三位贤人，他们的礼物代表了尊贵与圣洁。麦琪首开圣诞馈赠礼物的风俗。

拿一块八角七分钱给杰姆买一件礼物。几个月来，她尽可能地节省了每一分钱，结果不过如此。每周二十元本来不经花。支出的总比她预算的多。总是这样。只有一块八角七分钱拿来给杰姆买礼物。她的杰姆。为了给他买一件好东西，德拉自得其乐地筹划了好些日子。要买一件精致、珍奇而真正有价值的东西——够得上给杰姆持有的东西固然很少，可是总得有些相称才成呀。

屋里两扇窗户中间有一面壁镜。读者也许见过房租八元钱的公寓里的壁镜。一个非常瘦小灵活的人，从一连串纵的片断的映像里，也许可以对自己的容貌得到一个大致不错的概念。德拉全靠身材纤细，才精通了这种艺术。

突然，她从窗口旋风般地转过身来，站在壁镜前面。她两眼晶莹明亮，但是在二十秒钟内她的面色失去了光彩。她很快地把头发解开，叫它完全披散下来。

且说，杰姆斯·狄林汉·杨夫妇有两样东西是他们特别引以为豪的。一样是杰姆三代祖传的金表。另一样是德拉的头发。如果示巴女皇〔1〕住在气窗对面的公寓里，德拉总会有一天把头发悬在窗外去晾干，只是为了使那位女皇的珠宝和首饰相形见绌。如果所罗门王〔2〕做了看门人，把他所有的财富都堆集在地下室里，杰姆每次经过那儿时会掏出他的金表看看，让所罗门王嫉妒得吹胡子瞪眼。

这时德拉的美丽的头发披散在身上，像一股褐色的小瀑布一样，波浪起伏，金光闪闪。头发一直垂到膝盖下，仿佛给她披上一件衣服。她又神经质地很快地把头发梳起来。她踌躇了一会儿，静静地站在那里，有一两滴泪水溅落在破旧的红地毯上。

她穿上她那褐色的旧外套，戴上她那褐色的旧帽子。眼睛里还留着晶莹的泪光，裙子一摆，她飘然走出房门，走下楼梯，来到街上。

她走到一块招牌前停住了，招牌上面写着："莎弗朗尼娅夫人——经营各种头发用品"。德拉跑上一楼，一面喘着气，一面定下神来。那位夫人身躯肥大，肤色白得过分，一副冷冰冰的样子，和"莎弗朗尼娅"〔3〕这个名字太不相称。

"您要买我的头发吗？"德拉问道。

"我买头发，"夫人说，"把你的帽子脱下来，让我看看你的头发什么样儿！"

那股褐色的小瀑布泻了下来。

"二十块钱。"夫人用熟练的手法抓起头发说。

"赶快把钱给我。"德拉说。

啊！随后的两个钟头仿佛长了玫瑰色的翅膀似的飞掠过去了。请不要理会这种杂凑的比喻吧！总之，德拉为了给杰姆买礼物，搜索了所有的铺子。

最后，她终于把它找到了。它确是专为杰姆，不为别人制造的。她把所有的商店都搅翻了一遍，各家都没有像那样的东西。那是一条白金表链，式样简单朴素，只以货色来宣示它的价值，不凭什么俗不可耐的装潢——一切好东西都应该是这样的。它还真配得上那只金表。她一看到这表链就认为非给杰姆买下来不可。它简直像他的为人。文静而有价值——这句话拿来形容表链和杰姆本人都恰到好处。店里以二十一块钱的价格卖给了

---

〔1〕 示巴女皇：示巴女皇以美貌著称。示巴古国在阿拉伯西南，即今也门境内。

〔2〕 所罗门王：古以色列的君王，以聪明和豪富著称。

〔3〕 莎弗朗尼娅：意大利诗人塔索以第一次十字军东征为题材的史诗《被解放的耶路撒冷》中的人物，她为了拯救耶路撒冷全城的基督徒，承认了并未犯过的罪行，成了舍己救人的典范。

她，她带着剩下的八角七分钱匆匆地赶回家。杰姆有了这条表链，在任何场合都可以毫无顾虑地看看钟点了。那只表虽然华贵，可是因为他用一根旧皮条来代替表链，他有时只是偷偷地看一眼。

德拉回家以后，她稍稍用谨慎与理智来代替了陶醉。她拿出烫发铁钳，点起煤气，开始补救由于爱情加上慷慨而造成的灾害。那始终是一件艰巨的工作，亲爱的朋友们——简直是了不起的工作。

不出四十分钟，她头上布满紧贴头发的小发卷，变得活像一个逃学的小学生。她仔细而苛刻地对着镜子照了又照。

"如果杰姆看了我一眼不把我杀死才怪呢，"她自言自语地说，"他会说我是康奈岛游戏场里的卖唱姑娘。但是我有什么办法呢？——哎！只有一块八角七分钱，叫我有什么办法呢？"

到了七点钟，咖啡已经煮好了，煎锅也放在炉子后面热着，随时准备煎肉排。

杰姆一向准时回家。德拉把表链对折了握在手里，在他进来必经的门口的桌子角上坐下来。接着，她听到楼下梯级上响起了他的脚步声，她立刻脸色变白了。她有一个习惯，往往为了日常最简单的事情默祷几句，现在她悄声说："求求上帝，让他认为我还是美丽的。"

门开了，杰姆迈步走进来把门关上。他很瘦削，非常严肃。可怜的人，他只有二十二岁——就担负起家庭的担子！他需要一件新大衣，手套也没有。

一进门杰姆就站住了，像一条猎犬嗅到鹌鹑似的纹丝不动。他两眼盯着德拉，有一种她捉摸不透的表情，这使她大为惊慌。那既不是愤怒，也不是惊讶，又不是不满，更不是厌恶，不是她所预料的任何一种神情。他只是带着那种奇怪的神情死死地盯着她。

德拉忐忑不安地从桌上跳下来，走到他身边。

"杰姆，亲爱的，"她喊道，"别那样盯着我看。我把头发剪掉卖了，因为我不送你一件礼物，我过不了圣诞节。头发会再长起来的——你不会在意吧，是不是？我实在没办法才这么做的。我的头发长得快得要命。说句'恭贺圣诞'吧！杰姆，让我们高高兴兴的。你猜不到我给你买了一件多么好——多么美丽的礼物。"

"你把头发剪掉了？"杰姆吃力地问道，仿佛他绞尽脑汁之后，还没有把那个显而易见的事实弄明白似的。

"非但剪了，而且卖了，"德拉说，"不管怎样，你还是一样地喜欢我，是不是？没有了头发，我还是我，不是吗？"

杰姆好奇地向房里四下张望。

"你说你的头发没有了？"他带着近乎白痴的神情问道。

"你用不着找了，"德拉说，"我告诉你，已经卖了——卖了，没有了。今天是圣诞前夜，亲爱的。好好地对待我，我剪掉头发为的是你呀。我的头发可能数得清，"她突然非常温柔地接下去说，"但是我对你的爱情谁也数不清。我把肉排烧上好吗？杰姆！"

杰姆好像忽然从恍惚中醒过来。他把德拉搂在怀里。为了不致冒昧，让我们花十秒钟工夫瞧瞧另一方面无关紧要的东西吧。每周八块钱的房租，或者每年一百万块钱的房租——其中有什么区别？一个数学家或是一个滑稽家可能给你一个不正确的答复。麦琪带来了珍贵的礼物，但是其中没有那样东西。这句晦涩的话，下文将有说明。

杰姆从大衣口袋里掏出一包东西，把它扔在桌上。

"不要对我有任何误会，德儿，"他说，"不管是剪发、修脸、洗头，我对我的姑娘的爱情是绝不会减低一分的。但是，你一打开那包东西，就会明白，刚才你为什么把我愣住了。"

白皙的手指敏捷地撕开了绳子和包皮纸。接着是一声狂喜的叫喊；紧接着，哎呀！突然转变成女性神经质的眼泪和号哭，立刻需要公寓的主人用尽办法来安慰她。

因为摆在眼前的是那套插在头发上的梳子——全套的发梳，两鬓用的，后面用的，应有尽有；那是百老汇路一个橱窗里的、德拉渴望了好久的东西。纯玳瑁做的、边上镶着珠宝的美丽的发梳——配那已经失去的美发，颜色恰恰合适。她知道这套发梳是很贵重。她心向神往了好久，但从来没有存过占有它的希望。现在居然为她所有了，可是用来装饰那一向向往的装饰品的头发却没有了。

但是她还是把它紧紧地抱在怀中，隔了好久，她才能抬起迷蒙的泪眼，含笑对杰姆说："我的头发长得多快啊，杰姆！"

接着，德拉像一只挨了烫的小猫似地跳了起来，喊道："噢！噢！"

杰姆还没有看到送给他的美丽礼物呢！她热切地把它托在自己掌心上递给他。这无知无觉的贵重金属似乎闪闪地反映着她的快活和热诚的神情。

"漂亮吗，杰姆？我跑遍了全城才找到它。现在你每天要把表看上一百次了。把你的表拿给我。我要看看它配上是什么样子！"

杰姆并没有照她的话去做，却倒在小榻上，头枕着双手，微笑着。

"德儿，"他说，"让我们把圣诞节的礼物搁在一边，暂时保存起来。他们实在太好了，现在用了未免太可惜。我是卖了金表换了钱给你买的发梳。现在请你煎肉排吧！"

那三位麦琪，读者都知道，全是有智慧的人——非常有智慧的人——他们带来礼物，送给生在马槽里的圣婴耶稣。他们首创了圣诞节馈赠礼物的风俗。他们既然有智慧，他们的礼物无疑也是聪明的，可能还附带一种碰上收到同样的东西时可以交换的权利。我的拙笔在这里向读者叙述了一个没有曲折、不足为奇的故事：那两个住在一间公寓里的笨孩子，极不聪明地为了对方牺牲了他们家里最宝贵的东西。但是，让我对目前一般聪明人说一句最后的话，在所有馈赠礼物的人当中，他们两个是最聪明的。在一切接受礼物的人当中，像他们这样的人也是最聪明的。他们就是麦琪。

【学习提示】

《麦琪的礼物》叙写了一个既悲哀又温馨的故事：一对穷困的年轻夫妇为互赠圣诞礼物而忍痛卖掉引以为豪的长发和金表，却换来了用不上的发梳和表链。然而他们却得到了比任何礼物都宝贵的东西——真爱。这份礼物是神圣的，放射着人性的光芒。作品反映了美国下层人民生活的艰难和辛酸，赞美了两位主人公纯洁、善良的心地和相濡以沫的爱情。这对小夫妻，穷得可怜，却爱得深挚。这种"含泪的微笑"，加深了作品的社会意义，具有长久的艺术魅力。

《麦琪的礼物》这篇小说构思巧妙。小说采用一明一暗两条线索展开情节，由明线展开的故事是女主人公德拉为了给丈夫买一条白金表链而卖掉了"使那位女皇的珠宝和首饰相形见绌"的头发，暗线展开的故事是男主人公杰姆为了给自己的妻子买一套纯玳瑁的美丽发梳而卖掉了"祖传三代的金表"。两条线索一明一暗，将两个故事牵向结局。

小说一开篇，先给我们概括交代了主人公的穷困——"德拉数了三遍。数来数去还是一块八角七分钱"。"明天就是圣诞节了,而她只能拿一块八角七分钱给杰姆买一件礼物。""为了给他买一件好东西,德拉自得其乐地筹划了好些日子。"这两段主要交代了故事的起因。

"突然,她从窗口旋风般地转过身来,站在壁镜前面。她两眼晶莹透亮,但是在二十秒内她的面色失去了光彩。她很快地把头发解开,叫它完全披散下来。

……

这时德拉的美丽的头发披散在身上,像一股褐色的小瀑布一样,波浪起伏,金光闪闪。头发一直垂到膝盖下,仿佛给她披上了一件衣服。她又神经质地很快地把头发梳起来。她踌躇了一会儿,静静地站在那里,有一两滴泪溅落在破旧的红地毯上。"

这里对德拉的心理状态进行了细腻的刻画。在经过了激烈的思想斗争之后,德拉决然地选择了爱的牺牲——"她穿上她那褐色的旧外套,戴上她那褐色的旧帽子。眼睛里还留着晶莹的泪光,裙子一提,她飘然走出房门,走下楼梯,来到街上。"她要干什么?她要卖掉她那一头美丽绝伦的头发为自己的丈夫买一件圣诞礼物。在这一段描写中,两处细节特别生动——"那褐色的旧帽子"和"眼睛里还留着晶莹的泪光"。穷困的德拉在卖掉自己的长发时显然是十分痛苦的。这样写来,显得十分真实、自然。

德拉卖了自己的头发,为杰姆买了白金表链。回家后,"她拿出烫发铁钳,点起煤气,开始补救由于爱情加上慷慨而造成的灾害。"至此,明线引导的故事有了结局。

"门开了,杰姆迈步走进来把门关上。他很瘦削,非常严肃。可怜的人,他只有二十二岁——就担负起了家庭的担子!他需要一件新大衣,手套也没有。"这是暗线人物的出场,作者就给我们交代了他的贫穷——他穿着一件破旧的大衣,连手套也没有。

明暗两个线索交织在一起后,男女主人公的对话十分感人……

这篇小说前后三次写德拉的哭泣:第一次是因为没钱给丈夫买圣诞礼物而悲伤地哭泣,第二次是要卖掉自己那一头美发时痛惜地哭,第三次是激动得哭了。

这是一篇感人肺腑的作品,男女主人公虽然穷困,但他们彼此深爱着对方。真爱使他们幸福和快乐。

《麦琪的礼物》堪称短篇小说的一绝。这篇小说以幽默而又带有淡淡哀伤的语言讲述了一个"没有曲折、不足为奇"的故事,其出人意料又在情理之中的结局令人哭着笑,笑着哭。在让人咀嚼着真爱的甜蜜的同时,又品尝到淡淡的苦涩。

四十七　海燕

玛克西姆·高尔基

玛克西姆·高尔基（1868—1936），苏联作家、政论家，社会主义现实主义文学的奠基人。幼年丧父，11岁开始独立谋生，当过学徒、装卸工、面包房工人。1889年开始写作，1892年发表处女作《马卡尔·楚德拉》。早期作品如《伊则吉尔老婆子》（1895）、《鹰之歌》（1895）等具有浓厚的浪漫主义气息。1901年创作了著名的散文诗《海燕之歌》。1906年高尔基写成长篇小说《母亲》和剧本《底层》。"十月革命"前后创作了自传体三部曲《童年》《在人间》《我的大学》。1925年开始创作具有史诗气魄的长篇巨著《克里姆·萨姆金的一生》。高尔基不仅是伟大的文学家，而且也是杰出的社会活动家。他组织成立了苏联作家协会，主持召开了全苏第一次作家代表大会，培养文学新人，积极投身保卫世界和平的事业。

在苍茫的大海上，狂风卷集着乌云。在乌云和大海之间，海燕像黑色的闪电，在高傲地飞翔。

一会儿翅膀碰着波浪，一会儿箭一般地直冲向乌云，它叫喊着，——就在这鸟儿勇敢的叫喊声里，乌云听出了欢乐。

在这叫喊声里——充满着对暴风雨的渴望！在这叫喊声里，乌云听出了愤怒的力量、热情的火焰和胜利的信心。

海鸥在暴风雨来临之前呻吟着，——呻吟着，它们在大海上飞窜，想把自己对暴风雨的恐惧，掩藏到大海深处。

海鸭也在呻吟着，——它们这些海鸭啊，享受不了生活的战斗的欢乐：轰隆隆的雷声就把它们吓坏了。

蠢笨的企鹅，胆怯地把肥胖的身体躲藏到悬崖底下……只有那高傲的海燕，勇敢地、自由自在地，在泛起白沫的大海上飞翔！

乌云越来越暗，越来越低，向海面直压下来，而波浪一边歌唱，一边冲向高空，去迎接那雷声。

雷声轰响。波浪在愤怒的飞沫中呼叫，跟狂风争鸣。看吧，狂风紧紧抱起一层层巨浪，恶狠狠地把它们甩到悬崖上，把这些大块的翡翠摔成尘雾和碎末。

海燕叫喊着，飞翔着，像黑色的闪电，箭一般地穿过乌云，翅膀掠起波浪的飞沫。

看吧，它飞舞着，像个精灵，——高傲的、黑色的暴风雨的精灵，——它在大笑，它又在号叫……它笑那些乌云，它因为欢乐而号叫！

这个敏感的精灵，——它从雷声的震怒里，早就听出了困乏，它深信，乌云遮不住太阳，——是的，遮不住的！

狂风吼叫……雷声轰响……

一堆堆乌云，像青色的火焰，在无底的大海上燃烧。大海抓住闪电的箭光，把它们熄灭在自己的深渊里。这些闪电的影子，活像一条条火蛇，在大海里蜿蜒游动，一晃就消失了。

——暴风雨！暴风雨就要来啦！

这是勇敢的海燕，在怒吼的大海上，在闪电中间，高傲地飞翔；这是胜利的预言家在叫喊：

——让暴风雨来得更猛烈些吧！

【学习提示】

《海燕》写于1901年，当时正是俄国1905年革命前夕最黑暗的年代，俄国工人运动不断高涨，动摇着沙皇统治的根基。深谙底层人民疾苦的高尔基，触摸到刚刚开始跳动的时代脉搏，以敏锐的艺术感悟力创造了"海燕"这一艺术形象，借此欢呼即将来临的革命风暴，为无产阶级唱出了一曲充满战斗激情的颂歌。

作品通过暴风雨来临前的几个场景，刻画了象征着大智大勇的无产阶级革命先驱者——"海燕"的形象。当暴风雨在酝酿之中时，海燕早已按捺不住对暴风雨的渴望和欢乐，冲击于阴云和海浪之间，勇猛地叫喊，而别的海鸟——海鸥、海鸭、企鹅视暴风雨为灭顶之灾，惊恐万状，而海燕却在热切地迎接暴风雨；当暴风雨逼近时，海燕如"黑色的闪电"，在风吼雷鸣中飞舞着，笑着，叫着，像"暴风雨的精灵"；当电闪雷鸣、山呼海啸，暴风雨即将爆发时，海燕以胜利的"预言家"的姿态，终于发出了疾呼——"让暴风雨来得更猛烈些吧！"这是时代的战斗宣言，它预示着革命风暴即将来临，鼓舞人们积极行动起来，去迎接伟大的战斗，表现了坚强无畏的革命英雄主义精神。

《海燕》以宏伟壮丽的大自然做背景，极力渲染海浪腾空、雷电交加、狂风怒吼、波澜壮阔的紧张气氛，塑造了勇敢的"海燕"形象，营造了浓郁的英雄主义和理想主义氛围，给人以强烈震撼。所有这些，充分体现了高尔基早期作品的浪漫主义特点。

《海燕》最突出的艺术特色是象征手法的运用。高尔基说，"用象征的形式可以方便和简洁地说出你想说的东西"，"在象征中可以注入很大的思想内容"。我们在阅读时，要注意理解"大海""狂风""乌云""海燕""海鸥""海鸭""企鹅"等的象征意义。

专题训练：怎样提高写作能力

从上小学开始，一直到高中毕业，在长达 10 年的时间里同学们一直在学语文，可是绝大部分同学的语文能力还是没有培养起来：拿到文章读不懂，提起笔来写不出。特别是写作能力，很多同学都比较差，最直接的表现是：很多时候拿到题目不会写，有时候即使能"写"一些出来，也是前言不搭后语，让人不知所云。

学了十几年的语文依然不会写作文，这就使很多同学产生了作文"难学"的错觉，继而对作文产生了畏难的心理。其实，写作不仅是学校开设的所有课程中最好学、最有趣、学起来最轻松的课程，而且写作能力也是可以在短时间内就能有所提高的。既然这样，为什么绝大多数同学花了大量的时间和精力来学写作，结果还是学得一塌糊涂呢？主要是学习方法不对。方法错了，路子偏了，自然就学无所获了。

一、写作能力的三大构成要素

作文本身很简单，作文能力的培养也不难，只要训练方向对路，学习方法正确，作文能力完全可以在短期内培养起来。要做到训练方向对路，首先要明白写作能力都包含哪些要素。只有弄清了这个问题，训练才可能切中要害，才可能取得事半功倍的效果。下面我们通过几个例子来讲一下。

【例文】

陋室铭

刘禹锡

山不在高，有仙则名。水不在深，有龙则灵。斯是陋室，惟吾德馨。苔痕上阶绿，草色入帘青。谈笑有鸿儒，往来无白丁。可以调素琴，阅金经。无丝竹之乱耳，无案牍之劳形。南阳诸葛庐，西蜀子云亭。孔子云：何陋之有？

【解析】

这篇流传千古的经典美文只有 81 个字，其中"题外"联想部分的文字 33 个，直接写"陋室"的文字 48 个——这 48 个字的内容中，与联想和想象分不开的部分就占了 30 个字。可以说，没有想象和联想就没有这篇美文。

首先，联想的运用，不仅使文章生动地开了头，而且丰富了文章的内容，加强了文章的可读性。"山不在高，有仙则名。水不在深，有龙则灵。"开头两句直接由联想起笔，开得既生动，又有思想，一下子就抓住了读者。

其次，想象与联想的运用，使得"主体"部分有序展开。主体部分在联想导入的基础上进入正题。"斯是陋室，惟吾德馨"在点出铭记对象的同时，直接带出自己的情志——屋子虽然简陋，但它是精神与情感的归宿。"苔痕上阶绿，草色入帘青"实写眼前清新之景，清新的背景衬托出"陋室"的雅静。"谈笑有鸿儒，往来无白丁。可以调素琴，阅金经。无丝竹之乱耳，无案牍之劳形。"这一段文字所写无一不是想象与联想的结果。在这里，作者先是联想到平日里来来往往的饱学之士、贤达之人，接着想象自己可以在这里弹琴、读书等，一任自己所好，不受约束，最后联想到世俗的纷扰、当差的疲累在这里都没有，这里有的是清新、清静、轻松和舒适。

最后，联想的运用增强了文章结尾的思想性和生动性。在写完"陋室"之后，作者直接用联想引出"南阳诸葛庐，西蜀子云亭"来深化文章的主题思想，再援引孔子的"何陋之有"点题——需要注意的是，援引本身也是一种联想活动。

通过对《陋室铭》这篇短文的简要分析大家可以看到，想象与联想能力是构成写作能力的核心要素。同时，大家还可以看到，这篇短文的精彩还表现在它丰富的思想内涵。文章中所表现的思想，也就是作者的思想或作者认同的思想，因此，作者的思想水平决定着其写作能力的强弱——思想修养也是构成写作能力的核心要素。

【例文】　　　　　　　百字敕

唐太宗

耕夫役役，多无隔宿之粮；蚕妇波波，少有御寒之衣。日食三餐，当思农夫之苦；身穿一缕，每念织女之劳。寸丝千命，匙饭百鞭；无功受禄，寝食不安。交有德之朋，绝无益之友；取本分之财，戒无名之酒。常怀克己之心，闭却是非之口。若以朕之斯言，富贵功名长久。

【解析】

这篇短文是唐太宗写给官员们的，其中讲了体恤百姓疾苦、不取无名与分外之财、谨慎结交、谨言慎行等多方面的道理，对为官、做人、处事等都有很大的启示性与警策性，因而具有很强的思想感染力。

从思想内容来看，《百字敕》这篇短文是讲道理的。讲道理也就是向他人灌输一定的思想。这就需要作者自己必须有思想，由此可见，思想修养是写作能力构成的一大要素。

就写作过程来看，作者首先借助于联想，用人人皆知的事实开篇。继而，作者提醒他的"读者"，吃饭时要想到农夫的艰辛，穿衣时要想到织女的劳苦。实际上，讲这话时，作者首先在联想。紧接下来提出的"交友""求财""饮酒"和"言谈"等，无一不是联想到的情形。这篇讲道理的短文产生的过程，也是想象与联想的过程。

从上面所举的两个例子我们可以清晰地看到，文章是思想的载体，写作从实质上讲，就是表达思想感情，因此，作者的思想修养决定着他写作能力的强弱。道理很简单，你要表达思想，首先必须有思想。一般来讲，思想丰富，写起文章来不仅有说不完的话，而且讲道理容易讲深讲透，使别人能够受益。

通过对上面所举两个例子的分析我们还可以看到，写作过程实际上是一个创造性的思维过程，在这一过程中，想象与联想发挥着主要作用。因此，想象与联想能力的强弱直接决定着写作能力的强弱。

除了思想修养和想象与联想能力决定着写作能力的强弱外，语言能力也是一个关键性的因素。因为语言既是思想的载体，也是构成文章最基本的媒介形式。从本质上讲，写文章就是用书面语言表达思想或情志。因此，语言能力的强弱直接决定着写作能力的高下。

综上所述，写作能力主要是由三个方面的能力构成的：一是思想修养，二是想象与联想能力，三是语言感受力。

二、写作能力培养与强化的最佳路径

通过上面的实例分析，我们已经清楚了写作能力构成的基本要素。弄清楚了这一问题，写作能力训练就有了明确的目标和方向，训练的最佳路径也就不难找到了。一般来讲，从下面三个方面入手可以在短时间内攻克写作难关，迅速成为写作高手。

（一）丰富和提升思想

作文的本质是表达思想。思想丰富，作文时就会文思泉涌，就有说不完的话；思想缺乏，文思就枯竭，就没话可说、没什么可写。同学们虽然已经学了很多知识，但大多还没有真正形成自己独特的思想，或者说思想已初步形成，但还不是十分丰富，这是同学们作文时常常思路堵塞、没什么可写的根本原因。怎样快速地激活和丰富我们的思想呢？可以通过以下途径快速地实现。

1. 读《增广贤文》

每天早上用一个小时的时间诵读《增广贤文》，坚持不懈，并且在读的时候，将其中所写与社会现实联系起来消化理解。一周之后，你的思想就明显比以前丰富多了，提炼主题的能力也明显增强，作文的思路也更加开阔。为什么会有这么大的收效呢？主要是《增广贤文》的思想底蕴比较深厚，反复诵读，能够大大激活和丰富人们的思想。同时，熟读《增广贤文》，还可以提高同学们论事说理的能力，强化同学们的语言运用能力。如果能将其中的格言警句引用于作文中，还可以增强文章语言的生动性和表现力。

2. 读中外经典寓言

寓言是用比喻性的故事给人们讲道理的一种短小精悍的文章样式，读来不仅有趣，而且能够给人以思想的启示。寓言一般篇幅十分短小，几分钟就读完一个，读完后结合现实也很容易透彻理解。同学们可以选择《伊索寓言》和《中国古代寓言精华》读熟读透，因为寓言本身比较短，书也不厚，几天就可以熟读一遍，读的时候联系现实生活充分展开联想，就能够将其所讲的道理化为自己的思想。举例如下：

【例文】　　　　　　　　翠鸟移巢

翠鸟先高作巢以避患，及生子，爱之，恐坠，稍下作巢。子长羽毛，复益爱之，又更下巢，而人遂得而取之矣。

【分析】

通过上面的实例分析大家已经看到，写作过程实际上是一个想象与联想贯穿始终的过程，因此，阅读任何文章，都要善于通过想象与联想来再现文章所写的情景、补充文字以外的情节和细节，只有这样，才能够真正把文章读透，从中吸收到更多的思想养分，获得更多的启示。就这篇寓言而言，它虽然短小，但内涵很丰富，想象和联想很到位。首先，要能够想象出翠鸟为了自己安全，把巢筑得高高的，等到有了孩子，她怕自己出去觅食时，孩子不懂事爬出来掉下去，于是不顾自己的安危将巢穴挪到较低的地方。再后来，等孩子羽翼逐渐丰满，她又担心孩子试飞摔下去，又将巢穴降低一些。结果，因"爱"而铸成大错。这里，关于"子长羽毛，复益爱之，又更下巢"的理解一定注意想象补充。为什么孩子长羽毛了她又要将巢穴再挪低点呢？因为长羽毛了，孩子就会跃跃欲试地想飞，试飞就会摔跤。这一细节补充出来，对文章的理解就会深透一些。其次，要注意将文章所写与现实生活联系起来。就这则寓言而言，从大的方面要联想到父母对孩子的疼爱有时候成了溺爱，在细节上要联想到小孩子蹒跚学步的情景。这两个方面的联想到位了，寓言所讲的道理就会被深透地理解，思想上就会有所收益。

【例文】　　　　　　　　　　卞庄子刺虎

卞庄子欲刺虎，馆竖子止之，曰："两虎方且食牛，食甘必争，争则必斗，斗则大者伤，小者死。若从伤而刺之，一举必有双虎之名。"卞庄子以为然，立须之。有顷，两虎果斗，大者伤，小者死。庄子从伤者而刺之，一举果有双虎之功。

【分析】

这则寓言不足百字，一两分钟就能读完，关键是要善于发挥想象与联想将其所写与现实联系起来，这样就能获得思想收益。想象与联想的切入点在哪里？首先理解字句，在大脑中再现出寓言故事所写的情景，继而弄清楚故事要给我们讲的道理，然后借助于联想将其与现实联系起来。通过这样一个形象思维的过程，大家会发现寓言故事虽然短小，但其内涵常常是很丰富的。就这则寓言来看，不仅告诉人们做事要沉稳、机智、把握好时机，而且要善于观察和思考。

从上面两个例子大家可以看到，寓言一般篇幅短小、通俗易懂，阅读不用花很多的时间，因此，读中外经典寓言故事是快速丰富和提升思想的一条捷径。

3. 读先秦诸子的文章或片段

先秦诸子著作含有极其丰富的思想养分，有选择地熟读其中一些语言优美、富含哲理且思想健康的句段，不论是对思想的丰富与提升，还是对思维能力的提升，都具有极其重要的作用。

【例文】

三军可夺帅也，匹夫不可夺志也。	（《论语·子罕》）
故天将降大任于是人也，必先苦其心志，劳其筋骨，饿其体肤，空乏其身，行拂乱其所为，所以动心忍性，曾益其所不能。	（《孟子·告子下》）
生于忧患而死于安乐也。	（《孟子·告子下》）
孟子曰："天时不如地利，地利不如人和。"	（《孟子·公孙丑下》）
天地之道，极则反，盈则损。	（《淮南子·泰族训》）
日极则仄，月满则亏。	（《管子·白心》）
物极则反，命曰环流。	（《鹖冠子·环流》）

从上面所举的这些例子不难看出，先秦诸子散文的经典句段不仅含有丰富的思想养分，而且都很容易理解。因此，有选择地读一些花不了多少时间，但思想收益却很大。

总之，以上三个方面的训练不仅难度小，易于见效，而且不需要花太多的时间，尤其是对于已有大量感性生活积累的大学生来讲，通过以上三个途径可以在短时间内丰富和提升思想，从而使"没什么可写"的问题迎刃而解。

当然，除此之外，丰富和提升思想的途径是很多的，如欣赏中国画、读哲理散文，以及对生活的思考和感悟等，都能够使人们的思想不断提升。

（二）强化想象与联想能力

从上面所举的例子大家已经看到，写作过程实际上是一个想象与联想的过程，想象与联想能力的强弱直接决定着写作能力的强弱。同时，想象与联想能力的强弱也决定着阅读能力的强弱。不仅如此，想象与联想能够在文章所写与现实生活、人物与自然物之间形成一种思维的纽带，使人们更加清楚地认识生活、认识自然，从生活与自然中获得思想的启示，分析事物的能力得到增强。因此，强化想象与联想能力是提高写作能力的一条根本途径。那么，怎样才能够快速提高想象与联想能力呢？

1. 阅读中国古代神话故事

神话不仅大多产生于想象，而且其想象十分大胆、自由和具有穿越时空的巨大魅力，它能够将人的想象与联想引入到无穷的空间，使人思接千载、神通万里，从而磨砺人的思维，快速而有效地提高人的想象能力。中国古代神话一般篇幅短小，读一则也就一两分钟，一册读完也就一两天的时间，此类书籍大多配有注释，而且还有译文和赏读提示，同学们不仅读起来很轻松、易于理解，而且很容易进入想象与联想之中。具体例子可见第三单元"三十六　神话三则"中对《飞卫学射》和《夸父逐日》的讲解。

阅读神话故事是快速提高想象与联想能力的有效途径，关键是阅读时要善于想象，不仅要能够通过想象把神话所写的情境在大脑中再现出来，而且要通过想象与联想对其细节进行补充——细节补充对想象与联想能力的提升更加有效。

2. 古典诗词欣赏

诗歌的最大特点是大胆的想象，作为诗歌独特样式的词也一样，都是想象与联想的产物。诵读一些浅显易懂的中国古典诗词，并尽可能地充分发挥想象和联想能力，在大脑中再现诗歌的形象、进入诗歌的意境，能够迅速提升想象与联想能力。举例如下：

【例文】　　　　　　　　　　上邪

上邪[1]！我欲与君相知[2]，长命无绝衰[3]。山无陵[4]，江水为竭[5]。冬雷震震[6]，夏雨雪[7]。天地合[8]，乃敢与君绝！

【分析】

诗歌是抒情的，而感情是抽象的。为了使抽象的感情易于为读者所把握，诗人便采用联想的办法，借助于一定的形象来表现。因此，在欣赏诗词的时候，一定要充分地想象与联想。读这首诗，我们要透过字里行间，通过想象看到其中的主人公形象。这首诗中起码有一明一暗两个人物形象：鲜明的是女主人公的形象，模糊的是男主人公的形象。其中，女主人公一出场就十分鲜活："我对天发誓，我很爱你。"话语掷地有声，个性十分突出。当女主人公大胆地表白爱情的时候，男主人公是什么反应呢？说了什么话呢？诗中没有写。这就是诗歌留给读者的想象空间。我们完全可以这样想象——在女主人公大胆地向男主人公表白爱慕之情后，男主人公不信。他说："别逗了，你会这么爱我？"于是，女主人公急了，一连用了五种不可能出现的情形再次表白自己对爱情的忠贞不渝。诗中五种情形的列举都是诗人联想的结果，反过来，读者在诗句的触发下将现实中这几种情形想象一番，可以有效提高想象与联想能力。

---

[1] 上邪：天哪！上：天。邪（yé）同"耶"，语气词。
[2] 君：指女子心爱的人。相知：相爱。
[3] "长命"句：让爱情之花永不衰败。长：永远。命：使。
[4] 陵：山峰。
[5] 竭：干涸。
[6] 震震：拟声词，雷声。
[7] 雨（yù）雪：偏义复词，意在"雪"。雨：动词，下。
[8] 天地合：天（塌下来）与地合在一起。

【例文】 　　　　　　　登幽州台歌[1]

前不见古人，后不见来者。[2]
念天地之悠悠，独怆然而涕下。[3]

【分析】

这首诗主人公形象模糊，意境朦胧，不加以充分的想象是很难品出其味的。我们可以想象：诗人站在高高的幽州台上极目远眺，看到的是空旷的天穹和无际的原野。这一眺，勾起了诗人抚今追昔的情怀，带给诗人无限的伤感。"前不见古人，后不见来者"，写出了历史的漫长、人生的短暂，寄寓着作者无限的伤感；"念天地之悠悠，独怆然而涕下"，再写天地永恒，人生不能永恒，更进一步加深了诗人内心的伤感。这首诗纳邈远的时间与无限的空间于笔端，气势宏大，意境高远，将诗人内心的感伤之情抒发得淋漓尽致。

从上面两个例子大家可以看到，中国古典诗词篇幅短小，语言简洁，通俗易懂，欣赏起来十分轻松。在欣赏的过程中，充分地展开想象与联想，不仅能够将诗词所写的意境完美地再现出来，而且能够快速提高自己的想象与联想能力。

3. 有意识地从生活中观察到的事物展开联想

假如我们看书累了，到室外走走，看到一草一木、一花一石，都可以进行一番类比性的联想。比如，看到路边的小草，我们把它和小人物联系起来，把它和坚忍顽强联系起来，把它和默默无闻联系起来，把它和无私奉献联系起来……从类比联想中开掘出事物的精神品质来：生长在路边的小草，不但没有人给它浇水、施肥，而且还有那么多的人践踏它，然而它始终默无声息、顽强地生长，呈现给人们的是生机和春意。这样一联想，小草的宽容、无私、坚韧等多种精神品质都被发掘出来了。这样的联想活动不仅有利于想象与联想能力的提升，而且有利于思想的积累。

通过以上三个途径提高想象与联想能力，不仅省时间、见效快，而且可以拓宽视野，增强思维的灵活性，写起文章来灵感也来得快。

（三）培养语言感受力

写作的本质就是运用书面语言表达思想感情，因此，语言的组织与运用能力是写作能力构成的一个要素。体现在写作方面的语言能力从表面上看似乎就是遣词造句的能力，而实际上主要是语言感受力，简称为语感。语感强，写出来的句子就语气贯通、文从字顺，表达自己思想感情的能力就强，即写作能力强。因此，加强语感的培养是快速提高写作能力的一条主要途径。

1. 什么是语感？

语感是人们在长期使用规范的语言过程中或经过短时间的强化训练而形成的对语言（包括口头语言和书面语言）比较直接、迅速、灵敏的领会和感悟能力，其实质是运用大脑中已经形成的正确语言潜规则去处理他人的语言和指导自己语言运用实践。说得简单一些就是，语感是瞬间感知和识别语言正误的能力。

语感是对语言的整体直觉能力，即在接触语言的那一瞬间能够判断词语的搭配、句子

---

[1] 幽州台：又称蓟（jì）北楼。幽州：郡名，唐属河北道，治所在蓟，是古代燕国的国都。
[2] 古人、来者：分别指从前的贤者和未来的贤者。
[3] 怆（chuàng）然：感伤地。涕：眼泪。

的组织是否合乎语法规范，语段的构成是否合乎语言逻辑，各个语言单位表意是否准确，修辞手法的使用是否恰当，等等。语感来自语言经验，是在大量的语言实践和语言感性积累的基础上形成的。语感的形成过程是语言经验的累积过程，其累积主要包括两个方面：一是语料的积累，二是各种语言规则在大脑中逐渐累积而形成一种潜规则——这些潜规则能够对摄入大脑中的语言信息进行识别和判断。

语感强，就能够在瞬间识别自己写出来的内容是否合乎语法规范，故写出的文章很少有语病。

2. 语感培养的最佳方法

语感的培养虽然在一定程度上受字词积累的影响，但影响不是太大。因为从牙牙学语开始，一直到中学毕业，在十几年的语言实践中，对于日常表达要用的词语，同学们一般都掌握了。也就是说，只要你在写作时不是刻意追求辞藻的华美，字词积累关应该是过了。在这种情况下，进行一段时间的强化训练，语感完全可以很好地培养起来。具体方法如下：

（1）加强朗读训练。

接触和使用语言材料是语感形成的先决条件。培养语感，必须反复地接触语言、感受语言，而接触语言最有效的方式就是朗读。朗读是一种眼、口、耳、脑多种感官共同参与、协同作用的阅读方式——眼睛接触语言信息后，将其传达给大脑；大脑经过瞬间的处理后，一方面指令口头发声，另一方面对文本情境进行再现，使文本所描述的人、事、景、物在大脑中浮现出来；口头语言信息再次传回大脑，大脑对其正误及质量进行分析……整个朗读过程是对语言材料的反复感知过程，在这一过程中大脑始终处于高速运转状态。这样，思维能力得到了强化，尤其是大脑对语言的直觉思维能力迅速提升；也正是因为这样，朗读具有训练口语、再现课文情境、加深理解、增强记忆力、增强语感等多方面的作用。由此可见，朗读是还原语言形象、感受语言情境、体味语言情感、理解语言意蕴的重要方法，也是培养语感、领悟力、品评力最有效的方法。

强化语感最快捷的方法是选 10～15 篇语言规范、优美的现当代散文，用标准语速（以中央电视台新闻联播的播音速度为参照）反复诵读，自然成诵。在读的过程中，目光要和口诵的速度保持一致，这样不仅可以强化语感，而且可以进一步增加字词积累。

（2）进一步加强字、词、句的理解和积累。

语感首先表现为对字、词、句的理解能力，因此，要培养语感必须注重字、词、句的理解和积累。怎样积累？最有效的办法是在对文本的感知过程中有意识地积累——就字、词来讲，不仅要掌握其基本义，而且要弄清它们在具体的语言环境中的引申义及其活用情况，这样才能学到鲜活的东西；就句子来讲，要整体感知，并且有意识地分析句子的构成，这样可以使语言本身的潜规则在阅读者的大脑中不断积累，积淀到一定程度，它们就自动进行组合、调整，最终形成一种语言直觉能力。语言直觉能力形成了，也就意味着语感培养起来了。在这里，特别要提醒大家的是：单纯地依靠字典、词典或者采用集中强背、强记的办法积累字词，不仅效果甚微，而且积累的东西是僵死的；只有在大量的阅读中自然地、逐渐地积累起来的东西才具有鲜活的生命力。例如，对李清照《醉花阴》"莫道不销魂，帘卷西风，人比黄花瘦"中"瘦"字的理解，其所表现出的那种思念亲人、孤独寂寞的情思，字典上是查不到的。

通过上面的讲解，同学们现在知道写作能力主要是由思想修养、想象与联想能力和语感三个方面的能力构成的，这三个方面的能力都可以通过训练得到强化，因此，提高写作能力并不难。

第四单元　应用写作

应用文是维系社会秩序的纽带。它不仅沟通、连接、维系着各级政府、机关、单位间的公务活动，而且维系着各部门之间以及公民个人间的相互往来。换一个角度讲，社会发展离不开应用写作，个人生活也少不了应用写作。

古今中外，凭借着良好的应用写作才能立身、立业，甚至名垂青史者不乏其例。李斯以一篇《谏逐客书》改变了自己的处境，李密以一篇《陈情表》摆脱了进退维谷的尴尬，诸葛亮的两篇《出师表》成为他"鞠躬尽瘁，死而后已"的历史见证；丘吉尔的演说不仅使他成就了伟业，而且其演讲词使他拥有了无数的崇拜者，恩格斯的《在马克思墓前的讲话》辉映着一段历史……

当今时代，各种竞争加剧，信息传递速度加快，人们的交往更加频繁，合作关系多样化……在这样的情况下，良好的应用写作能力显得更为重要。就个人生活与工作来讲：一份格式规范、语言优美、内容充实的求职简历能够使你获得一份理想的工作；一份有理有据、切实可行的建议书也许可以为你带来升职的机会；请假条、申请书、计划、总结……凡是生活和工作中要用到的，哪一样写不好都会或多或少地影响你的生活和生存质量。就人与人之间、单位与单位之间的交往、交流与合作来讲、一份贺信，可以拉近彼此间的距离，一份双方皆大欢喜的协议可以使相互间的合作更加和谐……

培养和提高自己的应用写作能力，实际上就是培养自己的社会适应能力，增强自己的生活和生存能力。

四十八　谏逐客书

李　斯

　　李斯（约前280—前208），战国末年楚国上蔡（今河南上蔡西南）人，秦代政治家。初为郡小吏，后从荀子学帝王之术。战国末入秦，初为吕不韦舍人，后被秦王政（秦始皇）任为客卿。秦王政十年（前237），以韩国水工郑国事件，秦王下令驱逐六国客卿，他上书谏阻，为秦王政所采纳，不久任廷尉。曾建议对六国采取各个击破的政策，对秦始皇统一六国起了较大作用。秦统一六国后，任丞相，反对分封制，主张焚《诗》《书》，禁私学，以加强专制主义中央集权的统治；并以"小篆"为标准，整理文字，对中国文字的统一有一定贡献。秦始皇死后，为赵高所忌，被杀。工书，泰山、琅琊等刻石，传说均为他所手书。著有《谏逐客书》和《仓颉篇》（今佚，仅有出土汉代残简，王国维有《重辑仓颉篇》二卷）。

　　臣闻吏议逐客，窃以为过矣！[1]
　　昔缪公求士[2]，西取由余于戎[3]，东得百里奚[4]于宛，迎蹇叔[5]于宋，来丕豹、公孙支于晋[6]。此五子者，不产于秦，而缪公用之，并国二十，遂霸西戎。孝公[7]用商鞅之法，移风易俗，民以殷盛，国以富强，百姓乐用，诸侯亲服，[8]获楚、魏之师[9]，举地[10]千里，至今治强[11]。

---

　　[1]　吏：官吏，这里是高级官吏。议：商议。逐客：驱逐客卿。客卿是当时各诸侯国授给外来人士的官职。过：错。
　　[2]　缪（mù）公：即秦穆公嬴任好（前659—前621），春秋时五霸之一。士：这里泛指一切有才能的人。
　　[3]　由余：晋国人，先在西戎任职，后秦穆公设法使他投奔秦国，用其谋略攻伐西戎，扩大了国土。戎：春秋时我国西部少数民族的统称。
　　[4]　百里奚：春秋虞国人，任虞国大夫。晋灭虞后，把他作为陪嫁的奴隶送到秦国，他逃离秦国，被楚国边兵俘获，秦穆公听说他有才能，将他赎回，重用他为大夫。
　　[5]　蹇（jiǎn）叔：春秋时期著名的政治家和军事家，本住在宋国，由于百里奚的推荐，秦穆公用厚礼聘请他为上大夫。
　　[6]　来：招来。丕豹：晋国人，逃到秦国，秦穆公用他为大将。公孙支：原为晋国人，为秦穆公谋臣，官任大夫。
　　[7]　孝公：即秦孝公嬴渠梁（前381—前338），战国时期秦国国君。他任用商鞅变法，使秦国从弱国一跃成为强国。
　　[8]　"百姓"二句：百姓乐于为国家效力，各诸侯国归附听命。
　　[9]　获楚、魏之师：秦孝公二十二年（前340），商鞅率秦军打败魏军，魏国割河西大片土地求和；同年，又打败楚国的军队。获：俘获、战胜。师：军队。
　　[10]　举地：攻取土地。
　　[11]　治强：与"乱弱"相对，安定强大的意思。

惠王用张仪之计[1]，拔三川之地[2]，西并巴、蜀[3]，北收上郡[4]，南取汉中[5]，包九夷[6]，制鄢、郢[7]，东据成皋[8]之险，割膏腴之壤[9]，遂散六国之从[10]，使之西面事秦，功施[11]到今。昭王得范雎[12]，废穰侯[13]，逐华阳，强公室[14]，杜私门[15]，蚕食诸侯，使秦成帝业。此四君者，皆以客之功。由此观之，客何负于秦哉[16]！向使四君却客而不内[17]，疏[18]士而不用，是使国无富利之实，而秦无强大之名也。

　　今陛下致昆山之玉[19]，有随、和之宝[20]，垂明月之珠[21]，服太阿之剑[22]，乘纤离[23]之马，建翠凤之旗[24]，树灵鼍[25]之鼓。此数宝者，秦不生一焉，而陛下说之，何也？必秦国之所生而然后可，则是夜光之璧不饰朝廷，犀、象之器不为玩好[26]，郑、卫之女不充后宫，而骏马駃騠不实外厩[27]，江南金锡不为用，西蜀丹青不为采[28]。所以饰后宫、充下陈[29]、

---

[1] 惠王：即秦惠王嬴驷（前356—前311），即位后初号惠文君，公元前325年自称秦王，秦称王自此始。张仪（？—前309）：魏国人，得秦惠王赏识，封为相国，采用连横策略（劝说其他诸侯与秦国联合，以攻击第三者），在秦统一中国过程中起过一定作用。

[2] 拔：攻取。三川之地：韩国的土地，今河南西北部地区。境内有黄河、洛水、伊水三条河流，故称三川。秦攻占后，设置三川郡。

[3] 巴、蜀：当时的两个小国，在今四川省东北部和西部。秦吞并其后设置巴郡、蜀郡。

[4] 上郡：郡名，今陕西西北部。公元前328年，魏国以上郡十五县献秦求和。

[5] 汉中：今陕西西南和湖北西北部。公元前312年，秦攻占楚汉中六百里地，设置汉中郡。

[6] 包：兼并。九夷：指当时楚国境内的少数民族。

[7] 制：控制。鄢（yān）：楚国旧都，今湖北宜城南。郢：楚国都，今湖北江陵。

[8] 成皋：又名虎牢，今河南荥阳西北部，古代军事重地。

[9] 膏腴（yú）之壤：土地肥沃的地区。

[10] 散：拆散，瓦解。六国之从：指韩、赵、魏、齐、楚、燕六国联合抗秦的合纵策略。从：同"纵"。

[11] 施（yì）：延续。

[12] 昭王：即秦昭襄王嬴则（前325—前251）。范雎：魏国人，为秦客卿，曾为秦昭襄王相。他提出"远交近攻"的策略，使秦在统一战争中连续取得胜利。

[13] 穰（ráng）侯：姓魏名冉，因食邑在穰，古称穰侯。秦昭襄王母宣太后的异父弟。穰侯、华阳君都因宣太后的关系，曾在朝专权。前266年，昭襄王采用范雎的建议，把两人驱逐出国都。

[14] 公室：指当时新兴地主阶级的中央集权机构。

[15] 杜：堵塞。私门：指贵族的私家权势。

[16] 负：对不起的意思。这句总括穆、孝、惠、昭四君任用外来客卿取得很大政绩来反驳当时对客卿的各种造谣诬蔑。

[17] 向使：假使。却：拒绝。内：通"纳"，接纳。

[18] 疏：疏远。

[19] 致：得到。昆山之玉：昆仑山北麓的和田县产美玉，也称和田玉。

[20] 随、和之宝：指随侯珠与和氏璧，都是稀世的珍宝。

[21] 明月之珠：夜光珠。

[22] 太阿（ē）之剑：中国古代十大名剑之一，相传是著名冶匠干将与欧冶子所铸造的名剑。

[23] 纤离：骏马名。

[24] 翠凤之旗：用翠凤的羽毛装饰的旗子。

[25] 灵鼍（tuó）：长寿的爬虫类动物，似鳄鱼，又名猪婆龙，皮可制鼓。

[26] 犀、象之器：由犀牛角、象牙制成的器物。玩好：玩赏。

[27] 駃騠：骏马名。厩（jiù）：马房。

[28] 丹青：即丹砂、靛青之类，可用做绘画的颜料，产于西蜀。采：通"彩"，彩饰，彩绘。

[29] 下陈（zhèn）：指侍妾。

娱心意、说耳目者，必出于秦然后可，则是宛珠之簪、傅玑之珥、阿缟之衣、锦绣之饰[1]，不进于前，而随俗雅化、佳冶窈窕[2]赵女[3]不立于侧也。

夫击瓮叩缶[4]，弹筝搏髀[5]，而歌呼呜呜，快耳目者，真秦之声也。《郑》《卫》《桑间》《韶》《虞》《武》《象》者[6]，异国之乐也。今弃击瓮叩缶而就《郑》《卫》，退弹筝而取《韶》《虞》，若是者何也？快意当前，适观[7]而已矣。今取人则不然，不问可否，不论曲直，非秦者去，为客者逐。然则是所重者，在乎色、乐、珠、玉，而所轻者，在乎人民也。此非所以跨海内、制诸侯之术也[8]。

臣闻地广者粟多，国大者人众，兵[9]强则士勇。是以泰山不让[10]土壤，故能成其大；河海不择细流，故能就其深；王者不却众庶，故能明其德[11]。是以地无四方，民无异国，四时充美，鬼神降福，此五帝三王之所以无敌也。今乃弃黔首[12]以资敌国，却宾客以业[13]诸侯，使天下之士退而不敢西向，裹足不入秦，此所谓藉寇兵而赍盗粮者也[14]。夫物不产于秦，可宝者多；士不产于秦，而愿忠者众。今逐客以资敌国，损民以益仇，内自虚而外树怨于诸侯，求国无危，不可得也。

【学习提示】

从内容实质上讲，这是一份建议书。本文引古论今，摆事实，讲道理，切切实实地指出秦王逐客的决定是错误的，最终达到了使秦王收回成命的目的。值得注意的是，从表现手法方面讲，本文采用了铺陈和曲径通幽的表现技法，从侧面入手，运用比喻等手法最终引入正题，达到劝谏、建议的目的。

《谏逐客书》层次清晰，详略得体，虚实相映；事实论据充分，理论论据贴切；语言富于文采，善用对偶、排比句式，并与散体句式错杂相间，形式上富有整齐错落之美；章节抑扬顿挫，铿锵响亮，具有雄浑磅礴的气势和无可辩驳的论说力量。

---

[1] 宛珠之簪：嵌有宛珠的簪子。宛珠：宛地出产的珠子（宛即大宛）。傅：同"附"。玑：是珠的一种。珥：镶有珠子的耳环。阿缟之衣：用东阿产的绢帛制成的衣裳。阿：齐国东阿（今山东东阿）。缟（gǎo）：白色生绢。

[2] 随俗雅化：随着时代风尚的变化打扮得非常标致时髦。佳冶窈窕（yǎo tiǎo）：装饰漂亮，体态优美。

[3] 赵女：古代赵国以出美女著名。

[4] 瓮（wèng）、缶（fǒu）：瓦制的乐器。叩：叩打。

[5] 搏髀（bì）：拍着大腿打拍子。

[6] 《郑》《卫》：指郑、卫两国的乐曲。《桑间》：原为地名，在卫国濮水之滨，有男女聚会唱歌的风俗。这里指这个地方的音乐。《韶》：歌颂虞舜的舞乐。《虞》：歌颂商汤的舞乐。《武》：歌颂周武王的舞乐。《象》：歌颂周文王的舞乐。

[7] 适观：欣赏起来感觉舒适。这里作者用秦国采用外来音乐做例证，来揭露排外政策的荒谬。

[8] 跨海内：古人以为中国之四周皆海，海内是国土。跨海内即统一中国的意思。跨：据有。制诸侯：这里指使诸侯降服的意思。制：制服。

[9] 兵：兵器。

[10] 让：舍弃。

[11] 明：显示。德：德行，这里指政治威望。

[12] 黔首：秦称百姓为黔首。

[13] 业：在这里作动词用，有使诸侯成就功业的意思。

[14] "此所谓"句：等于把武器和粮食送给贼寇和强盗。藉：借。赍（jī）：给予，赠送。

四十九 "敕令"二则

看微课

黄高才讲

（一）文帝议佐百姓诏
汉文帝

汉文帝刘恒（前203—前157），汉高祖刘邦第四子，汉惠帝刘盈之弟；西汉的第三个皇帝，在位23年。汉文帝在位期间，是汉朝从国家初定走向繁荣昌盛的过渡时期。他和他的儿子汉景帝统治时期，政治稳定，经济生产得到显著发展，历来被视为封建社会的"治世"，被史家誉为"文景之治"。在中国历代帝王中，汉文帝不仅是一个至仁、至孝的皇帝，而且是一生都十分简朴的皇帝。

间者数年比不登[1]，又有水旱疾疫之灾，朕甚忧之。愚而不明，未达其咎[2]。意者朕之政有所失、而行有过与？乃天道有不顺、地利或不得、人事多失和、鬼神废不享与？何以致此？将百官之奉养或费、无用之事或多与？何其民食之寡乏也？

夫度田[3]非益寡，而计民未加益，以口量地，其于古犹有余，而食之甚不足者，其咎安在？无乃百姓之从事于末[4]、以害农者蕃[5]、为酒醪以靡谷者多[6]、六畜[7]之食焉者众与？细大之义[8]，吾未能得其中。其与丞相、列侯、吏二千石[9]、博士[10]议之，有可以佐百姓者，率意远思，无有所隐。

【学习提示】

这则诏书从内容和语气来看，相当于一份安排工作的指示或指示性通知。其内容是就怎样解决老百姓生活困难，要求属下集思广益，提出解决方案。全文语言质朴，感情自然，反复设问，诚意跃然纸上。

---

[1] 间（jiàn）：近来。比：连续。登：作物的成熟和收获。
[2] 未达其咎：不明白它的祸根所在。咎：灾祸、祸根，也可引申为过失。
[3] 度（duó）田：丈量土地。
[4] 末：古有士、农、工、商的顺序，商排最末尾。此处有轻视商业的意思。
[5] 蕃：繁多。
[6] 醪（láo）：酒。靡（mí）：浪费。
[7] 六畜：即马、牛、羊、鸡、犬、猪。
[8] 义：道理，意义。
[9] 二千石：汉代内自九卿郎将，外至郡守，俸禄为二千石，这里是以禄俸为职务的代称。
[10] 博士：秦及汉初立博士，掌管古今史事待问及书籍典守。到汉武帝时，设五经博士，置弟子员，此后博士专讲经学传授，与文帝、景帝时的博士制度有区别。

（二）百字敕[1]
唐太宗

唐太宗（598 或 599—649），即李世民，唐代皇帝。在位期间，推行均田制、租庸调法和府兵制度，加强对地方官吏的考核，发展科举制度。还曾发展西域的交通，促进了汉、藏两族的贸易、文化交流和经济发展。他常以"亡隋为戒"，较能任贤、纳谏，使当时社会经济繁荣，国力强盛，被史家誉为"贞观之治"。

耕夫役役[2]，多无隔宿[3]之粮；蚕妇波波，少有御寒之衣。日食三餐，当思农夫之苦；身穿一缕[4]，每[5]念织女之劳。寸丝千命，匙饭[6]百鞭；无功受禄，寝食不安。交有德之朋，绝无益之友；取本分之财，戒无名之酒。常怀克己之心，闭却是非之口。若以朕之斯言[7]，富贵功名长久。

【学习提示】

敕指帝王所发布的命令、法令，因内容的不同而分别相当于现在的命令、指示等。唐太宗的《百字敕》是写给朝中大臣的。这则百字短文要求为官者要体恤百姓的艰辛，关心百姓的冷暖，做到慎言、慎友、克己、清廉。

---

[1] 本文选自《贞观政要》。这是唐太宗李世民在唐贞观十四年（640）视察南山防务，返回京城长安途中，夜宿蓝田官驿所作。敕：告诫，吩咐。这里特指皇帝的命令或诏书。
[2] 役役：形容劳苦不休。
[3] 隔宿：隔夜。
[4] 缕：丝，线。泛指线状衣物。
[5] 每：每每，经常。
[6] 匙饭：一小勺饭。
[7] 斯言：此言。

五十　五柳先生传

陶渊明

　　陶渊明（352 或 365—427），字元亮，号五柳先生，东晋浔阳柴桑（今江西九江）人。东晋末年诗人、文学家。曾做过几年官，后辞官回家，从此隐居。
　　陶渊明长于诗文、辞赋。陶渊明的诗文兼有平淡与爽朗之胜，语言质朴自然，而又极为精炼。田园生活是陶渊明诗的主要题材，从内容上可分为饮酒诗、咏怀诗和田园诗三大类。相关作品有《饮酒》《归园田居》《五柳先生传》和《桃花源记》等。

　　先生不知何许人也，亦不详其姓字。宅边有五柳树，因以为号焉。闲静少言，不慕荣利。好读书，不求甚解；每有会意，便欣然忘食。性嗜酒，家贫不能常得。亲旧知其如此，或置酒而招之。造饮辄尽[1]，期在必醉；既醉而退，曾不吝情去留。环堵[2]萧然，不蔽风日，短褐穿结[3]，箪瓢屡空，晏如[4]也。常著文章自娱，颇示己志。忘怀得失，以此自终。
　　赞[5]曰：黔娄[6]之妻有言，不戚戚[7]于贫贱，不汲汲[8]于富贵。其言兹若人之俦乎[9]？衔觞[10]赋诗，以乐其志，无怀氏之民欤？葛天氏之民欤？[11]

【学习提示】
　　这是一篇传记。文章从思想性格、爱好、生活状况等方面塑造了一位独立于世俗之外的隐士形象，赞美了他安贫乐道的精神。
　　从写作的角度来看，这篇传记下笔角度巧妙，内容取舍别具匠心；层次清楚，叙述条理十分清晰；语言质朴、素净，词句生动、优美。后面一段文字引用黔娄之妻的话对人物进行了简明扼要的评价，恰到好处。

---

　　[1] 造：往，去。辄：总是。
　　[2] 环堵：房屋四壁。
　　[3] 短褐穿结：短的粗布衣服已经破了或是有了补丁。穿：破洞。结：这里指补丁。
　　[4] 晏如：安然自得的样子。
　　[5] 赞：赞语。这篇文章是仿史传体写的。前一部分是写五柳先生的传记，自此以后便是作者为五柳先生所作的赞语。史传的赞语是作者对被传者的评论。
　　[6] 黔娄：春秋时鲁国人，不求仕进，屡次拒绝诸侯的招募。死后，曾子去吊丧，问其妻"何以为谥"，其妻说谥"康"，并说："彼先生者，甘天下之淡味，安天下之卑位，不戚戚于贫贱，不汲汲于富贵，求仁而得仁，求义而得义，其谥为'康'，不亦宜乎？"（见《列女传》）
　　[7] 戚戚：忧愁悲戚的样子。
　　[8] 汲汲：心情急切的样子。
　　[9] 若人：此人。俦：类。
　　[10] 衔觞：指饮酒。觞：酒杯。
　　[11] "无怀"二句：意思是说五柳先生像是生活在古朴淳厚的上古社会的人。无怀氏、葛天氏：都是传说中的上古氏族首领，据说他们的时代民风淳朴。

五十一　陈情表

看微课

张丽娟讲

李　密

　　李密（224—287），一名虔，字令伯，西晋犍为武阳（今四川彭山）人。师事当时的著名学者谯周，少仕蜀为尚书郎。晋武帝征召他为太子洗马，他以祖母年老多病、无人奉养为由，上《陈情表》一文，推辞不就。后祖母去世，他才出仕。先后任洗马、温县令、汉中太守等职。

　　臣密言：臣以险衅[1]，夙遭闵凶[2]。生孩六月，慈父见背[3]，行年四岁，舅夺母志[4]。祖母刘，愍[5]臣孤弱，躬亲抚养。臣少多疾病，九岁不行，零丁孤苦，至于成立。[6]既无叔伯，终鲜兄弟[7]；门衰祚薄[8]，晚有儿息[9]。外无期功强近之亲[10]，内无应门五尺之童[11]。茕茕[12]孑立，形影相吊[13]。而刘夙婴疾病[14]，常在床蓐[15]。臣侍汤药，未尝废离。

　　逮奉圣朝[16]，沐浴清化[17]。前太守臣逵[18]，察臣孝廉[19]；后刺史臣荣[20]，举臣秀

---

[1]　以：因。险衅（xìn）：险恶的征兆，指命运坎坷。
[2]　夙（sù）：早，这里指幼年时。闵（mǐn）凶：忧患凶险，指不幸的事情。
[3]　见背：弃我而去，指死亡。
[4]　舅夺母志：舅父强迫母亲放弃守寡的志愿而改嫁。
[5]　愍（mǐn）：通"悯"，怜悯，哀怜。
[6]　不行：不能走路。零丁：孤独无依。成立：成人。
[7]　终：这里相当于"又"。鲜：少。
[8]　门衰祚（zuò）薄：家道衰落，福分浅薄。门：指家道。祚：福。
[9]　息：子女。
[10]　"外无"句：在外面没有血统亲近的亲戚。期（jī）：服丧一年。功：服丧九个月称"大功"，五个月称"小功"。强近：比较亲近。古代宗法社会，以亲属关系的亲疏规定服丧期的长短。
[11]　"内无"句：家里没有照看门户的僮仆。应门：照应门户。五尺：当时的五尺相当于现在的三市尺多。童：童仆。
[12]　茕茕（qióng）：孤单、无依靠的样子。
[13]　形影相吊：只有自己的身体和影子做伴，形容孤单。吊：慰问。
[14]　夙婴疾病：一向病魔缠身。夙：素来，一向。婴：纠缠。
[15]　蓐（rù）：草垫子。
[16]　逮：及，到了。圣朝：指晋朝。
[17]　沐浴：这里指蒙受。清化：清明的政治教化。
[18]　太守臣逵：郡的地方长官，其人不详。
[19]　察：考察荐举。孝廉：汉武帝时所设察举科目之一，令地方向中央推举当地孝顺父母和德行清廉的人。郡举孝廉，州举秀才。魏晋沿袭这一制度。
[20]　刺史臣荣：州的地方长官，其人不详。

才。臣以供养无主，辞不赴命。诏书特下，拜臣郎中[1]；寻[2]蒙国恩，除臣洗马[3]。猥[4]以微贱，当侍东宫[5]，非臣陨首[6]所能上报。臣具以表闻，辞不就职。诏书切峻[7]，责臣逋慢[8]；郡县逼迫，催臣上道；州司[9]临门，急于星火。臣欲奉诏奔驰，则以刘病日笃[10]；欲苟顺私情，则告诉不许[11]。臣之进退，实为狼狈。

伏惟[12]圣朝以孝治天下，凡在故老，犹蒙矜育[13]，况臣孤苦，特为尤甚。且臣少仕伪朝[14]，历职郎署，本图宦达[15]，不矜名节[16]。今臣亡国贱俘，至微至陋，过蒙拔擢[17]，宠命优渥，岂敢盘桓[18]，有所希冀[19]？但以刘日薄西山[20]，气息奄奄[21]，人命危浅[22]，朝不虑夕。臣无祖母，无以至今日；祖母无臣，无以终余年。母孙二人，更相为命，是以区区不能废远[23]。

臣密今年四十有四，祖母刘今年九十有六。是臣尽节于陛下之日长，报刘之日短也。乌鸟私情[24]，愿乞终养。臣之辛苦，非独蜀之人士及二州牧伯[25]所见明知，皇天后土，实所共鉴。愿陛下矜愍[26]愚诚，听臣微志，庶[27]刘侥幸，卒[28]保余年。臣生当陨

---

[1] 拜：授给官职。郎中：官名，尚书省的官员。
[2] 寻：不久。
[3] 除：原为"除旧官，就新官"的意思，后指授职。洗（xiǎn）马：也作"先马"，太子的侍从官。
[4] 猥：自谦之词，犹"鄙"。
[5] 东宫：太子居东宫，故以"东宫"代指太子。
[6] 陨（yǔn）首：丢掉脑袋。这里指杀身。
[7] 切峻：急迫严厉。
[8] 逋（bū）慢：逃避、怠慢。逋：拖延，迟延。
[9] 州司：州官。
[10] 日笃：一天天加重。
[11] 告诉：向长官申诉苦衷。不许：未获准许。
[12] 伏惟：伏在地上想。旧时奏表中臣对君的敬称。
[13] 育：怜悯，抚养。
[14] 伪朝：指被晋灭掉的蜀汉政权。
[15] 宦达：宦途显达。
[16] 不矜名节：不以名节自我夸耀。
[17] 过蒙拔擢（zhuó）：犹言受到破格提拔。拔擢：提拔。
[18] 盘桓：徘徊不进的样子。
[19] 有所希冀：犹言别有企图。李密原是蜀汉旧臣，现在不受晋的征召，怕受到疑忌，所以一再申明自己并非故意标榜名节。希冀：企图。
[20] 日薄西山：太阳迫近西山，比喻人年老将死。薄：迫近。
[21] 奄奄：气息微弱的样子。
[22] 危浅：垂危，这里指生命垂危，活不长了。
[23] 区区：形容感情真切的谦辞。废远：放弃奉养而远出做官。
[24] 乌鸟私情：相传乌鸦能反哺其母，故常用"乌鸟私情"用来比喻人的孝心。乌鸟：乌鸦。
[25] 二州牧伯：指上文提及的太守逵和刺史荣。
[26] 矜愍：怜悯。
[27] 庶：庶几，或许。
[28] 卒：终。

首,死当结草[1]。臣不胜犬马怖惧之情,谨拜表以闻。

【学习提示】

从内容方面来讲,本文是一份辞职信。因为这封辞职信的呈送对象是晋武帝,写不好就可能招来杀身之祸。为了打消晋武帝可能有的猜忌,作者在文中申明自己作为故旧遗老,现在不奉诏绝非忠于前朝,而是实属无奈,是为尽孝而难以远行的。因此,反复强调"逮奉圣朝,沐浴清化",特蒙"国恩""凡在故老,犹蒙矜育""过蒙拔擢,宠命优渥"等,以表自己对当今皇帝的感情,同时表达"生当陨首,死当结草"报答皇恩的诚心。无奈,祖母"日薄西山,气息奄奄,人命危浅,朝不虑夕",所以实难从命。入情入理,使人无由驳回,最终打动了晋武帝,晋武帝答应了他的辞职请求。

这篇辞职信给我们的最大启示是:写辞职信要言辞恳切,顺情入理,让接受对象心悦诚服;语言要有分寸,字里行间注意情理渗透。

---

[1] 结草:春秋时晋大夫魏颗未遵父魏武子临终遗嘱以其宠妾殉葬。后来他与秦将杜回交战,见一老人结草绊倒杜回,因而将杜回擒获。魏颗夜梦老人自称魏武子宠妾的父亲,特来报恩。(见《左传·宣公十五年》)此处表示会像结草老人一样来报答恩情。

五十二　狱中上梁王书[1]

看微课
黄高才讲

邹　阳

邹阳（约前206—前129），西汉文学家，临淄（今山东淄博）人。汉文帝时，为吴王刘濞门客，以文辩著称于世。吴王阴谋叛乱，邹阳上书谏止，吴王不听，因此与枚乘、严忌等离吴去梁，为景帝少弟梁孝王门客。后被人诬陷入狱，险被处死。他在狱中上书梁孝王，表白自己的心迹。梁孝王见书大悦，立命释放，并尊为上客。邹阳有文七篇，现存两篇，即《上书吴王》《狱中上梁王书》。

邹阳从梁孝王游。阳为人有智略，忼慨不苟合，介于羊胜、公孙诡[2]之间。胜等疾阳，恶之孝王。孝王怒，下阳吏，将杀之。阳乃从狱中上书曰：

臣闻"忠无不报，信不见疑"，臣常以为然，徒虚语耳。昔荆轲慕燕丹[3]之义，白虹贯日，太子畏之；卫先生[4]为秦画长平之事，太白食昴，昭王疑之。夫精变天地，而信不谕两主，岂不哀哉！今臣尽忠竭诚，毕议愿知，左右不明，卒从吏讯，为世所疑。是使荆轲、卫先生复起，而燕、秦不寤也，愿大王孰察之。昔玉人献宝[5]，楚王诛之；李斯[6]竭忠，胡亥极刑。是以箕子阳[7]狂，接舆[8]避世，恐遭此患也。愿大王察玉人、李斯之

---

[1] 梁王即梁孝王，是汉文帝之子，又与汉景帝同母，深得其母窦太后的欢心。因此，当景帝废除太子刘荣时，窦太后想要景帝立孝王为嗣，但因大臣袁盎等极力反对，景帝改立胶东王刘彻为太子。梁孝王由此怨恨袁盎等人，乃与羊胜、公孙诡等谋议派人刺杀袁盎及其他十余人。邹阳得知后极力加以劝阻，公孙诡等本已恨邹阳，乘机毁谤，邹阳因此被梁孝王囚禁狱中，并要被处死。他在狱中上书自辩，论辩有力，情辞恳切，梁孝王读后不仅立即将邹阳释放，而且待为上宾。此文是邹阳的代表作，在西汉前期就名传遐迩。

[2] 羊胜、公孙诡：梁孝王门客。两人因替梁孝王谋划刺杀大臣袁盎等人，被朝廷发觉后自杀。

[3] 燕丹：燕太子丹。他礼遇荆轲，为挽救危亡，派荆轲入秦刺杀秦王，没有成功，荆轲被杀害。传说当荆轲出发时，慷慨激昂，上天出现白虹贯日的现象。

[4] 卫先生：秦人。当时秦将白起攻赵，在长平（今山西高平）取得胜利。为乘胜追击，卫先生回朝廷向秦昭王请求增兵。传说当时太白金星侵蚀昴星，使得秦昭襄王犹疑不定，不肯增兵，以致未能灭赵。

[5] 玉人献宝：传说春秋时楚人卞和得一块玉石，献给楚厉王。玉工不识，说是石头，楚厉王砍掉卞和的右足。楚武王即位，卞和又献玉石，玉工仍称是石头，楚武王又砍断他的左足。楚文王时，令人将玉石剖开，果然得宝玉，称和氏璧。

[6] 李斯：秦代政治家。他辅助秦始皇统一天下有功。秦二世胡亥即位后，因赵高谗毁，李斯被杀害。

[7] 箕子：名胥余，商纣王叔父。因劝谏纣王被囚，于是装疯避祸。阳：假装。

[8] 接舆：春秋楚国隐士，佯狂避世。

意,而后楚王、胡亥之听,毋使臣为箕子、接舆所笑。臣闻比干[1]剖心,子胥鸱夷[2],臣始不信,乃今知之。愿大王孰察,少加怜焉!

语曰:"白头如新,倾盖如故。"何则?知与不知也。故樊於期[3]逃秦之燕,藉荆轲首以奉丹事;王奢[4]去齐之魏,临城自刭,以却齐而存魏。夫王奢、樊於期非新于齐、秦而故于燕、魏也,所以去二国、死两君者,行合于志,慕义无穷也。是以苏秦[5]不信于天下,为燕尾生[6];白圭[7]战亡六城,为魏取中山。何则?诚有以相知也。苏秦相燕,人恶之燕王,燕王按剑而怒,食以駃騠;白圭显于中山,人恶之于魏文侯,文侯赐以夜光之璧。何则?两主二臣,剖心析肝相信,岂移于浮辞哉!

故女无美恶,入宫见妒;士无贤不肖,入朝见嫉。昔者司马喜膑[8]脚于宋,卒相中山;范雎[9]拉胁折齿于魏,卒为应侯。此二人者,皆信必然之画,捐朋党之私,挟孤独之交,故不能自免于嫉妒之人也。是以申徒狄[10]蹈雍之河,徐衍[11]负石入海,不容于世,义不苟取比周于朝,以移主上之心。故百里奚乞食于道路,缪公委之以政;[12]宁戚[13]饭牛车下,桓公任之以国。此二人者岂素宦于朝,借誉于左右,然后二主用之哉?感于心,合于行,坚如胶漆,昆弟不能离,岂惑于众口哉?故偏听生奸,独任成乱。昔鲁听季孙之说逐孔子,宋任子冉之计囚墨翟。夫以孔、墨之辩,不能自免于谗谀,而二国以危。何则?"众口铄金,积毁销骨"也。秦用戎人由余而伯中国,齐用越人子臧而强威、宣。此二国岂拘于俗,牵于世,系奇偏之浮辞哉?公听并观,垂明当世。故意合则吴越为兄弟,由余、子臧是矣;不合则骨肉为仇敌,朱、象、管、蔡是矣[14]。今人主诚能用齐、秦之明,后宋、鲁之听,则五伯不足侔,而三王易为也。

---

[1] 比干:商纣王叔父。传说纣王淫乱,比干强谏,纣王怒,剖其心而死。

[2] 子胥:伍子胥曾助吴王阖闾战胜楚国。后因劝谏吴王夫差,触怒吴王,被逼自杀。鸱夷(chī):皮囊。伍子胥自杀后,尸体被装入皮囊,投入江中。

[3] 樊於(wū)期:秦将,避祸逃燕,秦王嬴政杀了他全家,并重金悬赏他的人头。时燕太子丹谋划荆轲刺秦王,樊於期便自刎让荆轲将他的人头献给秦王,候机行刺。

[4] 王奢:齐臣,为避祸逃至魏国。齐攻魏,王奢为了不连累魏国,登上城头面对齐将自杀。

[5] 苏秦:他主张六国合纵抗秦,并最终组建合纵联盟,任"从约长",兼佩六国相印。后联盟遭到秦国破坏,也就失去各国的信任,只有燕昭王还信任他。

[6] 尾生:传说他与一女子相约在桥下见面,女子未到而河水猛涨,他坚守信约,抱柱而死。

[7] 白圭:中山国将领,在战斗中连丢六城,惧罪逃魏,受魏文侯宽待,后替魏攻伐中山。

[8] 司马喜:战国时人。他在宋国曾受到剔去膝盖骨的刑罚,后逃往中山,被任用为相。膑(bìn):一种刑法,砍掉膝盖骨。

[9] 范雎:魏国人。他曾随魏大夫须贾使齐,后须贾怀疑范雎与齐勾结,进行审讯,打断其肋骨,折脱其牙齿。于是范雎逃至秦国,被重用为相,封应侯。

[10] 申徒狄:商末人,因忠谏不被采纳,投雍水溺死。

[11] 徐衍:周末人,因不满于乱世,身负大石自沉于海。

[12] 百里奚:春秋时虞国人。关于他的故事流传不一。这里取的是:百里奚听说秦缪公贤明,欲往拜见,家贫,一路乞食,后受缪公重用,委以国政。缪(mù)公:即秦穆公。缪:通"穆"。

[13] 宁戚:春秋时卫国人,家贫,在齐国城门外边替人家喂牛,并手击牛角唱着《饭牛歌》。后被齐桓公发现,知道他有才能,便把国事委任给他。

[14] 朱:丹朱,传说是尧的儿子,因不贤,尧未把帝位传给他。象:传说是舜的后母所生,曾多次要谋害舜。管、蔡:指管叔、蔡叔,都是周武王之弟。他们联合纣王儿子武庚谋划叛乱,武庚、管叔被杀,蔡叔被流放。

是以圣王觉寤，捐子之[1]之心，而不说田常[2]之贤，封比干之后，修孕妇之墓[3]，故功业覆于天下。何则？欲善无厌也。夫晋文[4]亲其仇，强伯诸侯；齐桓[5]用其仇，而一匡天下。何则？慈仁殷勤，诚加于心，不可以虚辞借也。至夫秦用商鞅之法，东弱韩、魏，立强天下，卒车裂之；越用大夫种之谋，禽劲吴而伯中国，遂诛其身。是以孙叔敖[6]三去相而不悔，於陵子仲辞三公为人灌园[7]。今人主诚能去骄傲之心，怀可报之意，披心腹，见情素，堕肝胆，施德厚，终与之穷达，无爱于士，则桀之犬可使吠尧[8]，跖之客可使刺由[9]。何况因万乘之权，假圣王之资乎！然则荆轲湛七族[10]，要离[11]燔妻子，岂足为大王道哉！

臣闻明月之珠，夜光之璧，以暗投人于道，众莫不按剑相眄者。何则？无因而至前也。蟠木根柢，轮囷离奇，而为万乘器者，以左右先为之容也。故无因而至前，虽出随珠、和璧，只怨结而不见德；有人先游，则枯木朽株，树功而不忘。今夫天下布衣穷居之士，身在贫羸，虽蒙尧、舜之术，挟伊[12]、管之辩，怀龙逢[13]、比干之意，而素无根柢之容，虽竭精神，欲开忠于当世之君，则人主必袭按剑相眄之迹矣。是使布衣之士，不得为枯木朽株之资也。

是以圣王制世御俗，独化于陶钧[14]之上，而不牵乎卑乱之语，不夺乎众多之口。故秦皇帝任中庶子蒙嘉之言，以信荆轲，而匕首窃发；周文王猎泾、渭，载吕尚归，以王天下。秦信左右而亡，周用乌集而王。何则？以其能越挛拘之语，驰域外之议，独观乎昭旷之道也。今人主沉谄谀之辞，牵于帷廧之制，使不羁之士与牛骥同皁。此鲍焦[15]所以愤于世也。

---

[1] 子之：战国时燕王哙之相。子之骗取燕王信任，燕王让国位给他，造成国家大乱。

[2] 田常：一名田成子，又名田恒，原姓陈。春秋时齐简公之相，受信任。后杀简公，拥立平公，专政齐国。

[3] 孕妇之墓：传说商纣王暴虐无道，为与妲己观看胎儿取乐，曾剖孕妇之腹。周武王灭商后，修建被杀孕妇的坟墓。

[4] 晋文：晋文公重耳。重耳为公子时，晋献公听信谗言要加害于他，于是逃到蒲城。献公派寺人披攻蒲，重耳越墙而逃，衣袖被砍下。后重耳回国即位，宽容了寺人披。时遇吕甥等企图谋反，寺人披向文公告密，从而平定了这次叛乱。

[5] 齐桓：齐桓公（公子小白）。当他为公子时，与公子纠争国主之位。时管仲辅佐公子纠，并奉命与公子小白战，箭中小白衣带。后小白为齐桓公，不计前仇，任管仲为相，成就霸业。

[6] 孙叔敖：春秋时楚人，楚庄王时任相。曾三次拜相，三次罢职。

[7] 於（wū）陵：在今山东邹平东南。子仲：即陈仲子。传说楚王派人携重金聘他为相，他带全家人逃走，替他人灌园。

[8] 桀之犬可使吠尧：意为狗忠于主人不管对什么人都狂叫。

[9] 跖：传说古代人民中的起义领袖。由：许由。传说尧要让位给他，他逃走不受。

[10] 湛（chén）：通"沉"，沉没。这里意指消灭。七族：对其意思说法不一。其中一说指上至曾祖下至曾孙。

[11] 要（yāo）离：春秋时吴国人。吴王阖闾派他去刺杀庆忌，他假装犯罪让阖闾砍断其右手，烧死妻子，然后逃出，乘机接近庆忌，把庆忌杀掉后自杀。

[12] 伊：伊尹，名挚，原是商汤之妻陪嫁的奴隶，后佐汤伐夏桀有功，被委以国政。

[13] 龙逢（péng）：姓关，传说是夏朝的贤臣。夏桀荒淫，关龙逢极谏，遭囚杀。

[14] 陶钧：制陶器的转轮，比喻国家政权。

[15] 鲍焦：春秋时齐国人。他怨愤当时的乱世，自耕而食，凿井而饮，妻织而衣，曾受到孔子学生子贡的讥笑，最后抱木而死。

臣闻盛饰入朝者，不以私污义；底厉[1]名号者，不以利伤行。故里名"胜母"，曾子[2]不入；邑号"朝歌"[3]，墨子[4]回车。今欲使天下寥廓之士，笼于威重之权，胁于位势之贵，回面污行，以事谄谀之人，而求亲近于左右，则士有伏死堀穴岩薮之中耳，安有尽忠信而趋阙下者哉！

【学习提示】

这是一份申辩书，相当于现今司法诉讼中的申诉状。邹阳遭受谗言，被囚狱中。他要申辩，最终达到"自救"的目的，就必须使梁孝王"心动"。这就要求他写给梁孝王的信不仅能够以情动人、以理服人，而且说话的角度要巧，要让他有兴趣读下去。

《狱中上梁王书》这封申诉书的成功之处主要在于：一是展开话题的角度巧，言之在理。作者下笔就提出"忠信"二字，这样能够使梁孝王不由自主地读下去。二是用语婉转，情词恳切。这是一封为自己申辩的书信，它大量引证史实，运用比喻，论"谗毁"之祸，表述自己"忠信"的心迹。三是辅之以人格力量。邹阳虽身陷狱中，面临杀身之祸，但并不迎合媚上、哀求乞怜，而在上书中继续谏诤，字里行间还很有些"不逊"（司马迁语），充分显示了他的"抗直""不苟合"的性格，也是他"有智略"的表现。作者取法曾子、墨子，表示宁愿老死岩穴，一生默默无闻，也不和谗谀之人同流合污以求富贵宠幸，表现了宁折不弯、决不屈服的高尚气节。读来风骨凛然，激荡人心。对此，班固在《汉书》本传中说邹阳最后之所以能够免于刑戮，就在于"其言正也"。

---

[1] 底厉：通"砥砺"，磨刀石。这里用作动词，指磨炼品德。

[2] 曾子：即曾参，孔子的学生，他事亲至孝。有次遇一里巷名叫"胜母"，他认为这个名字违反孝道，因而不走进去。

[3] 朝歌：商朝国都，在今河南鹤壁市市区南部淇河边。

[4] 墨子：即墨翟，墨家学说创始人，主张"非乐"。据说他有次去朝歌，觉得这一名字与自己主张不合，便掉转车头走开。

五十三　与韩荆州书

李　白

　　李白（701—762），字太白，号青莲居士，唐代伟大的浪漫主义诗人，被后人誉为"诗仙"。少年即显露才华，吟诗作赋，博学广览，并好行侠。从25岁起离川，长期在各地漫游，对社会生活多有体验。唐天宝初年曾供奉翰林，但在政治上不受重视，又遭权贵谗毁，仅一年余即离开长安。天宝三年（744），在洛阳与杜甫结交。安史之乱中，怀着平乱的志愿，曾为永王李璘幕僚，因璘败牵累，流放夜郎。中途遇赦东还。晚年漂泊困苦，病死于安徽当涂。其诗风雄奇、豪放，想象丰富，语言流转、自然，音律和谐、多变。他善于从民歌、神话中吸取营养和素材，构成其特有的瑰玮绚烂的色彩，是屈原以来最具个性特色和浪漫精神的诗人，达到盛唐诗歌艺术的巅峰。《蜀道难》《行路难》《梦游天姥吟留别》《静夜思》《早发白帝城》等诗，皆为人传诵。有《李太白集》。

　　白闻天下谈士[1]相聚而言曰："生不用万户侯[2]，但愿一识韩荆州。"何令人之景慕[3]一至于此！岂不以有周公[4]之风，躬吐握[5]之事，使海内豪俊奔走而归之，一登龙门[6]，则声誉十倍！所以龙蟠凤逸[7]之士，皆欲收名定价于君侯[8]。君侯不以富贵而骄之、寒贱而忽之，则三千之中有毛遂[9]，使白得颖脱而出[10]，即其人焉。

　　白，陇西布衣，流落楚、汉[11]。十五好剑术，遍干诸侯[12]；三十成文章，历抵卿相[13]。

---

［1］谈士：言谈之士。

［2］万户侯：有食邑万户的诸侯。唐朝封爵已无万户侯之称，此处借指显贵。

［3］景慕：敬仰爱慕。

［4］周公：即姬旦，周文王之子，武王之弟。因采邑在周（今陕西岐山北），故称周公。

［5］吐握：吐哺（口中所含食物）握发（头发）。周公自称"一沐三握发，一饭三吐哺，起以待士，犹恐失天下之贤人"（见《史记·鲁世家》），后世因以"吐握"形容礼贤下士。

［6］龙门：在今山西河津西北黄河两岸，峭壁对峙，形如阙门。传说江海大鱼能上此门者即化为龙。东汉李膺有高名，当时士人有受其接待者，名为"登龙门"。

［7］龙蟠（pán）凤逸：比喻贤人在野或屈居下位。

［8］收名定价：获取美名，奠定声望。君侯：对尊贵者的敬称。

［9］毛遂：战国时赵国平原君门客。秦围邯郸，赵王使平原君求救于楚，毛遂请求随同前往，自荐曰："臣乃今日请处囊中耳。使遂蚤得处囊中，乃颖脱而出，非特其末见而已。"随从至楚，果然说服了楚王，使其同意发兵。平原君乃以为上客。

［10］颖脱而出：比喻才士若获得机会，必能充分显示其才能。颖（yǐng）：指锥芒。

［11］陇西：古郡名，始置于秦，治所在狄道（今甘肃临洮）。李白自称十六国时凉武昭王李暠之后，李暠为陇西人。布衣：平民。楚、汉：当时李白居于安陆（今属湖北），往来于襄阳、江夏等地。

［12］干：干谒，对人有所求而请见。诸侯：此指地方长官。

［13］历：普遍。抵：拜谒，进见。卿相：指中央朝廷高级官员。

虽长不满七尺，而心雄万夫。皆王公大人，许与气义。此畴曩[1]心迹，安敢不尽于君侯哉？

君侯制作侔神明，德行动天地，笔参造化，学究天人。[2]幸愿开张心颜，不以长揖见拒。[3]必若接之以高宴，纵之以清谈[4]，请日试万言，倚马可待[5]。今天下以君侯为文章之司命[6]，人物之权衡[7]，一经品题，便作佳士。而今君侯何惜阶前盈尺之地[8]，不使白扬眉吐气、激昂青云耶？

昔王子师[9]为豫州，未下车即辟荀慈明，既下车又辟孔文举。山涛[10]作冀州，甄拔三十余人，或为侍中、尚书[11]，先代所美。而君侯亦一荐严协律[12]，入为秘书郎[13]，中间崔宗之、房习祖、黎昕、许莹之徒[14]，或以才名见知，或以清白见赏。白每观其衔恩抚躬[15]，忠义奋发，白以此感激，知君侯推赤心于诸贤之腹中[16]，所以不归他人而愿委身国士[17]。倘急难有用，敢效微躯。

且人非尧、舜，谁能尽善？白谟猷[18]筹画，安能自矜？至于制作，积成卷轴[19]，则欲尘秽视听[20]。恐雕虫小技[21]，不合大人。若赐观刍荛[22]，请给纸笔，兼之书人，然

---

[1] 畴曩（chóunǎng）：往日。

[2] 制作：指文章著述。侔（móu）：相等，齐同。东汉崔瑗《张平子碑》："数术穷天地，制作侔造化。"参：参与。造化：自然的创造化育。天人：天道和人道。南朝梁钟嵘《诗品序》："文丽日月，学究天人。"

[3] 开张：开扩，舒展。长揖：相见时拱手高举自上而下以为礼。

[4] 清谈：汉末魏晋以来，士人喜高谈阔论，或评议人物，或探究玄理，称为清谈。

[5] 倚马可待：比喻文思敏捷。东晋时袁宏随同桓温北征，受命作露布文（檄文、捷书之类），他倚马前而作，手不辍笔，顷刻便成，且文极佳妙。

[6] 司命：原为神名，掌管人之寿命。此指判定文章优劣的权威。

[7] 权：秤锤。衡：秤杆。此指品评人物的权威。

[8] 惜阶前盈尺之地：意为不在堂前接见我。

[9] 王子师：东汉王允字子师，汉灵帝时为豫州刺史（治所在沛国谯县，即今安徽亳县），征召荀爽（字慈明，汉末硕儒）、孔融（字文举，孔子之后，汉末名士）等为从事。

[10] 山涛：字巨源，西晋名士，竹林七贤之一。为冀州刺史时，搜访贤才，鉴别选拔隐逸之士。

[11] 侍中、尚书：中央政府官名。

[12] 严协律：名不详。协律：协律郎，属太常寺，掌校正律吕。

[13] 秘书郎：属秘书省，掌管中央政府藏书。

[14] 崔宗之：李白好友，曾为起居郎、尚书礼部员外郎、礼部郎中、右司郎中等职，与孟浩然、杜甫亦曾有交往。房习祖：不详。黎昕：曾为拾遗官，与王维有交往。许莹：不详。

[15] 抚躬：犹言抚膺、抚髀，表示慨叹。抚：拍。

[16] 推赤心于诸贤腹中：《后汉书·光武本纪》云"萧王（刘秀）推赤心置人腹中"。

[17] 国士：国中杰出的人。

[18] 谟猷（móyóu）：谋划，谋略。

[19] 卷轴：古代帛书或纸书以轴卷束。

[20] 尘秽视听：请对方观看自己作品的谦语。

[21] 雕虫小技：西汉扬雄称作赋为"童子雕虫篆刻""壮夫不为"（见《法言·吾子》）。虫书、刻符为当时学童所习书体，纤巧难工。此处乃自谦之词。

[22] 刍荛（chúráo）：割草为刍，打柴为荛，刍荛多指草野之民。亦用以谦称自己的作品。

后退扫闲轩[1],缮写呈上。庶青萍、结绿[2],长价于薛、卞之门[3]。幸惟下流[4],大开奖饰[5],惟君侯图之。

【学习提示】

本文是一封自荐信。公元734年,李白在襄阳谒见荆州长史并襄州刺史、山南东道采访使韩朝宗。韩喜识拔后进,曾荐崔宗之等人入朝,时有"一生不用万户侯,但愿一识韩荆州"之语。李白为达到被接见、被推荐的目的,在谒见前先写了这封信。在信里,作者以毛遂自比,表达远大志向,并希望韩朝宗赏识、提拔自己,从而得以扬眉吐气、激昂青云。这封信不卑不亢,信中充满对自己道德才能的高度自信和傲岸自负的英雄气概。文字骈散兼用,参差错落,读来颇有气盛言宜之感,是自我推荐信的一篇典范。

---

[1] 闲轩:静室。
[2] 青萍:宝剑名。结绿:美玉名。
[3] 薛:薛烛,春秋时越国人,善于相剑。卞:卞和,春秋时楚国人,善于识玉。
[4] 惟:念。下流:指地位低的人。
[5] 奖饰:奖励称誉。

五十四 "百字铭"三则

看微课
黄高才讲

　　座右铭原指古人写出来放在座位右边用于鞭策自己、告诫自己或激励自己等的格言，后来泛指人们激励、警诫自己，作为行动指南的格言。历史上，中外许多名人都有自己的"座右铭"，这些座右铭大多对今天的人们仍具有重要的参考价值。

（一）座右铭

崔　瑗

　　无道人之短，无说己之长。施人慎勿念，受施慎[1]勿忘。
　　世誉不足慕，唯仁为纪纲。[2]隐心而后动，谤议庸何伤[3]？
　　无使名过实，守愚圣所臧[4]。在涅贵不缁[5]，暧暧内含光。
　　柔弱生之徒，老氏[6]诫刚强。行行鄙夫志，悠悠故难量。
　　慎言节饮食，知足胜[7]不祥。行之苟有恒，久久自芬芳。

【学习提示】
　　崔瑗（77—142）是汉代著名书法家，尤善草书，师法杜度，时称"崔杜"。崔瑗年轻时经常意气用事，因他哥哥被人杀害，大怒之下杀了仇人，只身逃亡。几年后，遇朝廷大赦，才回到故乡。其间吃足苦头，有感而做此铭，用以自戒。这则座右铭的中心意思是谨言慎行。

（二）百字铭

唐太宗

　　欲寡精神爽，思多血气衰。少饮不乱性，忍气免伤财。
　　贵自勤中得，富从俭里来。温柔终益己，强暴必招灾。

---

〔1〕慎：副词，与"勿""毋""莫"等连用表示禁戒，相当于"务必""千万"等。
〔2〕世誉：世俗的赞誉。纪纲：法度，引申为准则。
〔3〕谤议：诽谤议论。庸何：没必要。庸：需要，用得着。
〔4〕臧（zāng）：成功。
〔5〕涅：一种矿物，古代用作黑色染料。缁：黑色，这里指变为黑色。《论语·阳货》："涅而不缁。"
〔6〕老氏：指老子。
〔7〕胜：战胜，打败。引申为消除。

善处真君子，刁唆是祸胎[1]。暗中休使箭，乖[2]里放些呆。
养性须修善，欺心莫吃斋。衙门休出入，乡党要和谐。
安分身无辱，闲非口不开。世人依此语，灾退福重来。

【学习提示】

唐太宗李世民的这篇百字铭从清心寡欲、勤俭持家、与人为善等各个方面指出了做人应恪守的准则；坚守这些准则不仅能安身、致福，而且能养气、养性，使人生更加幸福和美好。

（三）百字铭

孙思邈

怒甚偏伤气，思多太损神。神疲心易役，气弱病相萦。
勿使悲欢极，当令饮食均。再三防夜醉，第一戒晨嗔[3]。
亥寝鸣云鼓[4]，晨兴漱玉津。妖神难犯己，精气自全身。
若要无诸病，常当节五辛[5]。安神宜悦乐，惜气保和纯。
寿夭休论命，修行本在人。若能遵此理，平地可朝真。

【学习提示】

孙思邈（581—682，有争议），唐朝京兆华原（现陕西铜川耀州）人，唐代著名医学家和药物学家，被后人誉为"药王"，许多华人奉之为"医神"。唐太宗即位召他入京，其容貌、气色、身形、步态如同少年。唐太宗授予爵位，固辞不受，仍回乡间为百姓治病。后隐于五台山。唐永淳元年（682）卒，寿101岁。孙思邈以德养性，以德养身，德艺双馨，为历代医家和百姓所尊崇备至。这则百字铭是他养生实践的高度概括和总结，对于今天的人们仍具有十分重要的借鉴意义。

---

[1] 刁：狡猾，奸诈。唆：挑动，怂恿。

[2] 乖：机灵，伶俐。

[3] 嗔（chēn）：怒，生气。

[4] 亥：夜里9点至11点。鸣云鼓：是孙思邈提倡的一种养生方法，即叩齿。他在《千金方》中提出早晨叩齿的方法：嘴里含着盐水，用舌尖来回捋牙，并叩齿百遍，坚持5天，便能感觉口齿牢密。常叩齿能强肾固精、疏通经络。

[5] 五辛：指韭、薤（xiè）、蒜、葱、兴蕖五种。道家将韭、薤、蒜、葱、兴蕖等五辛列为禁食。

五十五　与妻书

林觉民

　　林觉民（1887—1911），字意洞，号抖飞，又号天外生，福建闽侯人。中国民主革命者。1902年考入全闽大学堂，开始接受民主革命思想。1907年到日本留学，从事革命活动。1911年得黄兴通知，回国约集福建同志参加广州起义。4月27日广州起义发动，随黄兴袭击总督衙门，受伤被捕。5月3日，从容就义，为"黄花岗七十二烈士"之一。遗有《与妻书》，感情深挚，充满为国牺牲的大无畏精神。

意映卿卿如晤[1]：

　　吾今以此书与汝[2]永别矣！吾作此书时，尚是世中一人；汝看此书时，吾已成为阴间一鬼。吾作此书，泪珠和笔墨齐下，不能竟书[3]而欲搁笔。又恐汝不察吾衷[4]，谓吾忍舍汝而死，谓吾不知汝之不欲吾死也，故遂忍悲为汝言之。

　　吾至爱汝！即此爱汝一念，使吾勇于就死[5]也！吾自遇汝以来，常愿天下有情人都成眷属[6]；然遍地腥云，满街狼犬，[7]称心快意，几家能够？司马青衫[8]，吾不能学太上之忘情也[9]。语云：仁者"老吾老以及人之老，幼吾幼以及人之幼"[10]。吾充[11]吾爱汝之心，助天下人爱其所爱，所以敢先汝而死，不顾汝也。汝体[12]吾此心，于悲啼之余，亦以天下人为念，当亦乐牺牲吾身与汝身之福利，为天下人谋永福也。汝其勿悲。

　　汝忆否？四五年前某夕，吾尝语曰："与使吾先死也，无宁汝先吾而死。"汝初闻言

---

[1]　意映：林觉民夫人陈意映。卿卿：旧时丈夫对妻子的爱称。如晤：旧时书信中的习惯用语，意思是好像和受信人当面相见一样。

[2]　汝：你。

[3]　不能竟书：不能把信写完。

[4]　不察吾衷：不明白我的心事。

[5]　勇于就死：勇敢地牺牲。

[6]　"愿天下"句：语出《西厢记》，意思是希望天下有爱情的人都成为夫妻。

[7]　"遍地"二句：比喻清政府的统治到处充满血腥气，满街都是凶恶的狗腿子。

[8]　司马青衫：唐朝大诗人白居易做江州司马时，听到浔阳江上商妇弹琵琶的声音，感动得不觉泪下，湿透了青衫。见白居易《琵琶行》。

[9]　"吾不能"句：我不能像那些"忘情"的人一样，对于国事无动于衷。太上：指境界最高的圣人。《晋书·王衍传》："圣人忘情。"

[10]　仁者：有仁爱心肠的人。"老吾"二句：尊敬自己家里的老人，也当尊敬别人家的老人；爱护自己的儿女，也当爱护别人的儿女。语出《孟子·梁惠王上》。第一个"老"字和第一个"幼"字都用作动词，等于"尊敬"和"爱护"。

[11]　充：扩充，扩大。

[12]　体：体念，体谅。

而怒，后经吾婉解[1]，虽不谓吾言为是，而亦无辞相答。吾之意盖谓以汝之弱，必不能禁[2]失吾之悲，吾先死留苦与汝，吾心不忍，故宁请汝先死，吾担悲也[3]。嗟夫[4]，谁知吾卒[5]先汝而死乎！

吾真不能忘汝也！回忆后街之屋，入门穿廊，过前后厅，又三四折有小厅，厅旁一室为吾与汝双栖[6]之所。初婚三四个月，适冬之望日前后[7]，窗外疏梅筛月影[8]，依稀掩映[9]。吾与汝并肩携手，低低切切[10]，何事不语？何情不诉？及今思之，空余泪痕！又回忆六七年前，吾之逃家复归也，汝泣告我："望今后有远行，必以告妾[11]，妾愿随君行。"吾亦既许汝矣[12]。前十余日回家，即欲乘便以此行之事语汝，及与汝相对，又不能启口[13]；且以汝之有身[14]也，更恐不胜悲，故惟日日呼酒买醉。嗟夫！当时余心之悲，盖不能以寸管形容之[15]。

吾诚愿与汝相守以死[16]，第[17]以今日事势观之，天灾可以死，盗贼可以死，瓜分[18]之日可以死，奸官污吏虐民可以死，吾辈处今日之中国，国中无地无时不可以死！到那时使吾眼睁睁看汝死，或使汝眼睁睁看我死，吾能之乎？抑汝能之乎？即可不死，而离散不相见，徒使两地眼成穿而骨化石[19]，试问古来几曾见破镜能重圆[20]？则较死为苦也，将奈之何？今日吾与汝幸双健。天下人人不当死而死，与不愿离而离者，不可数计。钟情[21]如我辈者，能

---

[1] 婉解：婉转地解释。
[2] 禁：受得住。
[3] 吾担悲也：我来承担这悲痛吧。
[4] 嗟夫：文言叹词，等于白话的"唉"。
[5] 卒：同"猝"，忽然。
[6] 双栖：比喻夫妻同居。
[7] 适：恰巧碰到。望日：十五日。
[8] 疏梅筛月影：月光透过稀疏的梅枝，照在墙上或地上，就像从有孔的筛子里漏出来的一样。
[9] 依稀掩映：月光和梅影朦胧相映，看不清楚的样子。
[10] 低低切切：小声说私话的样子。
[11] 妾：旧时女子自称。
[12] "吾亦"句：我也已经答应你了。
[13] 启口：开口。
[14] 有身：有孕。
[15] 寸管：笔。形容之：把心情的悲痛描述出来。
[16] 诚愿：真希望。相守以死：一直到死厮守不弃。
[17] 第：但。
[18] 瓜分：比喻帝国主义共同侵略中国，把中国领土像剖瓜一样分割。
[19] 眼成穿：就是望眼将穿，比喻盼望的殷切。骨化石：传说古代有女子盼望丈夫，体骨化成了石头。民间文学中也有"望夫化石"的故事。
[20] 破镜能重圆：比喻夫妻离散后重新团圆。南北朝时，陈朝驸马徐德言估计到陈亡时，夫妻一定会失散，就把一面镜子分为两半，和他的妻子乐昌公主各执一半，约定将来正月十五在京城卖镜，互通音信。陈亡，乐昌公主为隋杨素所获。徐德言依约到京城，见一老仆卖半镜，就拿出自己的一半合上，题上《破镜诗》一首。乐昌公主见诗，悲泣不食，杨素知道后，就让他们夫妇团圆。
[21] 钟情：极其相爱。

忍之乎？此吾所以敢率性[1]就死不顾汝也！吾今死无余憾[2]，国事成不成，自有同志者在。依新[3]已五岁，转眼成人，汝其善抚之[4]，使之肖[5]我。汝腹中之物，吾疑其女也，女必像汝，吾心甚慰；或又是男，则亦教其以父志为志，则我死后，尚有二意洞在也。甚幸，甚幸！

吾家后日当甚贫，贫无所苦，清静过日而已。

吾今与汝无言矣！吾居九泉之下，遥闻汝哭声，当哭相和也。吾平日不信有鬼，今则又望其真有。今人又言心电感应有道[6]，吾亦望其言是实，则吾之死，吾灵尚依依傍汝也[7]，汝不必以无侣[8]悲！

吾生平未尝以吾所志语汝，是吾不是处；然语之，又恐汝日日为吾担忧。吾牺牲百死而不辞，而使汝担忧，的的[9]非吾所忍。吾爱汝至[10]，所以为汝谋[11]者惟恐未尽。汝幸而偶[12]我，又何不幸而生今日之中国！吾幸而得汝，又何不幸而生今日之中国！卒不忍独善其身。嗟夫！巾[13]短情长，所未尽者[14]尚有万千，汝可以摹拟[15]得之。吾今不能见汝矣！汝不能舍吾，其时时于梦中寻我乎？一恸！

辛亥三月廿六夜四鼓[16]，意洞手书。

家中诸母[17]皆通文，有不解处，望请其指教。当尽吾意为幸！

【学习提示】

这封书信，是作者参加广州起义前夕给妻子写下的绝笔书。作者以饱含深情的语言，向妻子叙述了自己"勇于就死"的原因，表达了作者对亲人和祖国人民的至爱深情，对当时黑暗现实的无比仇恨，体现了作者牺牲自己，为全国同胞争取自由、幸福的革命精神。

全文以感情为线索，通篇贯穿一个"爱"字，字里行间洋溢着对妻子的爱，对生活的爱，时时做安慰，时时做解释。但作者并没有停留在儿女之情上，而是由爱自己的妻子扩而大之爱"天下人"，把对妻子的爱与革命需要统一了起来。这种感情在文中

---

[1] 率性：任性。
[2] 余憾：遗恨。
[3] 依新：林觉民的长子。
[4] 善抚之：好好地教养他。
[5] 肖：像。
[6] 心电感应有道：近代有些唯心主义者认为人死后心灵尚有知觉，能和生人交相感应。
[7] 灵：灵魂。尚依依傍汝：仍旧时刻依靠在你身旁。
[8] 侣：伴侣。
[9] 的的：实在，的确。
[10] 至：极点。
[11] 谋：着想，打算。
[12] 偶：配偶，这里做"嫁"字解。
[13] 巾：手帕。这封信写于手帕之上。
[14] 所未尽者：要说而没有说完的话。
[15] 摹拟：想象。
[16] 四鼓：四更天。
[17] 诸母：伯母、叔母。

得到了淋漓尽致的表达。正是这种爱促使作者"以天下人为念""勇于就死"和"为天下人谋永福"。这封信,既缠绵悱恻,又豪情满怀,是一曲爱情的颂歌,更是一首正气之歌。

在这封信中,"辛亥三月廿六夜四鼓,意洞手书"是具名,"家中诸母皆通文,有不解处,望请其指教。当尽吾意为幸!"一段是附言。

五十六　劝北大学生尊重教师布告[1]

蔡元培

蔡元培（1868—1940），字鹤卿，又字仲申、民友，乳名阿培，浙江绍兴府山阴县（今浙江绍兴）人，民主主义革命家和教育家。数度赴德国和法国留学、考察，研究哲学、文学、美学、心理学和文化史，为他致力于改革封建教育奠定了思想理论基础。曾任教育总长、北京大学校长、中央研究院院长等职。他为发展中国新文化教育事业、建立中国资产阶级民主制度做出了重大贡献，堪称"学界泰斗、人世楷模"。教育论著有《蔡元培教育文选》《蔡元培教育论著选》等。

自本学年开课以后，时闻学生诸君，研究学问之兴趣，较前发展，在忻幸之中。近日乃闻有少数学生，在讲堂或实验室中，对于教员讲授与指导方法，偶与旧习惯不同，不能平心静气，徐图了解，辄悻悻然形于辞色，顿失学者态度。其间一二不肖者，甚至为鄙悖之匿名书信、匿名揭帖，以重伤教员之感情。以大学学生而有此等外乎情理之举动，诚吾人所大惑不解者也。

世界学术进步，教授方法，日新月异，本校虽未能于短时期间大事更张，要亦决无故步自封之理。诸君须知教员采用新法，正为诸君容易进步起见，诸君方应欢迎之不遑，又何疑焉？即或诸君中有因方言之隔阂，程度之不及，一时稍感困难，因滋疑惑，亦当于授课之暇，本敬爱之诚，质疑问难，岂宜顺一时冲激，有自损人格之举动耶？

为教员者虽抱有满腔循循善诱之热诚，然岂能牺牲其人格自尊之观念。万一因少数不慎之举动，而激其不屑教诲之感想，则诸君之损失何如？本校之损失何如？返之于诸君自爱及好学之本心，与爱护母校而冀其日日发达之初志，安耶否耶？

行道之人，偶迷方向，执途人而询之，必致谢词。欧美各国，入肆购物，彼以物来，此以钱往，必互道谢。为教员者，牺牲其研究学术之时间与心力，而教授诸君，指导诸君，所以裨益诸者，较诸指途、售物，奚啻百倍？诸君宁无感谢之本意，而忍伤其感情耶？诸君学成以后，难保无躬任教员之一日，设身处地，能不爽然？

深望自此以后，诸君对于教员，益益亲爱，益益诚恳，全体同学中，不再发现有不合情理之举动。无则加勉，有则改之，愿诸君各以自检，并于同学间互相劝告焉。

一九二一年十二月七日

---

[1] 由于蔡元培实行"仿世界各大学通例，循思想自由原则，取兼容并包主义"的办学路线，所以当时的北京大学在上课时，教师中穿西装而留分头的有之，穿长衫而戴礼帽的有之，穿前清官服而留辫子的亦有之；上课很规范的有之，上课宣传西方新潮、无政府主义、共产主义的有之，上课大部分时间骂革命党的亦有之。在这种情况下，学生的反应也必然不同，以至于有的学生出现过激行为，然后教师也有相应的反应。作为北京大学校长，蔡元培亲自撰写了这篇布告，发表在1921年12月8日出版的《北京大学日刊》第921号。

【学习提示】

蔡元培先生的这则布告语言平和,入情顺理,大有春雨润物之妙。文章起手一段采用欲抑先扬的表现手法,先对学子们表现良好的地方予以肯定,接着以十分委婉的口气指出部分学生的偏激之处,于不愠不恼之中使其感到愧疚。本文的高妙之处在于看似平易自然,实则结构严谨,语言分寸把握得特别好。

五十七　致蒋经国先生信[1]

廖承志

廖承志（1908—1983），广东惠阳（今惠州惠阳）人，生于日本东京。中国无产阶级革命家、社会活动家，早年在孙中山及父母廖仲恺、何香凝的教育影响下，投身革命。1924年8月加入国民党，1927年蒋介石发动四一二政变后，愤而脱离国民党。1928年8月加入中国共产党，此后历任党的各级领导职务。1982年7月发表《致蒋经国先生信》，殷切期望台湾当局捐弃前嫌，以国家民族利益为重，实现祖国统一大业，在国内外产生了深远的影响。

蒋经国吾弟：

咫尺之隔，竟成海天之遥。南京匆匆一晤，瞬逾三十六载。幼时同袍，苏京把晤，往事历历在目。唯长年未通音问，此诚憾事。近闻政躬违和，深为悬念。人过七旬，多有病痛，至盼善自珍摄[2]。

三年以来，我党一再倡议贵我两党举行谈判，同捐前嫌[3]，共竟祖国统一大业。唯弟一再声言"不接触，不谈判，不妥协"，余期期以为不可。世交深情，于公于私，理当进言，敬希诠察。

祖国和平统一，乃千秋功业。台湾终必回归祖国，早日解决对各方有利。台湾同胞可安居乐业，两岸各族人民可解骨肉分离之痛，在台诸前辈及大陆去台人员亦可各得其所，且有利于亚太地区局势稳定和世界和平。吾弟尝以"计利当计天下利，求名应求万世名"自勉，倘能于吾弟手中成此伟业，必为举国尊敬，世人推崇，功在国家，名留青史。所谓"罪人"之说，实相悖谬[4]。局促东隅，终非久计。明若吾弟，自当了然。如迁延不决，或委之异日，不仅徒生困扰，吾弟亦将难辞其咎。再者，和平统一纯属内政，外人巧言令色[5]，意在图我台湾，此世人所共知者。当断不断，必受其乱。愿弟慎思。

孙先生手创之中国国民党，历尽艰辛，无数先烈前仆后继，终于推翻帝制，建立民国。光辉业绩，已成定论。国共两度合作，均对国家民族做出巨大贡献。首次合作，孙先生领导，吾辈虽幼，亦知一二。再次合作，老先生主其事，吾辈身在其中，应知梗概[6]。事虽经纬万端，但纵观全局，合则对国家有利，分则必伤民族元气。今日吾弟在台主政，

---

[1] 这是廖承志于1982年7月24日写给当时的国民党主席蒋经国先生的信。原载于1982年7月25日《人民日报》。

[2] 珍摄：保重身体。珍：珍重。摄：保养。

[3] 同捐前嫌：共同抛弃过去的嫌隙。

[4] 悖谬（miù）：荒谬，不合道理。

[5] 巧言令色：用花言巧语和假装和善来讨好别人。

[6] 梗（gěng）概：大略的内容。

三次合作，大责难谢。双方领导，同窗挚友，彼此相知，谈之更易。所谓"投降""屈事""吃亏""上当"之说，实难苟同。评价历史，展望未来，应天下为公，以国家民族利益为最高准则，何发党私之论！至于"以三民主义统一中国"云云，识者皆以为太不现实，未免自欺欺人。三民主义之真谛[1]，吾辈深知，毋须争辩。所谓台湾"经济繁荣、社会民主、民生乐利"等等，在台诸公，心中有数，亦毋庸赘言。试为贵党计，如能依时顺势，负起历史责任，毅然和谈，达成国家统一，则两党长期共存，互相监督，共图振兴中华之大业。否则，偏安之局，焉能自保。有识之士，虑已及此。事关国民党兴亡绝续，望弟再思。

　　近读大作，有"切望父灵能回到家园与先人同在"之语，不胜感慨系之。今老先生仍厝于慈湖，统一之后，即当迁安故土，或奉化，或南京，或庐山，以了吾弟孝心。吾弟近曾有言："要把孝顺的心，扩大为民族感情，去敬爱民族，奉献于国家。"至哉斯言，盍不实践于统一大业！就国家民族而论，蒋氏两代对历史有所交代；就吾弟个人而言，可谓忠孝两全。否则，吾弟身后事何以自了。尚望三思。吾弟一生坎坷，绝非命运安排，一切操之在己，千秋功罪，系于一念之间。当今国际风云变幻莫测，台湾上下众议纷纭。岁月不居，来日苦短，夜长梦多，时不与我。盼弟善为抉择[2]，未雨绸缪[3]。"寥廓[4]海天，不归何待？"

　　人到高年，愈加怀旧，如弟方便，余当束装就道，前往台北探望，并面聆诸长辈教益。"度尽劫波兄弟在，相逢一笑泯恩仇。"遥望南天，不禁神驰，书不尽言，诸希珍重，伫候复音。

　　老夫人前请代为问安。方良、纬国及诸侄不一。

　　顺祝

近祺！

廖承志

1982年7月24日

【学习提示】

　　廖承志是以同窗旧友的身份给蒋经国先生写这封信的。信的主旨是敦促蒋经国先生放弃"不接触、不谈判、不妥协"的"三不"政策，举行国共两党谈判，共谋祖国统一大业。

　　这封信从话旧情起笔，继之抚今追昔，以"忠孝"二字攻心，收笔时再续相思：真可谓别具匠心！这封信最大的特点是抒情与议论巧妙结合，晓之以理，动之以情，具有极强的心灵震撼力。

　　在语言运用方面，这封信语气委婉，言辞恳切，字里行间饱含着至理、真情。

---

[1] 真谛（dì）：真实的意义或道理。

[2] 抉（jué）择：挑选，选择。

[3] 未雨绸缪（chóumóu）：原指趁着天还没有下雨，预先修理房屋门窗。后比喻事先做好准备。绸缪：修缮。

[4] 寥廓（liáokuò）：高远空旷。

五十八　给儿子的一封信

约翰·戴维森·洛克菲勒

　　约翰·戴维森·洛克菲勒（John Davison Rockefeller）（1839—1937），美国实业家、慈善家，是洛克菲勒家族的创始人，也是历史上第一位亿万富翁，被称为"石油大王"。

亲爱的约翰：

　　"没有野心的人不会成就大事。"这是我那位汽车大王朋友——亨利·福特先生昨天来看我时向我吐露的成功秘密。

　　我非常敬佩这个来自密歇根的富豪，他是一个执着而又坚毅的家伙。他几乎与我有着同样的经历，做过农活儿、当过学徒，与人合伙开办过工厂，通过奋斗最终成为这个时代全美最富有的人之一。

　　在我看来，福特先生是一个新时代的缔造者，没有任何一个美国人能像他那样，完全改变了美国人的生活方式，看看大街上往来穿梭的汽车，你就知道我绝非在恭维他，他使汽车由奢侈品变为了几乎人人都能买得起的必需品。而他创造的奇迹也把他变成了亿万富翁。当然，他也让我的钱袋鼓起了很多。永远漂流不定，只会到达失望、失败与丧气的海滩。福特先生的野心超过了他的身高，他要缔造一个人人都能享用福特汽车的世界。这似乎难以想象，但他成功了，他成了全球小汽车市场的主人，并为福特公司赚得了惊人的利润，用这个家伙的话说，"那不是在制造汽车，那简直是在印刷钞票"。我们不难想象，既腰缠万贯，又享有"汽车大王"的盛誉，福特有怎样一个好心情。

　　福特创造的成就，证明了我的一个人生信条：财富与目标成正比。如果你胸怀大志、目标高远，你的财富之山就将垒向云霄；如果你只想得过且过，那你就只有做末流鼠辈的份儿了，甚至一事无成，即使财富离你近在咫尺，你也只会获得很少的一点点而已。在福特成功之前，有很多汽车制造商都比他有实力得多，但他们当中破产的人也很多。

　　人被创造出来是有目的的，一个人不是在计划成功，就是在计划失败。这是我一生的心得。

　　我似乎从不缺少野心，从我很小的时候开始，要成为最富有的人，就一直是我憧憬着的抱负与梦想。这对一个穷小子来说，好像有些过大。但我认为目标必须伟大才行，因为想要有成就，必须有刺激，伟大的目标能使你发挥全部的力量，也才会有刺激。失去刺激，也就等于没有了一股强大的力量推动你向前。不要做小计划，因为它不能激励心灵，我经常这样提醒自己。

　　当然，成为伟大的机会并不像湍急的尼亚加拉大瀑布那样倾泻而下，而是慢慢地一次一滴。伟大与接近伟大之间的差异就是领悟到：如果你期望伟大，你必须每天朝着目标努力。

　　但对于一个穷小子而言，如何才能将这个伟大的梦想变成可触摸的现实呢？难道去靠努力为别人工作来实现它吗？这是个愚蠢的主意。我相信为自己勤奋会致富，但不相信努力为别人工作就一定成功。在我住进百万富翁大街前，我就发现，在我身边，很多穷人都是工作最努力的人。现实就是如此残酷，不管雇员努力与否，替老板工作而变得富有的人少之又少。替老板工作所得的薪金，只能在合理预期的情况下让雇员活下去，尽管雇员可能会赚到不少钱，但变得富有却很难。

我一直视"努力工作定会致富"为谎言，从不把为别人工作当作积累可观财富的上策，相反，我非常笃信为自己工作才能富有。我采取的一切行动都忠于我的伟大梦想和为实现这一梦想而不断达成的各个目标。

在我离开学校、寻找工作的时候，我就为自己设定了一个目标：要到一流的公司去，要成为一流的职员，因为一流的公司会给我一流的历练，塑造我一流的能力，让我长到一流的见识，还会让我赚到一笔丰厚的薪金——那是开创我未来事业的资本。而这一切无疑是我通往成功之路的最坚实的基石。当然，在大公司做事，能让我以大公司的方式思考问题，这点很重要。所以，我仰慕大公司，我要去的是高知名度企业。

这注定要让我吃些苦头。我先到了一家银行，很不走运，被拒绝了。我又去了一家铁路公司，结果仍是悻悻而归。当时的天气似乎也要跟我作对，酷热难耐。但我不顾一切，继续不停地寻找。那段日子，寻找工作成了我唯一的职业，每天早上8点，尽我所能地把自己打扮一番，就离开住地开始新一轮的预约面试。一连几个星期，我把列入名单的公司跑了一遍，结果仍一无所获。

这看起来很糟，不是吗？但没人能阻止你前进的道路，阻碍你前进最大的人就是你自己！你是唯一永久能做下去的人。我告诫自己：如果你不想让别人偷走你的梦想，那你就在被挫折击倒后立即站起来。我没有沮丧、气馁，连续的挫折反而更坚定了我的决心。我又径直从头开始，一家一家地跑，有几家公司甚至让我跑了两三次。

上帝终未将我抛弃，这场不屈不挠的求职之旅终于在六个星期后的一个下午结束了，1855年9月26日，我被休伊特-塔特尔公司雇用。

这一天似乎决定了我未来的一切。直到今天，每当我问起自己，要是没有得到那份工作会怎么样时，我常常会浑身颤抖不停。因为我知道那份工作都给我带来了什么，失去它我又将如何。所以，我一生都把9月26日当作"重生日"来庆祝，对这一天抱有的情感远胜过我的生日。

写到这儿，我自己都被自己感动了。

人在功能上就像是一部脚踏车，除非你向上、向前朝着目标移动，否则你就会摇晃跌倒。三年后我带着超越常人的能力与自信，离开了休伊特-塔特尔公司，与克拉克先生合伙创办克拉克-洛克菲勒公司，开始了为自己工作的历史。

愚蠢的努力工作很可能在百般辛苦之后仍一无所获，但是，如果将替老板努力工作视为铸就有朝一日为自己效劳的阶梯，那无疑就是创造财富的开始。给自己当老板的感觉真是棒极了，简直无以言表。当然，我不能总沉浸在年方18岁跻身贸易代理商行列的得意之中，我告诫自己："你的前程就系于一天天过去的日子，你的人生终点是全美首富，你距离那里还很远很远，你要继续为自己努力。"做最富有的人，是我努力的依据和鞭策自己的力量。

在过去的几十年中，我一直是追求卓越的信徒，我最常激励自己的一句话就是：对我来说，第二名跟最后一名没有什么两样。如果你理解了它，你就会认为，我以无可争辩的王者身份通知了石油工业不足为奇。

我们每一个人都生活在希望之中,但我更多的是生活在目标的达成之中。我的人生目标就是要成为第一,这也是我设法定出并努力遵守的人生规则,我所付出的所有努力和行动,都终于我的人生目标、人生规则。

上帝赋予我们聪明的头脑和坚强的肌肉,不是让我们成为失败者,而是让我们成为伟大的赢家的。20年前的今天,联邦法院解散了我们那个欢乐的大家庭,但每当想起我创造的成就,我就兴奋不已。

伟大的人生就是追求卓越的过程,我们必须向这个目标前进,不怕痛苦,态度坚决,准备在漫长的道路上跌跌。

约翰·戴维森·洛克菲勒

【学习提示】

这封书信不仅情真意切,而且极富语言魅力。语言的魅力主要在于其内涵,表现形式在其中的作用是很小的。因此,要增强语言的魅力,提高语言的表现力,首先必须言之有物、言之有理、言之有情。言之有物要求交际者博学多识,言之有理要求交际者有自己的思想,言之有情要求交际者具有良好的人文素养。这就是说,要从根本上提高自己的口语交际能力:一是要加强知识积累,开阔视野;二是要多读思想底蕴深厚的书,增加自己的见识,提高自己的思想水平;三是要培养自己的人文精神。约翰·戴维森·洛克菲勒写给儿子约翰的这封信有两点值得我们借鉴:一是言出肺腑,二是富于哲理。其中,有这么几段话请同学们细细地咀嚼和回味:

(1) 如果你胸怀大志、目标高远,你的财富之山就将垒向云霄;如果你只想得过且过,那你就只有做末流鼠辈的份儿了,甚至一事无成,即使财富离你近在咫尺,你只会获得很少的一点点而已。

(2) 我相信为自己勤奋会致富,但不相信努力为别人工作就一定成功。在我住进百万富翁大街前,我就发现,在我身边,很多穷人都是工作最努力的人。现实就是如此残酷,不管雇员努力与否,替老板工作而变得富有的人少之又少。

(3) 没人能阻止你前进的道路,阻碍你前进最大的人就是你自己!你是唯一永久能做下去的人。我告诫自己:如果你不想让别人偷走你的梦想,那你就在被挫折击倒后立即站起来。我没有沮丧、气馁,连续的挫折反而更坚定了我的决心。

专题训练：怎样写好应用文

一个人在社会上生活，随时随地都要用到应用文。因此，对于每一个人来讲，写好应用文不仅是一种工作技能，而且是一种生活本领。那么，怎样才能写好应用文呢？

一、弄清应用文的特点

关于应用文的特点问题，一直有一些比较牵强的说法，如"表述的简洁性""追求的平实性""思维的逻辑性"等。为什么说这些说法是牵强的呢？应用文是说事的，在说事的过程中，写作者大脑中始终伴随着事物的映像，形象思维处于主导地位。说应用文表述应简洁，"简"得过诗词吗？既然没有诗词简洁，自然就不能视"简洁"为其特点了。"简洁"只能作为应用文写作的要求提出来，而不能视其为应用文的特点。"平实"不只是对应用文语言的要求，优秀的文学作品大都是语言"平实"的典范。如李白的《静夜思》就是语言平实最好的典范。因此，"平实"也只能作为应用文写作的要求提出来，而不能视其为应用文的特点。至于说有人提出的"工具性""指导性"等说法就更为牵强了。

那么，究竟怎样来正确描述应用文的特点呢？要谈应用文的特点，必须将其与文学作品进行比较，找出其与文学作品的不同点，这是研究应用文最基本，也是最科学的方法。

（一）从写作目的来看

文学创作的目的是为了满足人们的精神需求，在给人以审美享受的同时，净化人们的灵魂，激励人们的斗志，坚定人们的信念；应用文是为了解决实际问题而写的，其作用是传递信息、沟通思想、理顺关系、协调工作等。文学作品是人类精神世界的写照；应用文是现实生活的反映，直接用于生活和工作是应用文区别于文学作品最显著的地方。因此，实用性是应用文最大的特点。

（二）从思想内容和表现手法来看

文学作品和应用文都注重内容的真实性，但二者的"真实"是不同的：文学作品的真实是一种艺术的真实，或者说是一种依赖于创作者主观意念而存在的真实，作品所写的人和事与现实生活中的真人真事相对处于"似与不似"之间；应用文的真实是真正的生活真实，其中所写的人和事都必须是现实生活中存在的真人真事。不论是日常文书，还是事务文书，不仅要求人物、事件、时间、地点等要素是完全真实、准确无误的，而且包括其中涉及的数据都必须是准确无误的。就表现手法来看，在文学作品的创作过程中，作者可以对生活素材进行"典型"化处理，赋予其主观上的感情色彩；在应用文的写作过程中，作者必须尊重客观事实，不允许过多地掺杂自己的主观感情成分，更不允许夸张和虚构。客观性是应用文区别于文学作品的又一重要特点。

（三）从材料取舍和读者对象来看

在文学创作的过程中，作者可以按照自己的主观意愿对材料进行取舍和艺术加工；而在应用文的写作过程中，作者必须尊重客观事实，必须"就事论事"，在材料的使用上别无选择。文学作品在产生之前,其读者对象是模糊的,究竟写给谁看,作家自己有时也说不清楚;而应用文则不同,它的读者对象是十分明确的,写给谁看的,写作者一清二楚。内容的既定性和读者对象的确定性是应用文的又一特点。

（四）从行为动机来看

文学创作活动完全受作者的思想支配,写还是不写、什么时候写、写什么、写成什么体裁、确立一个什么样的主题、选用什么材料,完全由作者的主观意愿来决定;应用文写作则不同,写什么内容、写成什么样式、什么时候写,都由客观存在的情况和需要解决的问题来决定。应需而写是应用写作的最大特点,这一特点决定了应用文具有针对性的特点。

（五）从时效性来看

文学作品的审美性和感染力大多是长久不衰的,如唐诗、宋词和明清小说,这些作品在今天读来依旧美感十足;应用文则不同,事过境迁,其中绝大部分的实用价值都失之殆尽。从写作的角度来讲,文学创作不受时空的限制,选题确定了,可以马上动笔,也可以一个月或一年后再写;应用文写作不同,问题已摆在眼前或即将发生,为解决问题而写的应用文必须尽快完成,否则就要误事。时效性也是应用文区别于文学作品的一大特点。

概括起来讲,应用文具有实用性、客观性、内容的既定性、读者对象的确定性、针对性和时效性几个主要特点。此外,格式的约定俗成也是应用文区别于文学作品的一个重要特点。至于"主题的单一性"等问题则有待于进一步的研究和探讨,因为比较简短的文学作品大都主题单一。由此来看,"主题的单一性"不应视为应用文的特点,而作为对应用文写作的要求来讲倒是比较合适的。

二、明确应用文写作的要求

文学创作的目的是为人们提供精神食粮,应用文写作的目的是为了解决现实存在的问题,二者的写作目的不同,要求自然各异。一篇好的应用文,起码应该达到以下几个要求:

（一）就事论事

应用文在解决具体问题过程中的作用主要表现在两个方面:一是为解决问题提供依据,二是为解决问题提供思路。这就要求:说事要客观,力求真实地反映情况,一就是一,二就是二,不能添枝加叶,更不能夸张和虚构;要尊重事实,就事论事,不能臆断,不能凭空想象和联想,也不能过多地掺杂个人的感情色彩。这是应用写作与文学创作最大的区别。

应用文在客观反映问题的同时,还必须对问题进行深刻、透彻的分析,因为只有把问题分析透了,才有可能找到解决问题的正确思路,继而找到解决问题的最佳思路。与此同时,应用文中关于问题的分析要有理有据、让人信服。

（二）主旨明确

阅读文学作品,能不能正确领会作者的创作意图、能不能准确概括文章的主题,都无关紧要,只要能获得强烈的美感享受就行了;而阅读应用文,必须准确把握作者的意图,准确捕捉文章中的重要信息,正确理解文章的中心思想。换一个角度来讲,阅读应用文首先要弄清楚行文者要我们做什么和应该怎么做等问题。这就为应用文写作提出了一个要求——

要求写作者必须把事说清楚，让人一看就明白作者的意图，知道应该干什么和干到什么程度等。把事说清楚最终体现为主旨明确。

主旨明确在应用文中主要体现为三点：一是主题单一，即一篇应用文只有一个主旨，作者的意图很明确。二是观点鲜明，作者的意思表达很清楚。应该做什么、不应该做什么，应该怎么做、不应该怎么做，说得清清楚楚。三是有明确的针对性，即文章所提的意见、办法和措施等，是针对什么人、什么事和什么问题而提出来的。

（三）条理清晰

应用文要把事情交代清楚，把自己的意图说明白，把道理讲透彻，条理清晰是十分关键的。条理清晰，在应用文的写作中有三个含义：

（1）观点和材料互相依存，内在联系十分紧密。也就是观点能够很好地统帅材料，材料能够很好地说明观点。只有观点能很好地统帅材料，应用文说事才能显得有条不紊。

（2）事理之间的因果关系十分清晰。应用文说事最大的特点是有理有据，如一些重大的决定、决议和指示等常常用较多的文字说明因由、依据，调查报告和工作总结则要分析事情成败的原因。

（3）文章结构的层次十分清晰。应用文重在说事，要把事说清楚，给人以十分清晰的印象，就必须采用条分缕析的办法，表现在文章结构的安排上就是层次十分清晰。

（四）格式恰当

应用文的格式是约定俗成、相对固定的。应用文的格式规范，不仅便于事务处理、提高工作效率，而且便于整理、归档。与此同时，还有一种形式上的美感。比如说，一份民事诉讼状如果形式是规范的，原告、被告一目了然，诉讼事项清清楚楚，受理人很快就会理出处理的头绪来。如果形式不规范，受理人可能费很大的工夫才弄清楚谁告谁。因此，应用文的写作要求格式要规范。

但规范是相对的，不是绝对的。应用文的写作，在格式规范的基础上允许有一定的灵活性，尤其是提倡在相对稳定的基础上的创新与突破，以使应用文的格式适应时代变化和社会发展的需要，增强其表现力与生命力。同时，应用文格式的相对稳定并不影响个人的写作风格，可以革新。但要注意，形式上的创新与发展必须与应用文所要表达的内容相适应，必须恰当。

（五）语言简洁、浅显、生动

简洁是对一切文章写作的一个基本要求，表现在应用文写作方面更为突出。简洁就是用最简练的文字准确地陈述事由、解说事理，把自己对问题的看法、主张以及解决问题的办法等清楚明白地表述出来。简洁，通俗地讲，就是不啰唆，去粉饰，言简而意明，文约而事丰。

文章是写给人看的，只有别人看得懂，作者的写作目的才能达到。尤其是应用文，其读者对象的文化层次参差不齐，更应该讲究语言的浅显。不论是讲述深刻的道理，还是表达复杂的思想，都要说得深入浅出、易于理解。

在简洁、浅显的基础上讲求生动是对应用文语言更高的要求。生动就是语言鲜活、形象、优美，富于感染力。生动的语言，可以增强文章的艺术感染力，激发读者的阅读兴趣，使文章的作用最大限度地发挥出来。

三、善于继承优良传统

我国古人写作应用文不仅注重于说事,而且特别注重于情理渗透,力求做到晓之以理、动之以情,为后人留下了大量的典范之作,很多在今天被我们当作文学作品来看的名篇佳作其实在其产生的时候都是典型的应用文。例如,论理透彻的《谏逐客书》就是李斯写给秦王的"建议书",发自肺腑、情透纸背的《出师表》也是诸葛亮写给后主刘禅的"建议书",字字蘸泪、能使石人动容的《陈情表》是李密写给晋武帝的"辞职信"。司马光的《训俭示康》、林觉民的《与妻书》都是应用文,无一不理动人心、情感肺腑。这些文章不仅情理交融,而且富于文采,言辞十分优美。

事实上,在我国古代不只是一般的应用文讲究文采、注重情理渗透,即使是皇帝的诏令也特别讲究文采、注重情理渗透。如唐太宗的《百字敕》:"耕夫役役,多无隔宿之粮;蚕妇波波,少有御寒之衣。日食三餐,当思农夫之苦;身穿一缕,每念织女之劳。寸丝千命,匙饭百鞭;无功受禄,寝食不安。交有德之朋,绝无益之友;取本份之财,戒无名之酒。常怀克己之心,闭却是非之口。若以朕之斯言,富贵功名长久。"这篇短文情理交融,语言优美,具有很强的思想感染力。

与传统的应用写作相比,今天我们的应用写作实践、教学和研究等各个方面确实都不尽人意。要使应用写作教学恢复生机与活力,就应该从这几个方面入手:一是要继承和发扬我国古代应用写作的优良传统,大胆地吸收和借鉴古人应用写作的成功经验;二是要淡化应用写作的"政治"色彩,让应用写作真正走进百姓生活;三是要注重应用写作的情理性,尤其是要注意应用文中的感情渗透;四是加强应用文语言的生动性和形象性,让应用文真正"活"起来。

四、加强写作基本功训练

应用写作和一般写作的目的不同,文本的内容要素也有很大差异,因此,要求写作者具备的能力也不尽相同。例如,一般写作要求作者有极强的想象与联想能力,而应用写作对此要求相对较低,但对处理素材的能力要求极高。

从大的方面来看,应用写作能力主要由这几个要素构成:一是语言的组织和运用能力,二是丰富的思想修养和良好的思维能力,三是广博的人文知识。要提高应用写作能力,必须从这几个方面入手。最有效的训练方法如下。

(一)语言组织与运用能力的训练

语言组织与运用能力是构成写作能力的核心内容,只有具备了语言组织与运用能力,论事说理、表达思想才成为可能。因此,要写好应用文首先要加强语言能力的训练,主要包括遣词造句能力与语段组织能力两个方面。

遣词造句是准确表达思想的关键。遣词造句能力的有效训练一般要经历这几个阶段:一是词汇的积累阶段。有了丰富的词汇积累,在实际写作中就会信手拈来,把文章写得生动活泼。最有效的办法是通过对经典文章的反复诵读,自然而然地积累词汇。这样积累词汇,不仅能够深透理解词语的意思,而且能够很自然地掌握词语的使用规则等,是一种事半功倍的方法。这里特别要强调的是,采用集中、强背的方法积累词汇是万万不可取的,那样积累的词汇在使用中容易出现词不达意或语体色彩不当等诸多问题。二是语感强化阶段。能不能恰到好处地使用词语造句,不仅取决于对词义的准确理解和把握,更重要的是取决于语言感受力。只有语感强，积累的词语才能运用自如。强化语感最有效的方法是选一些语言规范的文章，反复地诵读。诵读时，注意节奏、语气等，力求完美再现文章所表现的思想和情感。三是选词炼句阶段。这一阶段的训练主要包括词语的自然使用和结合各种修辞手法的活用两项内容，这两项内容可以结合在一起训练。选词炼句的训练方法是多种多样的，如对对联、拟写手机短信、句中词语替换等都是十分有效的方法。其中，对对联的练习不受时空限制，坐车也好、散步也罢，只要触景生情来了灵感，就可以进行。四是欣赏借鉴阶段。欣赏借鉴是提高遣词造句能力的重要一环。在这一环节中，通过品味一些词句优美的经典作品，尤其是一些古典作品，可以从中获得诸多的感悟，从而提高遣词造句能力。

语言组织能力的另一重要内容是语段组织能力，也就是围绕一个明确的中心将一组句子连缀成语义连贯、语气贯通、逻辑严密的语段的能力。语段组织的关键是将围绕一个中心的一组句子按照一定的逻辑顺序，连缀成前后句衔接自然、语义自然承接、语气顺畅的一段话。语段组织能力的形成主要取决于语感，具备了较强的语感，就能够在瞬间判断句与句衔接是否自然、语气是否贯通、语义是否连贯，并及时修改，将语段组织得天衣无缝。培养语感最有效的方法是选择那些语言十分规范的文章反复诵读、自然成诵，舍此，没有更好的办法。在强化语感的基础上，再掌握必要的语法、逻辑和修辞知识。这样，可以通过对句段的语法与逻辑分析发现问题，把语段组织得更加规范；通过必要的修辞手法的运用，将语段组织得更加优美。

（二）思想修养与思维能力的训练

文章主要是用来表达思想的，作者的思想内涵是否丰富、思想境界是否高尚都直接影响着文章的思想内容。因此，要写好公文，必须加强思想方面的修养，不断丰富自己的思想内涵，提升自己的思想境界。具体应该怎么做呢？一是多读中国文化的经典著作，如《论语》《孟子》《老子》《庄子》等；二是多读史学与哲学著作，如《史记》《资治通鉴》《唯物辩证法》等。这些作品读多了，思想内涵就会大大丰富。这样一来，懂的道理多了，讲道理的能力自然就增强了。

不论是设计文章的结构、安排文章的内容层次，还是对文中要使用的材料的统筹，都依赖于作者的思维能力。与此同时，论事说理的旁征博引也要求作者思维敏捷。因此，要真正提高写作能力必须加强思维能力的训练。怎么训练呢？最有效的办法是多阅读文学作品，尤其是多阅读一些诗词、神话、寓言之类能够启发想象与联想的作品。想象与联想能力强了，灵感闪现的频率就高了，写作能力自然就强了。

（三）加强人文知识的学习和积累

写作能力是一种人文素养，需要作者具备丰富的人文知识，包括中国文化、文学、美学、史学、语言、修辞、逻辑等多方面的知识。具备了丰富的人文知识，思想丰富，视野开阔，认识问题与分析问题的能力强，思维敏捷，写起文章来就会文思泉涌，轻松自如。

附录　汉字书法及其欣赏

汉字书法是中国文化中普及程度很高的一种文化样式。大到自然景区、人文景点，小到旅馆、酒家、居民家庭，甚至是在一件生活器物上面，随处可见汉字书法的踪迹。汉字书法的点缀，不仅使很多自然景象有了文化气息，使很多器物增加了文化内涵，而且书法与楹联、碑石等结合，使很多人文景点的文化内涵更加丰富和精彩。

一、汉字书法的性质

一谈起汉字书法，很多人马上就会将其和"艺术"二字联系起来，但很少有人将其与"学问"二字联系起来。而实际上，汉字书法的学问性要远远大于其艺术性。准确地讲，汉字书法是一门纯粹而地道的国学。关于这一问题，从两个方面可以得到证明：一是历代流传下来的法书绝大多数是实际应用的产物，只有极少的一部分是为后学学书书写的范本；二是从古至今，不论是书者赠书，还是一般人选择书法作品，都首先考虑所书内容的思想性、针对性和适用性，极少有人将书法作品当作艺术（装饰）品。

当然，我们强调汉字书法是一门学问，并不否认汉字书法的艺术性。因为汉字是象形文字，其本身具有图画美，用毛笔书写的汉字（书法）不仅具有唤起想象与联想的艺术特质，而且漂亮的字常常能够唤起人一定的审美体验。

汉字书法是中国人表达情志、寄托精神的一种形式。习练汉字书法是中国人修养身心、磨炼性情的一条重要途径。说得更明白一些：汉字书法首先表现的是思想，传达的是精神，而不是审美意趣；品鉴一幅书法作品首先要看的是书者的心性、精神和文化素养，而不是其玩弄笔墨的技艺。因此，汉字书法首先是一门学问，其次才是一门艺术。

（一）汉字书法的思想表现

汉字书法是一种简洁、明快的思想表现形式。一般情况下，真正有文化素养的书者除了应求字者之约书写内容外，在大多情况下都是以能够激励人、鼓舞人、警示人、启迪人的文字作为书写内容的，他们每写一幅字，都希望能够给人以思想的启示或精神的激励。如图1-1这幅书法作品，所书内容是"日月两轮天地眼，诗书万卷圣贤心"。这样的内容对人们修身和做人具有劝勉性，挂在办公室或者书房里，能够起到"座右铭"的作用。

总之，汉字书法是一种思想载体。真正有素养的书法大家总是借助于所书内容传达一种思想和精神，而不是玩书艺。那些将书法作品作为一种"座右铭"的使用者在选择书法作品时，首先考虑的是思想内容，而不是笔墨功夫。

（二）汉字书法的人格观照

汉字书法既是一种思想表达的手段，也是一种写心的艺术，从一幅书法作品中，我们可以看出书者的心性、气质、精神和文化素养。因为书法的一点一画中不仅蕴含着平衡、安稳、轻重、浓淡等多种情状，而且表现出刚柔、内敛、伸张等多种意态，因此，从书法的一点一画中，我们可以窥见书者的心境、志趣和精神状态等。下面我们来看两个例子。

图1-1　当代书法作品

仔细观察图1-2这幅作品，字的点画收束干脆，很少伸张意态，行笔自然、舒缓，无奔突痕迹，点画间避让有序，整幅字给人以清爽恬静、外柔内刚的印象，由此可见书者具心性平和、谦和礼让的性格。再看图1-3这幅作品，字的笔画刚劲、结体紧凑，尤其是折笔硬朗，由此可见书者当有耿直、倔强的性格。

图1-2　清刘墉行书轴　　　　图1-3　清沈葆桢行书联

（三）"学"大于"艺"

从思想内容方面看，汉字书法作品大多以丰富人的思想、开启人的智慧、激励人的精神等为创作目的，其思想性是第一位的。从表现形式来看，汉字书法的用笔、用墨、结体、章法布局等，创作的经验性大于技巧性。从习练的意义方面看，汉字书法的练习可以磨炼人的性情、优化人的心境，是一种修身养性的功夫。综合起来看，汉字书法的学问性大于艺术性——汉字书法是一门国学。

二、汉字书法的特点

书法是以汉字为基本素材，通过字的笔画、形体、结构等的美化来表现情感和思想的一种艺术。具体来讲，汉字书法是发扬汉字象形化的优点，利用汉字表意的特点，按照一定的书体、笔法、结构和章法写字，使之成为能够体现中国文化所倡导的道德精神的一种表现形式。汉字书法的特点主要体现在以下几个方面：

(一) 普及性

汉字书法是普及性很强的一种中国文化样式。小到一件器物，大到一个景点，随处可见汉字书法的踪迹。如图2-1，这件唐代的长沙窑青釉褐彩诗文执壶（现藏湖南省博物馆）上面用行书题写了一首诗："春水春池满，春时春草生。春人饮春酒，春鸟哢春声。"书法与诗文结合在器物上的使用，既丰富了器物的文化内涵，又增强了器物的文化价值。

汉字书法的普及性首先源于其广泛的应用性。题记、匾额、铭刻等各种书法应用的实例随处可见。图2-2是无锡鼋头渚公园一块巨石上铭刻的"无锡充满温情和水"；图2-3是无锡惠山泉保护亭旁墙壁上镶嵌的"天下第二泉"五个大字，这五个字是元代书法家赵孟頫专门为惠山泉题写的。

图2-1　唐代长沙窑青釉褐彩诗文执壶

图2-3　"天下第二泉"题记

图2-2　无锡鼋头渚公园铭刻

汉字书法普及性的第二个重要表现是研习的大众性。从古到今，研习汉字书法的人有很多，尤其是今天，不论男女老少，不分职业身份，很多人将书法研习作为修养身心的一条重要途径。

(二) 情感性

西汉时期的学者扬雄说："言，心声也；书，心画也。"清代文学家刘熙载在《书概》中说："扬子以书为心画，故书也者，心学也。心不若人而欲书之过人，其勤而无所也宜矣。"这两段论述都是在强调书法是书者心灵与情感的表现，书法作品浸透着书法家的思想感情，是一种表情的艺术。好的书法作品必定融入了书家的内心感受，或喜悦，或悲愤，或感奋，或沉思……例如，抗金英雄岳飞所书诸葛亮的《出师表》（草书，见图2-4），刚起笔时尚心平气和，意欲表达自己的赤胆忠心以及愿为收复河山鞠躬尽瘁之决心，字体端庄、平稳，然写着写着，往事涌上心头，胸中充满悲愤之情，于是笔随情动，义愤之情溢于笔端，字体始呈翻腾跳跃、左冲右突之势。

图2-4　南宋岳飞所书诸葛亮的《出师表》（局部）

书法艺术的情感性还体现在书者常常把书法实践当作一种生活乐趣，或者当作一种表现情趣、调节心境和调整情绪的手段。因此，很多书法作品以书者自己的即兴之作或者以古典诗词为内容，反映了书者的志趣与心境。

（三）思想性

汉字书法是一种思想载体。一幅真正好的书法作品首先是有好的思想内容，或引人求真，或教人向善，或给人以警示，或激励人的精神等，单纯以书写技艺吸引人眼球的书法作品是意义不大的——用于教学或供人学习、参考的除外。如图2-5这幅行书联："读圣贤书做君子人，立鸿鹄志成栋梁材"，这副对联旨在叫人发奋读书、立志成才，具有很强的思想性。

（四）文化性

作为中国文化的基本样式，真正好的书法作品都具有很强的文化性，能够对欣赏者产生积极的文化影响，或使人的思想得到涵养，或使人的性情得到优化，或使人的道德得到完善，或使人的精神得到鼓舞等。汉字书法的这些作用一方面是通过其所书内容发挥出来的，另一方面是通过其表现形式释放出来的。例如，图2-6这幅清代蒋祥墀的行书作品，用笔谦恭，结字规整，墨色温润，整幅字给人以安静、平和的印象。这样的作品看多了，人的心性就会变得平和，做人也会谦和平易。再如，图2-7这幅郑燮的行书作品，用笔劲健有力，结字随意率性，颇具风骨精神。这样的字看多了，能够使人有刚健之气。

图2-5　行书七言联

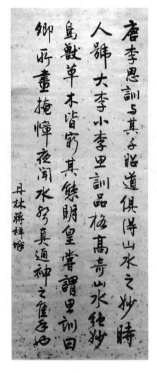 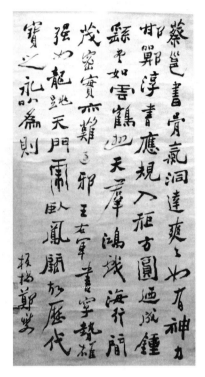

图 2-6 清蒋祥墀行书轴　　　　　　图 2-7 清郑燮行书

三、汉字书法的基本要素

汉字书法以点画和汉字的形体为基础，通过笔画的形态，墨色的枯润浓淡，以及行笔的急缓、轻重等来体现一种道德精神，借以优化人的心性，影响人的行为，提升人的思想，促使人道德的完善和人格的提升。

汉字书法的基本表现手段是用笔、用墨、结体和章法，这四种手段具体表现在作品上面就是书法的基本要素。

（一）用笔

用笔是指使用毛笔书写点画的方式、方法，以及行笔的路径和尺度等。用笔具体包括三个方面的内容：一是毛笔笔锋着纸的深浅和轻重，即人们常说的提、按、顿、蹲；二是毛笔笔锋在纸上运动速度和方向变化等，即用笔的挫、回、转、折等；三是行笔路径和尺度。

用笔不仅决定着点画的形态和结体的面貌，而且体现着做人的道德精神，反映着书写者的人格。例如，图 3-1 这幅书法作品用笔谦恭，点画行至适度，不露锋芒，结体恭谨，意态谦和，但精神饱满。整幅作品不论从真善美的角度来看，还是从人格关照的角度来品鉴，均无可挑剔。由此字我们不难判断书者心性平和，为人谦恭、正直，做事沉稳。

图 3-1　清朱益藩行书七言联　　　　图 3-2　邓散木临《茅山帖》行书

再看图 3-2 这幅书法作品。这幅作品用笔温和，点画厚道，结体端庄典雅；行笔自然，点画本真，用笔谦恭，结体真善美兼备。整幅字中，无一笔显张扬意态，无一字有"独大"和挤占等倾向。

一幅字从用笔的角度看，主要有三点：一是从真的方面，看点画的书写是否自然，是否有修改的痕迹，有没有故作姿态等情况；二是从善的角度，看点画是否合度，既不能猥琐，也不能肆意伸张，更不能有轻狂等姿态；三是从美的角度看，看一字之内，点画的长短、轻重等搭配是否自然、和谐，能否给人视觉上的美感。

（二）用墨

用墨是指在书写过程中对于墨色的选择与使用，其中包括调墨、蘸墨和着墨等。墨色既决定字迹的神采、气韵和精神，又能表现字的风骨，因此，用墨是汉字书法的主要表现手段之一。

汉字书法的基本墨色分为浓、淡、枯、润四种类型。不同的墨色具有不同的表现力和表现效果，现分别介绍如下：

1. 浓墨

就墨本身而言，浓墨是指含水量相对较少的墨；就墨色而言，浓墨是指字迹颜色浓黑，与纸色对比十分强烈的一类墨色。

浓墨写出来的字墨色浓艳，笔画丰盈，字富于神采和精神。浓墨是汉字书法使用最普遍的一种墨色类型。浓墨用于楷书、隶书和篆书，既能表现出稳健和庄重感，又能使字显得体态丰盈、精气神十足；用于行书，使字显得有神采、有活力。浓墨在草书中的使用以章草为多，今草较少，狂草更少。浓墨在章草中使用，除了具有在楷书和隶书中使用的效果外，还使字显得更有活力；在今草中使用，使字具有神采飞扬、气韵充盈之美。例如，图

3-3 这幅作品就是用浓墨书写的，字迹显得精神饱满，富于神采。

2. 淡墨

就墨本身而言，淡墨是浓墨加水以后的一种状态——用这种墨写出来的字颜色相对较淡；就墨色来讲，淡墨的墨色变化范围较大，是层次十分丰富的一种墨色。

用淡墨写出的字呈现出多种多样的风格，有的清健脱俗，有的俊秀飘逸，有的古朴淡雅……墨中含水比例不同，字迹深浅不同，风格自然不同。因为淡墨缺乏厚重感，不宜用于楷书、隶书和篆书，否则字会显得柔弱无骨、缺乏精神，难成上品。行书和草书用淡墨，既易于表现灵动、清逸之态，也能表现出气韵流动之感。如图 3-4 这幅作品墨色相对较淡，笔画有轻盈与灵动感。

不论是浓墨，还是淡墨，单纯使用都会有一定的局限性，因此，历代书家大多喜欢浓淡兼用。浓淡兼用可以回避两者的不足，将墨的表现力发挥得恰到好处。如图 3-5 这幅作品墨色浓淡结合，使字的形态变化显得灵活生动，行间行气轻逸顺畅。

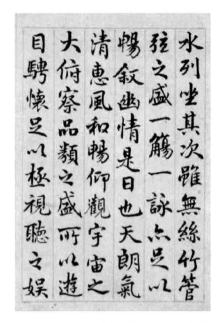

图 3-3　李振远书杜牧《山行》

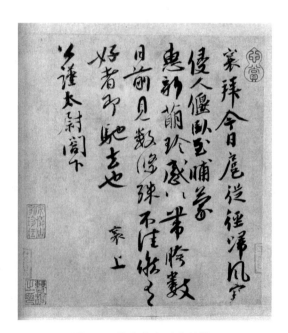

图 3-4　清乾隆行书临《兰亭序》（部分）　　图 3-5　北宋蔡襄《扈从帖》

3. 润墨

"润"字在这里的意思是湿润、润泽，与干枯、枯燥相对。就蘸墨而言，"润"就是笔锋入墨相对深沉，浸墨比较透，触纸有淋漓之感；就写出的笔画来看，润墨从视觉上给人以细腻、滋润、温和的感觉,具有一种可以意会的生机、活力与气韵。

用润墨作书,写出来的字显得精神饱满、富有活力,笔画韵味十足。润墨适用于各种书体,在楷书、隶书与篆书中和浓墨结合使用,既能够使字神采外显、圆润饱满,又能够增加字的气韵精神;在行书和草书中使用,与淡墨结合,既能使字不失飘逸之美,又能够增加字的气韵与活力。如图3-6这幅作品,用润墨书写,字迹显得既温和,又富于神采。

4. 枯墨

"枯"在这里是干枯、干燥的意思,与湿润相对。就蘸墨来讲,"枯"就是笔锋浸墨不透,相对干燥;从墨迹的角度来看,枯墨是指写出来的笔画墨迹有干枯、粗放的意味。书法中的枯墨主要有飞白、枯笔、渴笔三种情态:飞白,就是笔画中丝丝露白;枯笔,就是用蘸墨很少的笔锋,采用按笔手法摩擦纸面写出来的笔画,其基本特征是笔画呈现出毛而不光的线状笔触;渴笔,是指用蘸淡墨较少的笔毫,以迅疾有力的笔法摩擦纸面写出来的枯涩苍劲的笔迹。

前面我们讲的浓墨和淡墨是就墨中含水量而言的,而润墨和枯墨主要是从笔毫蘸墨的高低和多少而言的。用润墨书写,字显得有血有肉,精神饱满;用枯墨书写,字显得有筋骨。如图3-7这幅作品,用墨枯润结合,字显得很有风骨。

图3-6 于右任《孙子兵法》页　　图3-7 王澍行书轴

浓、淡、枯、润是书法用墨的四种基本表现形式。不论是浓淡,还是枯润,都是相对而言的,没有一个严格的标准。与此同时,哪一种书体适宜用那种墨色,也是就一般情况而言的,没有统一的规定。

因为单一墨色的表现性是有限的,所以历代书家在进行书法创作时都是将几种墨色结合起来使用的,有一些好的作品一幅字中干、湿、浓、淡几种墨色兼有,将墨的表现力发挥到了极致。

(三)结体

结体,也叫结字,具体是指每个字点画间的安排与形体的布置。汉字是由点画联结、搭配而成的。因此,对于汉字书法而言,笔画的长短、粗细、俯仰、缩伸,偏旁的宽窄、高低、欹正,构成了每个字的不同形态。要使字的笔画搭配适宜、得体、匀称、美观,必须在结体上下功夫。

从汉字书法观照人生和表现中国文化精神的角度来看,汉字书法中字的结体必须遵循以下几个原则。

1. 端正

"正"是中国文化最基本的道德思想,也是做人最基本的道德标准。从字如其人的角度来看,人品正则书正,人心正则书正——无功利心、无哗众取宠之心、无沽名钓誉之心等,其书必正。字正方能入高格、有品位。因此,结体端正是汉字结体最基本的要求,也是评判一幅字优劣的基本标准。

纵观汉字书法的历史,从金文、石鼓文到小篆,从隶书、楷书到行书、草书,在长达几千年的发展过程中,汉字的结体始终以"正"为基本标准。下面,我们来看几个例子。

图3-8是西周懿王时期《师虎簋》铭文拓片的一部分(现藏上海博物馆),仔细看一下这张拓片上的字,每一个字的立字都力求端正;图3-9是清代摹刻的秦《会稽刻石》拓片(局部,现藏浙江省博物馆),其中每个字的结体都端正平稳;图3-10是东汉《熹平石经》残碑拓片(局部,现藏上海博物馆),其中不仅每个字的结体平稳端正,而且包括点画的取势都追求平正;图3-11是北魏刘根等造像碑拓片(局部,现藏河南博物院),仔细看一下此碑,其中只有个别字摹刻时没有放正(如第三行第四个字"人"字),字的结体都是端正的。

图3-8 西周懿王时期《师虎簋》铭文拓片(局部)

图3-9 清重刻秦《会稽刻石》拓片(局部)

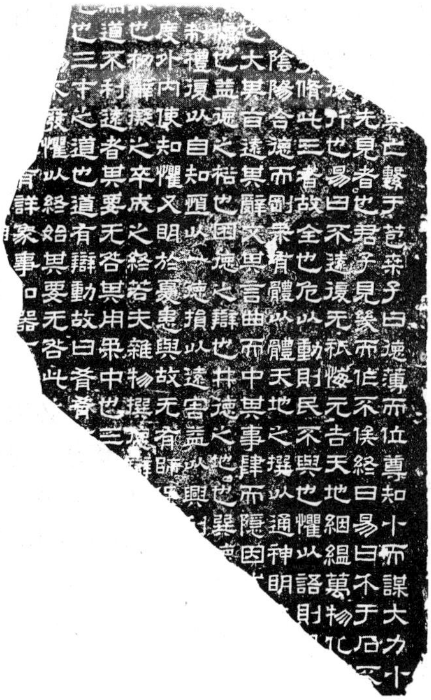

图 3-10　东汉《熹平石经》残碑拓片（局部） 　　　　图 3-11　北魏刘根等造像碑拓片（局部）

总之，结体端正是汉字书写最基本的要求，这一要求不仅适用于金文、篆书、隶书和楷书，同样适用于行书和草书。事实上，历代真正优秀的书法大家不论是写行书，还是写草书，都追求结字的端正，如行书《兰亭序》，虽然立字稍有倾侧之势，但字的重心依然是端正、平稳的；再如草书怀素的《圣母帖》，字的结体端正，立字十分平稳。

2. 平稳

平安和稳定是中国文化的基本理念，也是中国人的一种生活向往，作为书写人生和表现中国文化精神的汉字书法，结体要力求平稳，这是书写汉字必须坚持的一个原则。

纵观汉字书法的历史，不论是金文、石鼓文和小篆，还是汉隶、魏碑和唐楷，立字都讲求安稳。如图 3-12 宋张即之书《华严经》这件作品，字的结体端庄，重心平稳。

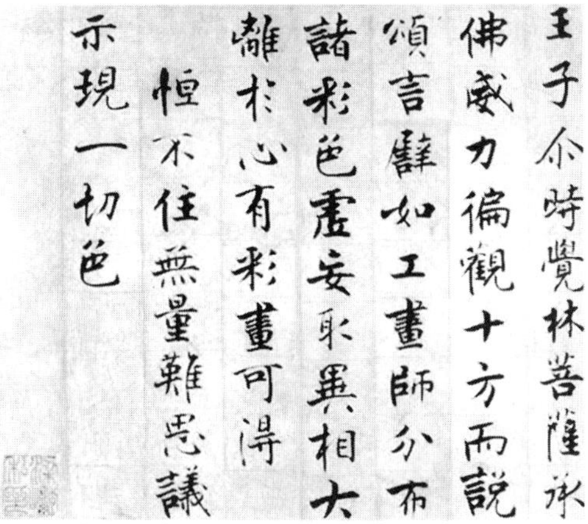

图 3-12　宋张即之书《华严经》（局部）

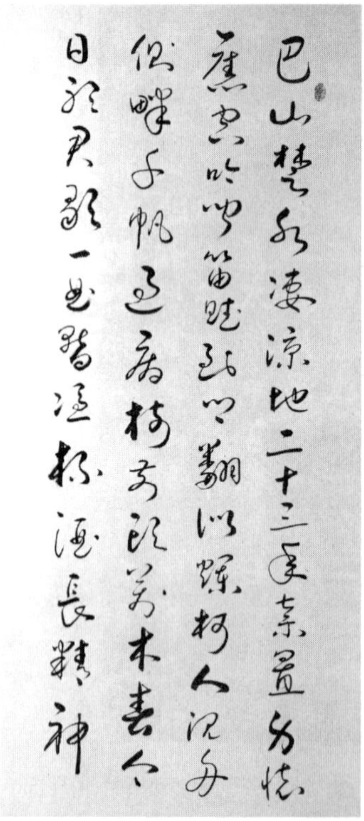

重心平稳是结字的一个基本要求，这一点在任何时候都不能含糊。重心不稳是结体的大忌，试想：一个字重心不稳、不碰自倒，何谈骨气、精神与风采？

3. 谦和

一字之美，关键并不在它的形态，而是在于它所表现出来的精神。就一个字的结体来讲，不论是独体字点画组合的妥帖，还是合体字构字部件共处的和谐，都要体现出"和"的基本精神。如图3-13这幅书法作品，字的结体十分谦和，无一字显傲气或霸气。

在结体上要很好地体现出"和"的精神，必须做到三点：一是一字之内点画的搭配既要有凝聚力，同时还不能"拥挤"；二是构字部件既要团结、不要离散，还不能有挤压、互斥及重心失衡等情况；三是在整幅作品中，字的形态要内敛、意态要谦和，笔画不要随意伸张——既不能挤占空间，也不能侵犯其他字。这三点有任何一点做不到，结体就失和。

4. 均衡

均衡包括两个意思：一是就一个字本身来讲，点画轻重的搭配和构字部件的轻重变化与组合要确保字结体的匀和。说得更明白一些，就是上下、左右的轻重要均衡，不要出现头重脚轻、左轻右重或左重右轻等问题。二是就整幅字来讲，所有单字字符的大小、笔画的肥瘦等要协调，不能出现个别字字符很大、笔画特别肥厚或特别纤细等问题。

图 3-13　当代草书作品

汉字书法虽然强调通过字符大小和笔画肥瘦的变化使字的形态更加生动活泼，但变化要适度、协调，确保立字的平稳和章法的均衡。利用字的大小和笔画的肥瘦变化来调节整幅字的生气，特别要注意两个问题：一是每一个字要"合群"，不要出现"鹤立鸡群"的现象，特别是非主题字不要写得大；二是利用笔画的肥瘦、长短、轻重来实现字的形态变化时，要根据字的构造、点画的处位和势态等灵活掌握，确保字上下和左右轻重的平衡，不能出现头重脚轻、一侧沉重等问题。

以上几个原则，既是规矩，也是标准。一幅作品单就结体来讲，只有很好地坚持了这些原则，才算得上入格，违反了其中任何一个原则，就是不入格的东西——连"格"都入不了，就更谈不上优秀了。

（四）章法

章法是指书法作品的整体布局。讲究章法的安排，就是不仅要把每个字写好，而且要使构成一幅作品的所有字组成和谐的整体。无论字与字之间、行与行之间，还是天头、地脚、题款、钤印，都做一番精心设计，力求各个元素合理布局，使作品呈现出一种整体上的和谐美。

书法作品的章法主要包括六项内容：一是书法作品的幅式，二是书法作品正文的布局安排，三是分行布白，四是呼应、避让与映带，五是书法作品的落款，六是书法作品的钤印。

1. 幅式、布局与落款

幅式是指书法作品的篇幅形式。一幅书法作品给人的第一印象首先是幅式。幅式不同，书法作品正文的布局方式、题款和钤印规矩等都有所不同。一般情况下，书法作品的幅式主要有以下几种。

（1）条幅。

条幅，也叫直幅，装裱好也称作立轴，具体是指竖向直挂的长条作品，其长与宽比例比较大——竖向尺寸较长，横向尺寸较短。条幅尺寸一般为一整张宣纸顺长对裁，也有其他尺寸的。

条幅主要有以下两种表现形式。

①两行或三行式。两行式的基本布局法则：在适当留出天头、地脚和左右两边留白的基础上，正文的两行文字和落款大致按2:2:1分配有效着墨面积。每行上下字的联系要紧凑，两行间要彼此呼应，一个基本的参照标准是上下字距要小于行距。落款写在第二行的左侧，占有效着墨面积的五分之一（指竖行宽度），整体上一般处于竖幅的下半部分，也有处于上半部分的，款字可写成一行或两行。如图3-14这幅明代董其昌行书轴（现藏湖南省博物馆）。

三行式的基本布局法则：正文按三行布置，整个着墨面积按三行平分，其中最后一行要留出落款的地方——因实际情况而定，以不小于整行长度的四分之一、不大于整行长度的二分之一为宜，书写时上下字要紧凑，行距要大于字距，三行之间的关系要和谐。落款在末行下部，底端略高于一二两行正文的位置。如图3-15这幅清代康熙行书《冰渡》轴（现藏故宫博物院）。

图3-14　明董其昌行书轴

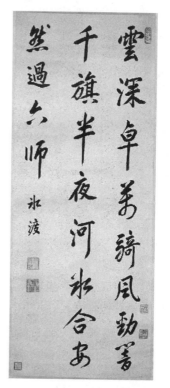

图3-15　清康熙行书《冰渡》轴

②一行式。当字数较少时——写一句格言、警句或一句诗词等，条幅作品常常采用一行式的布局形式来呈现。一行式的基本布局规则：有效着墨面积大致按4∶1划分，正文部分占4/5或3/5，落款部分占1/5或2/5；正文字迹的大小、扁长等因字数多少而定，要确保字间距适度——要确保气韵贯通，但不能拥挤，要有避让，但不能离散。

由于条幅的长宽比相差较大，条幅章法安排的关键在于处理好正文与落款的主次关系，行间距和字距要力求恰到好处，特别是上下字一定要紧凑，否则就会影响作品气韵的贯通。

（2）对联。

一般来讲，一联的字数在十字以内的，上下联单行居中竖写，上下联的字要同位对齐；一联字数在十字以上的，则要根据情况写成双行或多行的形式。

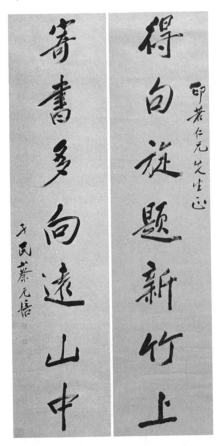

图3-16 蔡元培行书联

十字以下对联的落款分为双款和单款两种。落双款时，上款写在上联右边，位置偏上，下款写在下联左边，位置偏下，上下款要形成错落对应关系。上款一般写诗句的作者、篇名等内容，如"黄高才题无字碑联"，下款写书者的姓名、字号，以及书写地点、时间等内容，如"刘会芹书于咸阳"。若是赠送作品，上联写明被赠者的名或号、称谓及雅正、惠存等字样，如"许德昌先生惠存"。若是别人请你写的一幅作品，上联则写请你作书人的名或号，称谓外加上"嘱书"等字样，如图3-16所示。单款一般写在下联左侧中间偏下的位置。款字内容包括书写时间、作者的名号，也可只写作者的名或号。印章盖在款字下方，一般以两方为宜，印与印之间要适当拉开距离——以一印大小的距离为宜。

（3）竖幅。

竖幅，也叫中堂，是指竖行书写、竖向悬挂的长方形作品，因最初大多悬挂于厅堂正中而得名。中堂尺寸一般为一整张宣纸的大小，常见的尺幅主要是三尺、四尺、五尺和六尺，还有尺幅小一些的，但数量比较少。中堂可以写一首诗、一篇短文或者一段话等字数较多的内容，也可以只写几个大字，甚至只写一个大字。中堂一般单独悬挂，也可以根据其内容配楹联组成一组悬挂。

因为尺幅相对比较大，所以中堂的章法安排相对难度要大一些。中堂章法安排的基本法则：首先要明确正文内容，考虑好正文安排的基本形式，在此基础上定行数和字的大小；其次要明确款字的多少、落款的位置和所占着墨面积的大小，使正文与落款所占的版面空间既主次分明，又轻重适度。如图3-17所示。

中堂的章法布局特别忌讳两个问题：一是落款着墨面积太小，款字拥挤，或者着墨面积过大，整个版面重心失衡；二是款字大小和正文不协调——既不能接近正文，也不能太小，太小有被正文挤压的视觉问题，使整个布局有沉重和压抑感。

中堂的落款有两种方式：一是写在末行正文的下方，二是写在正文末行的左侧。不论是写在哪里，在整体布局时首先要纳入通盘考虑，事先应留出余地。款的底端一般不能与正文底线平齐。中堂钤印，印章要小于款字，盖印一般盖在款字的下方（需离款字一字以上），不要盖在款字左侧，容易造成离散感。

（4）斗方。

斗方是指竖行书写的着墨区域为正方形的作品。斗方一般尺幅较小，常见的主要是三尺和四尺宣纸对裁的书画作品。也有把四尺宣纸裁为八份的小斗方，称为"小品斗方"或"斗方小品"。

斗方章法安排的基本法则：斗方书写的正文内容一般按四行至六行排列，这样具有整体上的均衡与稳重感。因为尺幅小、行列多，所以行距和字距的比例一定要把握好，字距要小于行距，确保行间气韵贯通。特别要注意：即使采用行列都对齐的布局形式，行间距和字间距也要有所区别，不然章法会显得单调、散乱、缺乏凝聚力。

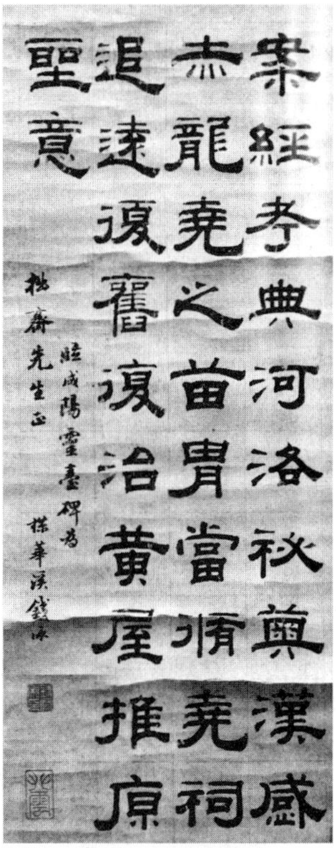

图 3-17　清钱泳隶书轴

由于尺幅方正，平衡问题十分重要，斗方的款字以不大于正文字符的二分之一为宜。落款可写在末行正文的下方，也可在正文后面另占正文行宽的一行书写——根据款字多少可写成一行或两行。不论采用哪种形式落款，布局时应事先留出余地。款字的底端要略高于正文底线。

（5）横批。

横批，也叫横幅，是指条幅横书的作品。横批作为匾额时，大多悬挂在亭、阁、馆、舍的醒目位置。作为匾额使用的横幅作品，其字体多为楷书、隶书和行书，也有古朴的篆书。横幅书法作品很少使用草书创作。

横批章法安排的基本法则：因为字少而大，横批一般自右向左一行书写，字间距要均匀。落款在末字左侧的，一般为短款和穷款，款字大小要适度，款字上下的位置都不要与正文字的上下界线齐平；落款在正文下方的，可以灵活掌握，如图 3-18 所示。

图 3-18　当代书法作品

(6) 长卷。

长卷，也叫手卷、横卷，是书法作品中竖写横向展开比较长的一种幅式。因为这种幅式的作品长度远远大于宽度，并且长度太长很难悬挂欣赏，一般用手边展开、边欣赏，因而有"手卷"之名。长卷的内容大多为一篇完整的文章或者一组诗词。长卷篇幅较短的有三四米，长的可达十米以上，宽度一般为30厘米～68厘米。卷首外有"题签"，卷内开头有"引首"，后有"题跋"。

(7) 条屏。

条屏是指由多幅规格相同的中堂或条幅等组成的一组作品，最常见的是四条屏，即由四幅条幅作品组合而成的一组作品。构成条屏的几幅作品内容一般都具有相关性，或是同主题的，或是同作者的，或是思想互补的，等等；构成条屏的几幅作品，所书内容的字数一般是相同的。

(8) 册页。

册页是指将小幅作品装裱后装订成册的一种形式，构成册页的各幅作品的内容或相互连贯，或单独成立。常见的册页有八开、十二开、十六开等，作品的幅数没严格规定。册页也可以书画合册。大多数册页用于不同的作者在上面创作——因为便于携带，常常是书法家集体题字或创作的理想选择。

(9) 扇面。

扇面是指随扇形书写的作品。扇面幅式有两种：一种是接近椭圆或者就是圆形的团扇面形式，书写时要尽量使着墨区充实（见图3-19）；另一种是折扇式，这种格式书写时，以折痕分行，呈圆心辐射状，上宽下窄，外大内小。扇面书写必须注意：不可过密，密则满；不可过松，松则散。

图3-19　清俞樾隶书扇面

2. 钤印

一幅作品在题好款后，还要在姓名下方钤盖印章。印章在书法作品中除了作为作者凭信之外，还具有装饰和衬托的作用。钤印若恰到好处，则如锦上添花，画龙点睛；若使用不当，就会破坏作品的形式美，使书作的价值降格。

(1) 书法用印的分类。

书法作品所用的印章分为名章和闲章两大类。

① 名章。名章又分为姓名印和款尾印两种。姓名印的印文为创作者的姓名，常见的形式为正方形，通常钤盖在款文之下。款尾印的主要作用是使书法作品的章法形式更为完善，一般为创作者的字、号等，通常为正方形，视其情况钤在款末或姓名印后，起到收气敛势、画龙点睛的作用。在一幅书法作品中，名章是不能缺少的。

② 闲章。书法作品上所用的闲章大致分为以下三种：

A. 起首印，也叫引首章或随形印。这种印适用于从右至左竖行书写的书法作品，一般钤在首行一、二字间右侧的虚疏处，或者与第一字下端齐平。起首印一般不用方形，而以长方形、圆形、半圆形、椭圆形、自然形、肖形等为好。印文常用阳文，以一字至四字居多，其内容多为明志、自勉或斋馆名等内容。首不得与落款内容重复，且一般不得大于名章，以免头重脚轻。

B. 拦腰印。这种印主要是用来调整款式与字势、点画与结体的整体效果，使一些不尽人意的点画、结体得到补救，使章法具有节奏感。拦腰印多用于条幅，钤在第一行右边中间或中间上下处，内容多为作者的籍贯、属相的肖形等，应比起首印和姓名印小。拦腰印一般为小圆形、小长形、小方形，多用于行书和草书作品中。

C. 肖形印，是十二生肖或作者尤为喜爱的与书作内容有关的各种动、植物形象之印。此印使用较为灵活，视作品情况，既可作为起首印用，也可作为拦腰印用。作为起首印时，其一般与方形的名章配合使用。

书法作品上使用闲章，其内容都应与正文自然切题。

（2）书法用印的基本规则。

钤印在一幅书法作品中起着至关重要的作用，盖好了能给作品起到画龙点睛和增色的作用，盖不好就有画蛇添足之嫌。一般来讲，书法用印要遵守以下规则：

① 在一幅书法作品中，用印一般以一二方为宜，最多不得超过三方。

② 书法作品的用印大小要与款字匹配，一般来讲，印章不能大过款字。

③ 在钤盖名章时，落款为名，印一般为字或号；落款为字或号，印一般为姓名。款有姓，则印用名印；款无姓，或用道号、别号者，则应视其情况采用姓名印或姓名分印。

④ 印文宜规范，一般以大、小篆为主，间用古隶，不宜用楷书、行书和草书。

四、汉字书法的书体

汉字书法主要有五种书体，即篆书体、隶书体、草书体、楷书体和行书体。不同的书体形态和风格不同，欣赏的要点也互有差异。下面简要介绍一下汉字书法各种书体的基本特点。

（一）篆书

篆书是大篆、小篆的统称。广义的大篆包括甲骨文、金文、籀文和战国时期的六国文字，其特点是保存着古代象形文字的明显特点，字的形态生动。虽大小各异，但立字端正，字与字之间相处和谐。小篆也称"秦篆"，这种汉字书体是在金文和石鼓文的基础上删繁就简地整理和规范下来的。小篆的笔画线条圆匀，章法自然，结字端庄，给人挺拔、秀丽的美感。

图4-1是西周成王时期保卣铭文拓片（现藏上海博物馆）。由这张拓片我们可以看到，西周时期的金文象形的特点十分明显，字的结体形态生动活泼，大小互有差异，但立字都力求端正、平稳。图4-2是元代书法家周伯琦篆书宫学国史二箴的一部分（现藏故宫博物院）。这是典型的小篆书法作品。由此作可以看到，小篆体笔画圆匀爽利，字的结体清雅秀美，立字端正，富于精神。

图 4-1　西周成王时期保卣铭文拓片 　　图 4-2　元周伯琦篆书宫学国史二箴（部分）

(二) 隶书

隶书是汉字中常见的一种庄重的字体，是为了书写的便捷在篆书基础上创造出来的。隶书起源于秦朝，最早是由秦代书法家程邈整理而成，在秦代的官方文书中开始使用。经过秦和西汉两个时期的发展，隶书在东汉时期完全成熟并达到应用的顶峰，因此，书法界有"汉隶唐楷"之说。

隶书分"秦隶"（也叫"古隶"）和"汉隶"（也叫"今隶"）两种。成熟的隶书书体的基本特点是结构略微宽扁，横画长而直画短，讲究"蚕头雁尾""一波三折"。例如，图4-3是明代书法家沈度的隶书《七律诗轴》。从这件作品可以看到，隶书体方正平稳，端庄大方，比较突出地体现了汉字的风骨精神。

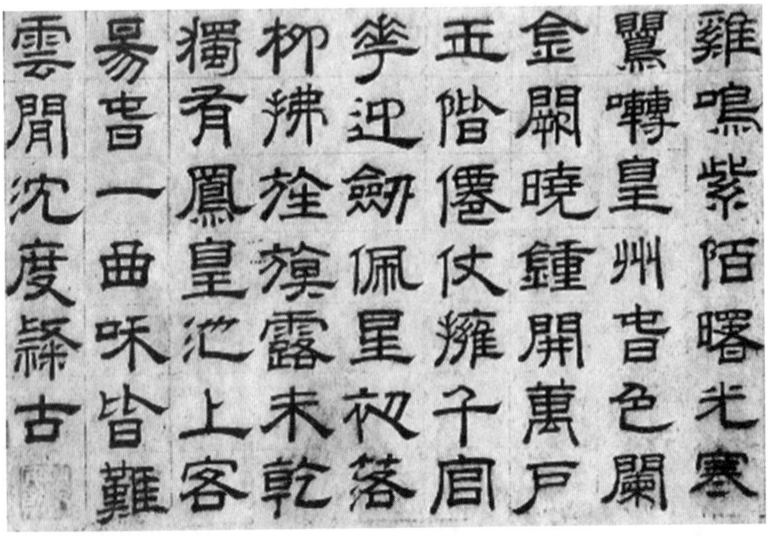

图 4-3　明沈度隶书《七律诗轴》

(三) 草书

草书是为了书写简便在隶书的基础上创造出的一种书体。草书始于汉初，其特点是保留字的主体形态或梗概，结构简省，笔画飘逸灵动，点画变化自如，给人以洒脱、自由等美好印象。这里，特别要注意的是"保留字的主体形态或梗概"，这是草书最基本的书写法则。

草书有章草、今草和狂草之分。章草是一种由隶书草化而来的书体，因而笔画中隶书的意态十分明显。图4-4是汉章帝草书，这是章草的典范之作。从这幅字可以看到，章草笔画简洁，方圆兼济，行笔圆转，一些横捺笔画波挑鲜明，有隶书味道。章草结体紧凑，自律谦和，字字独立，一字之中，笔画多有相连。

今草是在章草的基础上去除了隶书笔意而形成的一种草书体，这种书体因为突破了章草点画波磔的规矩，书写更加自由灵活，行笔自然，刚柔相济，疏密相宜，字的形态更加舒展，气韵更加生动。今草字与字之间可以相互独立，也可以有连带。图4-5是王羲之的草书，由此作可以看到，今草的点画比较自由，字的结体更加灵动。

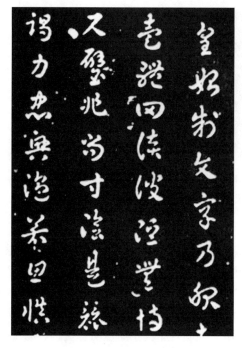 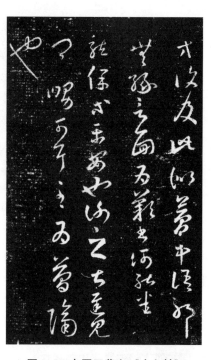

图4-4　汉章帝草书　　　　　　图4-5　东晋王羲之《十七帖》

今草这种书体经过历代发展，现在已经成为草书的主流，字的点画更加随意，结体更加自由，更有利于表达书者的志趣、思想和精神。如图4-6这幅作品，行笔自然，字的笔画变化丰富、行止有度，结体刚柔相济，字与字之间避让有序，整幅作品透露着谦和之气。

狂草是在今草的基础上将点画连绵书写，其笔势狂放不羁，笔画圆曲，线条飘逸，字形狂放多变，气韵贯通，浑然一体。从图4-7中大家可以看到，狂草作品用笔大胆、豪放，能够最大限度地表现书者的情绪，笔画连绵，有一种舞动美，所以从中可以看到活力，看到率真，看到洒脱。

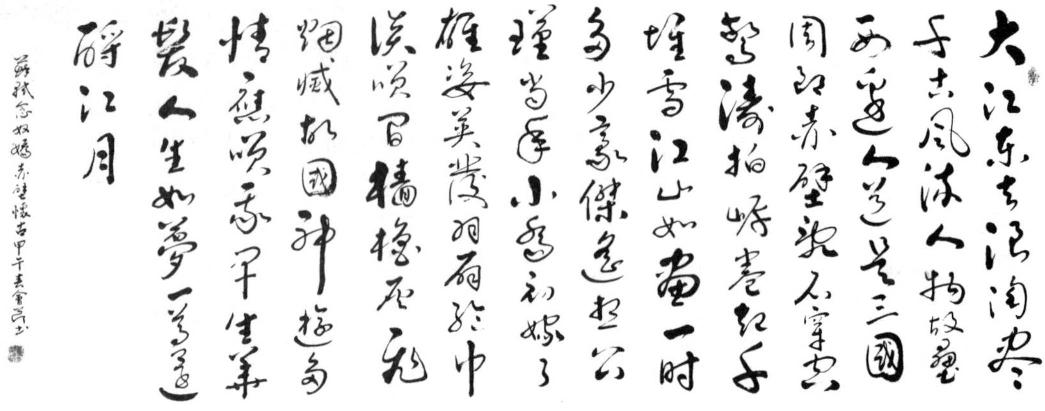

图4-6　刘会芹草书

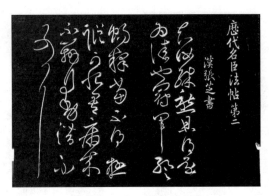

图4-7　东汉张芝草书

（四）楷书

楷书，又称真书、正书，兴于东汉时期，是兼采隶书、草书之长而创造的字体。楷书一方面吸收了隶书结构匀称、笔画清晰的优点，并将隶书的波折笔形改为平直，方扁字形改为方正；另一方面取草书的简易之长，并回避了草书缺乏规范性的不足。因此，楷书相对草书来说，是化草为正；相对隶书来说，是化繁为简。楷书的出现，标志着汉字作为方块字的定型，最大限度地实现了汉字简、明、美三者的统一。

楷书的特点主要表现为三点：一是笔画平正，结体整齐，工妙于点画，神韵于结体；平正而不呆板，齐整而不拘谨。二是笔画的规律性强。三是笔法劲健。如图4-8这件作品。

在楷书一族中，魏碑是独具魅力的一个重要部分。魏碑也叫魏楷，是和晋朝楷书、唐朝楷书并称的三大楷书书体。它是对南北朝时期北朝文字刻石的通称，其中以北魏的书法为典范。

图4-9是北魏《吊比干文碑》拓片的一部分。从此作可以看到，魏碑书法笔画法度谨严，笔意硬朗，精气神十足，字的结体端庄、稳定、厚朴，笔画舒展、大方。魏碑书体上承汉隶，下开唐楷，兼

图4-8　清拓唐王行满书《韩仲良碑》
（局部）

有隶楷两体的神韵。

（五）行书

行书是在楷书的基础上发展起来的介于楷书和草书之间的一种字体。行书体的产生既弥补了楷书书写速度较慢的不足，又克服了草书难于辨认的缺点。从本质上讲，行书实际上是楷书的草化或草书的楷化。

行书的特点主要表现为两点：一是在用笔方面，点画以露锋入纸的写法居多，以简省的笔画代替繁复的点画，以圆转代替方折，笔画与笔画相连接的地方，常常带出一个小小的附钩，使笔画更为流畅、活泼，互相映带照应，气势也更为连贯；二是在结体、布局和用墨方面，大小相兼，收放结合，疏密得体，浓淡相融。

由于行书这种字体点画和结体自由灵活，最能表现书者的个性，一产生就备受人们的喜爱，因此，历代行书大家辈出，传世作品很多。

图4-9　北魏《吊比干文碑》（局部）

图4-10是北宋米芾的行书《蜀素帖》的部分。这件作品用笔清健、自然，笔画干净、爽利，结字紧凑，立字平稳，既有刚健精神，又不乏神采。

图4-10　北宋米芾《蜀素帖》（部分）

五、书法欣赏的基本要点

汉字书法对人的各种积极影响是通过欣赏来实现的。与此同时，对一幅字的优劣判断也主要是通过欣赏做出来的。那么，怎样欣赏书法作品才能受益最大？把握住哪些要点才能对一幅作品的优劣做出较为准确的判断呢？一般来讲，欣赏书法作品主要着眼于以下几点：

（一）看用笔

用笔既是评判一件书法作品优劣的基础，也是衡量书者书法功底的重要依据。一般来讲，书法功底深厚的书家用笔都比较随意、自然，不会矫揉造作和故作姿态，其所书点画干净、清爽，既不会拖泥带水，也不会有残缺或累赘，更不会去修饰和修补。关于这一点，王羲之、柳公权、赵孟頫、于右任和启功这几位大师的作品就是证明。

从用笔的角度审视一件书法作品，主要从五个方面来看：一是看起笔和收笔是否自然，即笔画是否质朴、率真；二是看行笔是否爽利，即笔画是否干净、清爽和完美；三是看顿、挫、转、折等是否平和，即笔画是否安静、平和，有没有生硬、缺损、多余和突兀等瑕疵；四是看用笔的力度和尺度是否恰到好处，即笔画的粗细、长短、轻重等是否合乎法度；五是看用笔是否灵活，即点画是否灵动、优美。

图5-1是明代文徵明行书《西苑楼诗》卷的一部分。此作起笔和收笔十分自然，行笔提按平和，转折自然随意，笔画干净清爽，整幅字给人以清雅、静美的印象。图5-2是朱耷的行书作品。此作不论是用笔的起、行、收，还是提、按、转、折，都很自然，用笔的力度和尺度都把握得很好。整幅字给人以朴厚、自然、安静、平和的印象。

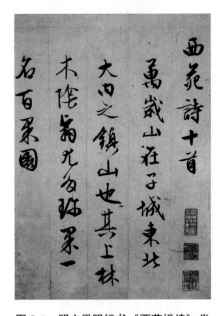

图5-1　明文徵明行书《西苑楼诗》卷

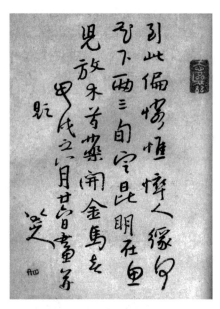

图5-2　明朱耷行书

（二）看用墨

用墨是汉字书法的基本表现手段之一。用墨不仅关乎着书法作品的品位，而且也反映着书者的书法功底。一般来讲，真正功底深厚的书家能够使浓墨沉而不滞，使淡墨轻而不浮，使枯墨干而不涩，使润墨湿而不渍。

从用墨的角度来审视书法作品，首先看墨色与书体是否相应；其次看墨色是否纯净，变化是否自然；最后看着墨的深浅、轻重等是否合度，是否浑然一体。

图5-3是邓散木的集华山碑字隶书联。此作墨色温润、匀净，使字显得端庄秀美，又富于气韵神采。图5-4是清代王澍的行书轴。此作用墨枯润结合，墨色变化十分自然，使字富于神采，又有风骨和精神。

（三）看结体

结体既是决定书法品位的关键因素，也是衡量书者人格的重要参照。一般来讲，品行正直的书家立字端正，为人谦恭的书家结字规整，性情豁达的书者结字舒展大方……"字如其人"在结体上表现得尤为突出。

图 5-3　邓散木集华山碑字隶书联　　　　　图 5-4　清王澍行书轴

从结体的角度来审视汉字书法，有四个要点：一是看结字是否紧凑，笔画间有没有凝聚力，收束是否谨严；二是看结字是否端正，立字是否端庄、平稳；三是看结体的大小是否规整，一幅字中有没有形体偏大或字迹过于沉重的字；四是看字的神采、气韵和精神。在此基础上，对于草书结体的审视要特别注意其梗概是否清楚、结体是否紧凑。

图 5-5 是唐代陆柬之的行书《文赋》。此作结字端正、规整，立字平稳，笔画舒展又伸缩有度，整幅字给人以清雅、秀美的印象。图 5-6 是明代张瑞图的行书杜甫五律诗轴。

图 5-5　唐陆柬之行书《文赋》　　　　　图 5-6　明张瑞图行书杜甫五律诗轴

此作虽有笔力劲健、结字紧凑等可取之处，但在结字和章法上都存在问题，特别是个别字的笔画过度伸张，影响了行间行气，给人以杂乱的印象。

（四）看章法

章法不仅影响着一幅书法作品的优劣，而且反映着书者的心性和襟怀。一般来讲，书家心性平和，其作品给人以整肃、清静的感觉；书家性格直率，其作品给人以简约、爽朗的印象……

从章法的角度审视一件作品：首先，看纸面分配是否合理，特别是有效着墨面积中正文和落款所占面积的比例是否适当。其次，看正文的行间距是否适度，一行之中字与字的转承和联系是否紧密，等等。最后，看落款和钤印的位置是否正确，款字和印章的大小是否合度，等等。

图5-7是清代俞樾的隶书轴。此作正文部分行间距适度，一行之中字与字的衔接紧密，款字位置合理，钤印规范，整幅字章法和美。图5-8是清代金农的行书尺牍。此作虽有笔画质朴、字迹温和等可取之处，但字的处位不当，行间行气不畅，整幅字给人以沉闷的感觉。

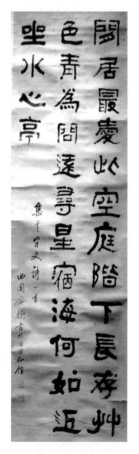

图5-7 清俞樾隶书轴

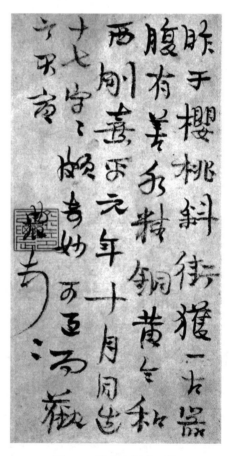

图5-8 清金农行书尺牍

【相关链接】

毛笔的开笔方法

开笔，也叫发笔，是指新笔使用前把笔头上的胶泡开和处理掉的过程。一支毛笔买回来，开笔方法不当，轻者使笔性变得拙劣，重则会直接毁了毛笔。

开笔的正确方法是将买回来的笔用温水（手试微热即可，不要烫）泡开，且浸水时间不可太久，一般15分钟左右，然后从笔尖开始捻开，用手指将笔上的胶水轻轻地顺着笔毫往下挤压干净。然后，再把笔浸入水中，来回轻轻晃动，使笔中的胶水全部溶于水中。切忌用力摇甩，更不能将笔锋朝上对着自来水冲，这样会损伤笔毫。

浸泡部位以实际使用决定，但不可使笔根胶质也化开，否则毫毛易于脱落，即"掉毛"。一般来讲，羊毫较软，浸水的时间短一些；紫毫较硬，宜多浸在水中一些时间。特别要注意的是，开笔不能用刚烧好的滚水，因为笔头被滚水一烫不仅笔毫会弯曲变形，而且会损伤笔毫原有的性能。

主要参考书目

[1] 黄高才. 大学语文［M］. 西安：西安交通大学出版社，2007.
[2] 黄高才. 新编大学语文［M］. 北京：高等教育出版社，2008.
[3] 黄高才，刘会芹. 大学语文［M］. 北京：清华大学出版社，北京交通大学出版社，2008.
[4] 黄高才. 汉语能力考试概要［M］. 西安：西安交通大学出版社，2009.
[5] 吴桥. 国家通用语言文字简明教程［M］. 上海：上海人民出版社，2005.
[6] 蒋成瑀. 阅读入门［M］. 杭州：浙江人民出版社，1983.
[7] 毛姆等. 阅读的艺术［M］. 上海：上海翻译出版公司，1988.
[8] 夏征农. 辞海［M］. 上海：上海辞书出版社，2001.
[9] 陈复华. 古代汉语辞典［M］. 北京：商务印书馆，1998.
[10] 黄高才. 新编大学语文［M］. 2版. 北京：高等教育出版社，2018.
[11] 许慎. 说文解字［M］. 北京：九州出版社，2005.
[12] 黄高才. 中国文化概论［M］. 北京：北京大学出版社，2011.
[13] 李屹之. 咬文嚼字全集［M］. 北京：新世界出版社，2006.